中小企业互助融资研究

——社会资本的视角

Research on the Small and Medium-sized Enterprises Mutual Finance: A Social Capital Perspective

◎黄友松 著

中国出版集团
世界图书出版公司

图书在版编目（CIP）数据

中小企业互助融资研究——社会资本的视角 / 黄友松著 .
—广州：世界图书出版广东有限公司，2011.7
ISBN 978-7-5100-3733-7

Ⅰ . ①中…　Ⅱ . ①黄…　Ⅲ . ①中小企业—融资—研究—中国　Ⅳ . ①F279.243

中国版本图书馆 CIP 数据核字（2011）第 144914 号

中小企业互助融资研究——社会资本的视角

策划编辑：刘正武
责任编辑：程　静
出版发行：世界图书出版广东有限公司
（广州市新港西路大江冲 25 号　邮编：510300）
电　　话：020-84451969　84459539
http：//www.gdst.com.cn　E-mail：pub@gdst.com.cn
经　　销：各地新华书店
印　　刷：虎彩印艺股份有限公司
版　　次：2011 年 10 月第 1 版　2014 年 4 月第 2 次印刷
开　　本：787mm × 1092mm　1/16
字　　数：200 千
印　　张：15
ISBN 978-7-5100-3733-7/F·0043
定　　价：55.00 元

咨询、投稿：020-84460251　gzlzw@126.com

序

《中小企业互助融资研究——社会资本的视角》一书，是友松在他的博士学位论文基础上进一步修改完善的一本专著。可以说，它倾注了友松在中山大学三年博士生学习期间严谨治学的心血。

在中国转型崛起进程之中，加快发展中小企业，对促进经济结构调整、深化体制改革、增强国家综合竞争力，有着特别重要的战略意义。作为市场经济的基本组织，中小企业在一国国民经济和社会发展中的重要地位已经被各国经济发展实践所证实，而其在生存和发展中面临的融资困境也同样引起了各国政府以及管理部门的高度重视。正是基于这个共同的话题和研究兴趣，我和友松结下了师徒之缘。如今，解决中小企业融资瓶颈、促进中小企业发展业已成为一个世界性的课题，任何对于中小企业融资问题的关注和研究都具有重要的现实意义。友松能抓住这一重大现实问题，进行理论研究和实证分析，体现了作者的洞察力和敏锐力。

自20世纪90年代以来，国内学术界关于中小企业融资问题主要是从外生制度和内生规模约束两个视角展开，研究成果颇为丰硕，堪称汗牛充栋。只是已有研究更多的还是从正规金融的角度来谈中小企业融资，尽管也有学者认为发展民间金融或非正规金融有利于促进解决中小企业融资问题，但不可否认的是，非正规金融在我国长期被理论界和决策部门忽视和惧怕，未能取得与其作用相称的身份和地位，因而阻碍了其作用的充分发挥。互助会，作为非正规金融的一种组织形式，在中国可谓历史悠久，如今依然在经济发达地区表现活跃，在当地中小企业融资及经济发展中发挥着重要作用。国际上关于互助会的研究一直是个热点，吸引了一大批社会学家、人类学家和经济学家的关注。然而令人遗憾的是，国内学术界除了姜旭朝、柯荣柱、胡必亮、冯兴元、张翔等人的研究外，目前关于中国互助会的专门研究还很少。因此，友松对于中小企业互助融资的系统研究在一定程度上填补了国内现有文献的空白，具有较高的理论价值。

从现有研究来看，人类学家和社会学家对互助会的研究只是一个简单的现象描述，研究方法大多局限于各自学科的分析框架，而经济学家则主要从金融中介框架下探讨互助会在经济发展过程中扮演的角色以及具体的运作机理。正如友松书中所说，互助融资既是一种经济现象，也是一种社会文化现象，仅仅从经济学或社会学的角度都很难全面阐释。在这个意义上，友松的研究视角代表了国内青年学者对这一研究领域的关注。

本书广泛引述了经济学、社会学以及经济社会学的相关著作及理论文献，并进行了比较深入的评述，理论性、逻辑性很强，篇章结构严密，概念清晰严谨，阐述得当，论据充分，引证规范，尤其是诸多见解颇有创新且言之有理。对于创新的研究成果而言，本书难免会存在一些不足或有待进一步深入研究的问题，但我相信，这部专著的出版，不仅对我国中小企业开展互助融资提供了新的理论依据，也为地方政府及金融监管部门看待非正规金融提供了一种新的视野。

是为序。

盧瑞華

2011.9.28.

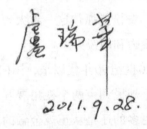

前　言

中小企业在国民经济和社会发展中的重要地位已经被我国经济发展的实践所证明，然而其融资问题却普遍承受外生制度和内生规模的双重约束，导致中小企业面临正规金融的信贷困境，从而对非正规金融产生强烈的制度需求。大量资料表明，无论是在金融抑制的发展中国家，还是已经实现金融自由化的发达国家，非正规金融对于中小企业融资都具有异常重要的作用。作为非正规金融的一种组织形式，互助会在浙江、福建、台湾等地对中小企业的资金融通及发展影响重大。目前国内外也都很重视发展民间资金互助组织并且取得了一定的成效。正是基于这样的制度背景，本文选取了从民间互助的角度来探讨中小企业利用互助会进行融资的行为。

自从20世纪60年代以来，互助会就受到了社会学家、人类学家和经济学家的普遍关注。人类学家和社会学家侧重于通过历史资料以及实地调查来研究互助会这一社会现象，但也不限于对其经济功能的解释。经济学家则更多的是关注互助会的经济角色、互助会组织设计的经济学原理、互助会的运行机制以及互助会资源配置的效率等等。虽然他们在各自的领域都取得了丰硕的成果，但与全面反映中小企业互助融资问题还存在一定的距离。作者认为，中小企业互助融资既是一种经济现象，也是一种社会文化现象，仅仅基于经济学或者社会学的理论框架都很难对其进行全面解释。从现有文献来看，国内外学者已经开始注意到社会资本在互助融资中的作用，但其研究还缺乏深度。社会资本的提出及运用，一方面符合学科交叉发展的趋势，另一方面也符合我国的社会历史文化以及制度背景。因此鉴于经济学和社会学的分析基础，本文采用交叉学科的分析方法，从社会资本的视角深入剖析中小企业互助融资的形成机制、运行机制以及风险控制机制，从而期望为我国中小企业开展互助融资提供一定的理论基础和政策依据。

在理论分析的基础上，本文以温州苍南为例，主要运用问卷调查与非结构性访谈两种方法，对当地中小企业的融资状况、互助融资的形成、运行以及风险控制机制做了一个详细的实地调研，以图论证本文理论分析的正确性，并补充理论分析的缺陷与不足。实证研究主要分为三个部分：首先对苍南县中小企业融资状况做了一个初步调查，主要选取灵溪、龙港、金乡、钱库四镇作为代表，数据表明当地中小企业难以从正规金融获得信贷支持，并且民间金融尤其兴盛；其次，分析苍南县中小企业互助融资的形成机制；最后以龙港镇新渡村为例研究中小企业互助融资的运行机制以及风险控制机制。

通过理论分析和实证研究，我们得出以下结论：第一，中小企业互助融资实际上是小企业尤其是微型企业的融资问题。并且，它不是一个简单的经济现象，而是一个政治、经济、文化、历史共同作用的产物。第二，社会资本在中小企业互助融资的形成、运行及风险上分别起着文化规范、信任治理以及信任控制的作用。第三，作为一种民间金融，互助融资主要形成并运行于中国的乡土社会，以亲缘和地缘为基础的乡土社会的人际信任机制如互助与亲缘利他、人情、面子、熟悉、定栖等维持着互助融资的正常运行。新渡村的调研发现，超过熟人的边界或者脱离人情机制，互助融资将可能出现倒会并引发大范围的风险。伴随着社会转型，乡土社会的人际信任逐渐向制度信任转变，互助融资的运行机制也发生相应的转变，但实际情况表明，中小企业互助融资的正常运行仍然依靠乡土社会的人际信任机制来维持。第四，互助融资引发的大规模倒会风险，原因在于社会转型时期价值观念的不确定以及人际信任文化的断裂。对于此类风险我们可以通过信任重建加以控制。此外，互助融资的成员能够通过经验学习，完善互助会的运行机制，从而降低融资风险。第五，互助会是一种中性的民间社会组织，它具有很强的适应性和内聚能力，迄今，我们尚未能看到它彻底退出历史舞台的可能性。通过对现有文献以及国内外的实际经验，我们大致可以推断，随着正规金融体系的完善，民间互助会的规模将会逐渐缩小，但并不一定会消失，其可能的转变方向将会是民营金融机构。

考虑到中小企业互助融资的积极作用以及存在的运行风险，本书认为政府及金融监管部门有必要做到以下几点：(1)政府应有所为，有所不为；(2)借鉴立法经验，给予我国互助会合法地位；(3)对互助会活动进行普查，并建立备案制度；(4)对会首的资信进行审核或评级，并实施信息披露；(5)为互助会的演进提供足够的制度空间；(6)建立有效的社会信用制度体系。

由于中小企业互助融资问题的民间性和复杂性，国内外对互助融资的理论研究成功还不是很多，加上本人研究水平有限，书中难免会有诸多不足之处以及存在这样那样的问题。随着我国金融改革的稳步推进以及相关研究的不断深入，本人将根据实践中出现的新问题和研究中的新进展，对书中存在的问题和不足之处进行修改和完善。

最后，我希望个人的思考能对我国中小企业融资问题的研究有所启示，也希望能对各级政府及金融监管部门的政策制定有所启发。衷心地期待国内的中小企业在未来的改革和发展进程中能够健康成长。

Preface

Although Small and Medium-sized Enterprises plays an important role in the national economy and social development, it endures double restrictions of the exogenous system and endogenous scale at large, So SMEs has to turn around informal finance and look for fund support when they are confronted with credit dilemma of the formal finance. A great deal of data indicates, no matter what developing countries which are still in credit constraint status, or developed countries which have realized financial liberalization, informal finance is very important to SMEs' finance. Rotating Savings and Credit Associations (ROSCAs) is one of the informal finance organizations, which supplements great funds to the SMEs in Zhejiang Province, Fujian Province and Taiwan Province and so on. At present, lots of countries take much count of the developing folk fund mutual organizations and obtained effect. Just about such system background, the dissertation decides to discuss the SMEs' financing problem on the mutual finance perspective.

Since 1960s', Anthropologists and Sociologists put much attention on the ROSCAs earlier, they studied the social phenomenon through history data and investigate on the spot, and not only explained its economic functions. Recently it was aroused by the economists' recognitions. They mainly studied the economic roles of the ROSCAs, the economics principle of the ROSCAs' organization design, running mechanisms and the efficiency of the ROSCAs' resource scheme so on. Although they have gained plentiful production in each field, their research cannot explain mutual finance comprehensively. In the author's opinion, SMEs' mutual finance is not only an economic phenomenon, but also is a social cultural phenomenon. It is difficult to explain the phenomenon from the economics or sociology only. From the literature in existence, some scholars have noticed the functions of the social capital in the mutual finance, but their research is still short of profundity. Social capital is not only accorded with cross-subjects trend, but also accorded with history culture and system background of our country. So, on the base of the economics and sociology, the dissertation introduces the social capital theory which is a cross subject theory, to deeply analyze and comprehensively explain the producing mechanisms, the running mechanisms and the risk controlling mechanisms of the SMEs' mutual finance, and look forward to offer theoretical foundations and policy advices to the SMEs' mutual finance.

And then, the author manages two methods which are questionnaire investigate and non-structural interview, and detailed investigate the SMEs' finance situation, mutual finance's producing mechanisms, running mechanisms and risk controlling mechanisms in Wenzhou City Cangnan county. The experience study mainly includes three parts: Firstly, it investigates the SMEs' finance situation in Cangnan county which representatived by Linxi, Longgang, Jinxiang and Qianku towns. Secondly, it analyzes the producing mechanisms of the SMEs' mutual finance in Cangnan county, Finally, it studies the running mechanisms and the risk controlling mechanisms of the SMEs' mutual finance in Xindu village which is part of the Longgang town。

Through theoretic analysis and experience study, we find: First, SMEs' mutual finance is small enterprises finance problem in nature, particularly for minisize enterprise; and it is not only a simple economic phenomenon, but is a combination of the politics, economy, culture and history. Second, social capital mainly engender cultural criterion, trust governance and trust control in the SMEs' mutual finance produce, running and running risk. Third, it was produced and run in rural community as a folk finance, and maintained normal function by inter-personal trust in rural community such as Mutually, Favor, Mianzi, Familiarity, Dingqi and so on. In Xindu village, somebody told me, mutual finance would be stopped and induced large-scale risk if it overran familiarity boundary or deviated favor mechanism. Inter-personal trust will be gradually transited to institution-based trust accompanied by the social transition. Rural SMEs' mutual finance is still running by interpersonal trust in rural community although its running mechanisms changed reciprocally. Fourth, Daohui

Fengbo is induced by the uncertainty of the value idea and the rupture of the interpersonal trust culture. We can control this risk by reconstruct trust. Furthermore, people could avoid and control financing risks by perfect running mechanism through learning. Finally, ROSCAs has strong adaptability and cohesion as a neutral folk social organization. Thus far, we cannot see it will disappear. But we can approximately deduce it will shrink along with formal finance system perfect. It may be private financial institution.

Considerate of the SMEs' mutual finance positive functions and running risks, the dissertation think the government and financial supervisor department should: 1) the government should be done something or not; 2) put the ROSCAs to be within the law; 3) put up general investigate of the ROSCAs and set up record system; 4) Audit and appraise the qualification and faith of the ROSCAs' head, then carry information disclosure into execution; 5) provide enough system space to ROSCAs' progress; 6) establish effective credit system.

Due to the SMEs' mutual financing problems aimed at folk and complexity, the theoretical research of mutual financing are not much, plus my research level is limited, book will inevitably have many shortcomings and exist such problems. With China's financial reform of steady progress and related research unceasingly thorough, I will according to practice the new problems and research of the new progress in the book, the existing problems and deficiencies modified and perfected.

Finally, I hope that people thinking of the SMEs can inspire the research funding problems, also in hopes of governments at all levels and financial regulatory policymaking enlighten. Sincerely expect domestic SMEs in the future in the process of the reform and development to healthy growth.

目　录

谨以此书献给导师卢瑞华教授
和我的家人

第一章　导　论

本章主要介绍研究背景及问题的提出，相关概念的界定，研究的现实意义与理论价值以及本文的研究目的、方法与逻辑思路。

第一节　研究背景及问题的提出

20世纪60年代以来，作为发展经济学重要组成部分的金融深化[①]理论逐渐被广泛接受。金融深化理论发现，发展中国家经济发展中的资本严重不足，西方主流信贷理论赖以成立的市场条件在发展中国家还不存在。Mackinnon（1973）和Shaw（1973）指出，在发展中国家，经济增长和金融发展之间形成了一种恶性循环，金融呆滞阻碍了经济增长，经济停滞又导致金融发展缓慢。发展中国家之所以出现这种金融抑制[②]情况，主要原因在于制度上存在缺陷与错误，如不当的利率管制、市场分割和限制金融市场发育等。金融抑制是我国银行体系的主要特征之一。早在1952～1978年的计划经济时期，低利率体系就被用来向重工业优先发展战略提供低成本的资金。自20世纪70年代末实行改革开放政策以来，金融抑制依然存在。金融抑制和低效率的国有银行垄断造成银行业严重的信贷歧视和信贷配给（credit rationing）[③]，非国有经济部门深受其害。虽然非国有部门对中国GDP的贡献超过了70%，但是它在过去十几年里获得的银行正式贷款却不到20%，其余的80%以上都流向了国有部门。[④]大量金融资源被行政配置给国家偏好的部门和企业，而那些新创办的中小企业则很难得到国家正规金融（formal finance）的供给，因而面临着较大的融资缺口。金融抑制的政策扭曲使得新成长的中小企业除了依靠自我融资外，还对非正规金融（informal finance）

① Mackinnon和Shaw（1973）在探讨发展中国家货币金融问题时提出了“金融抑制”以及“金融深化”的概念。金融深化是指政府放弃对金融市场的过分管制，利率和汇率水平能够反映实际的资金和外汇供求水平，从而刺激储蓄、投资和出口的增长，金融体系和经济发展之间实现了相互促进的良性循环。

② 金融抑制是指由于政府不适当的干预和管制政策使得利率和汇率严重偏离均衡水平，从而导致资金的低效配置和国际收支逆差，形成金融体系和实体经济相互制约、发展呆滞的局面（Mackinnon & Shaw，1973）。

③ 按照《新帕尔格雷夫经济学大词典》（P.778）的解释，“信贷配给（credit rationing）是借贷市场的一种状况，其中，按照所报的契约条件，贷方提供的资金少于借方的需求”。

④ 参见Ross Garnaut，Ligang Song，Yang Yao，Xiaolu Wang. The Emerging Private Enterprise in China. Canberra：The National University of Australia Press，2000。

活动产生强烈的制度需求（Fry，1995；Issakson，2002）。

在正规金融部门的信贷活动中，由于银行无法掌握借款者的完备信息，也无法控制借款者的所有行为，从而导致了逆向选择（adverse selection）和道德风险（moral hazard），这正是正规金融信贷活动所面临的内在困境。在这一困境之下，信贷市场无法使更广泛的社会群体获得信贷支持，是严格无法出清且缺乏效率的市场。因此，从某种意义上来讲，这正好给非正规金融提供了生存的土壤和一定的发展空间。

广泛存在于世界各地的非正规金融组织提供了一个有趣的机制，可以在一定程度上解决正规金融机构所面临的信息不对称（asymmetric information）[①]问题，从而减少道德风险和逆向选择行为（Braveman & Guash，1986；Steel et al.，1997）。从契约治理机制来看，非正规融资活动具有隐含保险、信任替代实物抵押、社会性约束与自我约束等一系列非正式契约实施机制，正是这些私人治理机制的存在使得非正规融资活动在特定范围内具有较高的效率。Besley和Levenson（1996）指出非正规金融组织在快速增长的转型经济中具有非常高的灵活性，满足了那些被正规金融机构拒之门外的中小企业和家户的融资需求。实证研究也表明，非正规金融在动员家庭储蓄、促进非国有部门发展以及解决中小企业融资方面扮演着非常重要的角色（Aryeetry & Nissankedeng et al.，1997；Aryeetry，1998）。但也有学者认为，非正规金融是一种效率低下的融资安排。它们不仅扰乱了金融信贷秩序，还损害了公众（尤其是小商人）的利益，由于它们的活动是隐蔽的，它们极易妨碍政府货币政策的实施，而且，隐蔽的货币分配还会损害总体资本配置效率（Mackinnon & Shaw，1988）。

的确，非正规金融有其负面影响，但即使像英美这样的现代金融相当发达的市场经济国家，非正规金融仍然相当活跃。我们固然不能以“存在就是合理的”妄下定论，但我们坚持认为，非正规金融并不是一种低效率的融资安排。尤其对中国而言，非正规金融直接促进了经济结构和制度的有效调整，特别是，它对中国制度变迁具有导向作用（彭兴钧，2002）。从微观上看，非正规金融市场的存在和发展促使中国一批民营企业从小逐步发展壮大；从宏观上看，对中国经济效率、资本形成率的提高，体制改革都具有很强的导向作用。由此可见，

① 所谓信息不对称指的是市场交易双方掌握着不同数量和质量的信息的一种经济现象。即一方比另一方占有较多的相关信息，处于信息优势地位，而另一方则处于信息劣势地位。

非正规金融不是一个可有可无的融资安排，不是对正规金融的拾遗补缺，而是与正规金融并存的必要的融资方式。

互助会（Rotating Savings and Credit Associations，ROSCAs）①作为一种非正规的民间金融组织，可以说是互助融资的最早形式，也是最主要的形式之一。它存在于全世界五大洲80多个国家和地区（Bouman，1995），并为不同社会阶层的人们所使用。许多研究表明，互助会提供了一个可获得的成本较低的融资渠道。它能够起到一定的金融中介作用，通过促使资金在团体内的动员和流转，从而促进居民的消费和投资，并减少经济生活中不确定性带来的危害。在许多发展中国家，正规金融部门的发展程度还比较低，不能够给居民提供一个低成本和有效的储蓄和贷款渠道，而互助会这样的非正规金融组织则能够在一定程度上弥补正规金融部门的不足。较之正规金融机构，互助会等非正规金融组织具有一定的信息优势、担保优势、交易成本优势，还能够与一个地区的传统文化相适应，这些优势也解释了互助会为什么能够具有如此顽强的生命力（Biggart，2000）。

虽然也有学者提到通过发展民间互助、建立互助基金等形式来解决中小企业融资问题，但目前理论界还缺乏关于中小企业互助融资的系统研究。互助融资在现实中形式多样，其中尤以互助会最为普遍。本文研究的互助融资主要是指互助会。互助会在中国已有上千年的历史，如今在中国南方的浙江、福建、台湾等省的若干地区依然存在，并在局部地区表现活跃，在当地经济中发挥着重要作用。自从20世纪60年代以来，国际上关于互助会以及相关的非正规金融组织的研究一直是个热点，吸引了一大批社会学家、人类学家和经济学家②的注意，并取得了丰硕的成果。然而令人遗憾的是，国内学术界除了姜旭朝（1996）、Tsai（2000，2002）、柯荣柱（2003）、胡必亮（2004）、冯兴元（2005）、俞建拖等（2005）、郑振龙和林海（2005）、刘民权等（2006）、张翔（2006）等人的研究外，

① ROSCAs（Rotating Savings and Credit Associations）是一种非正规金融组织。ROSCAs是一个世界性的现象（Geertz，1962；Ardener，1964；Nayar，1986），它广泛分布于亚非拉和南美洲的发展中国家和地区，此外在一些发达国家也有ROSCAs存在。在我国民间被称为各种“会”，如合会、标会、摇会、座会、寿缘会和轮会等等，日本的mujin、印度的chit fund、特利尼达、多巴哥和加纳的susu、印度尼西亚的arisan、尼泊尔的dhikuti、菲律宾的paluwagan、危地马拉的cuchubal、马拉维的chilemba或者chiperegani、坦桑尼亚的upatu或者mchezo、斯里兰卡的cheetu、喀麦隆的njangis和玻利维亚的pasanakus等都是具体的ROSCAs形式。

② 如Kulp，1925；Hsu，1929；Gamble，1944；Geertz，1962；Ardener，1964；Tsai，2000，2002等等。

目前关于中国互助会的专门研究（特别是近期互助会的研究）还很少。[①]不仅如此，决策管理层至今还对互助会心存疑虑，没有引起应有的重视。因此，本文正是基于中小企业面临正规金融的信贷困境，从非正规金融当中的互助会出发，以社会学、经济学的理论研究为基础，采用交叉学科的研究方法，运用社会资本理论来系统研究中小企业互助融资的形成机制、运行机制以及风险控制机制，从而为我国中小企业开展互助融资提供一定的理论基础和经验支持。

第二节 基本概念的界定

科学、严谨的概念界定是进行理论分析和实证研究的基础。本文研究主要涉及互助融资以及社会资本两个基本概念。

一、互助融资

学术界在研究中小企业融资问题时，只是偶尔提到互助融资，但没有学者给出互助融资的内涵。[②]为了使本文的研究更加明确，因此有必要对互助融资的内涵做一个具体的界定。作者认为，互助融资就是指个体从自身情况出发，依据自己目前或者未来发展的需要，通过团体合作、资金组合的方式实现互助，筹措所需资金的过程或行为。因而，中小企业互助融资我们就可以理解为中小企业从自身的生产经营状况和现金流情况出发，依据自己目前或者未来经营与发展的需要，通过企业之间团体合作、资金组合的方式实现互助，筹措生产经营所需资金的过程或行为。

为了更好地理解中小企业互助融资的内涵，我们需要进一步明确以下问题：(1)互助融资的主体主要是指中小企业。相对于大企业来说，中小企业在获得正规金融信贷支持方面处于弱势地位，因而不得不转向非正规金融。(2)互助融资的精髓在于中小企业之间的互助、合作、协调的精神。它们通过团结合作、资金组合的方式实现互助、互援，从而缓解单个中小企业难以解决的资金问题，

① 在20世纪50年代以前，国内外不少关于中国互助会的研究和介绍，如Kulp(1925)、Hsu(1929)、费孝通(1939)和Gamble(1944)等。此外，关于中国在民国时期互助会更多的研究，可参见李金铮(1993)的相关介绍。新中国成立后至20世纪90年代，关于中国互助会的研究一度沉寂了。

② 文中提到互助融资的学者有：徐强(2000，2002)、朱海洋(2002)、江俊龙(2003)、陈雪飞(2003，2004)、安合祥(2003a，2003b)、乌东凯(2003)、姜旭朝(2004)、周曙东(2004)、陈伟鸿(2004)、罗建平(2005)、冯兴元(2005)、王双正(2005)、余文渊(2005)、郭玮(2006)等等。

其实质是合作金融的一种外在表现形式。(3)互助融资的目的就是为那些无法从正规信贷市场获得支持的中小企业，提供一个解决资金问题的思路，从而利于我国中小企业的健康发展。(4)互助融资是一个动态发展的过程，其外在形式会随着外界环境的变化而发生相应的改变，但是互助的精神却不会改变。(5)互助融资的核心在于互助、互援与合作。因此，实践中凡是体现互助精神的融资行为就应当属于互助融资的范畴。根据目前掌握的资料，互助融资的外在形式很多，比如民间互助会、企业互助基金会、信用合作社、农村合作基金会、团体贷款以及中小企业互助担保等等。本文中的互助融资主要研究互助会[①]一种形式。

二、社会资本

“社会资本”是从新经济社会学演化出来的一个最有影响的理论概念。虽然这个术语很快地成为社会科学和决策圈内的常用词，但至今仍然没有一个精确的含义。由于各学者对社会资本的理解不一，论述中自然出现许多不同的定义（Adler & Kwon，2002）。但总体来说，我们可以根据不同视角将这些定义归纳为如下七类(见表1-1)。

正如斯蒂格利茨所言，“社会资本是一个非常有用的概念，但却是一个非常复杂的概念，是诸多不同观点促成了这种复杂性（Stiglitz，2000）”。从表1-1可以看出，这些定义视角各不相同，要么侧重内容，要么侧重来源，要么侧重功能，可见目前对于社会资本尚没有一个为人们普遍认同的定义，而且也存在许多争议。虽然很多学者把社会资本等同于社会网络，但本文认为社会网络只是社会资本的载体。并且，进一步认为，本文研究的中小企业互助融资是融资网络与关系网络的复合体，信任是其形成、运行以及风险控制的主要机制。因此，本文主要结合Fukuyama(1997)、Inglehart(1990)和Putnam(1995)三者的观点，认为“社会资本的本质是信任、互惠等文化规范，并且能促进个体或社会组织之间的协调与合作，从而实现共同获益”。

① 互助会有广义和狭义之分，广义的互助会是一个综合性的合作组织，可以是金融会，也可以是其他形式的会，如青苗会、面会、老人会等；狭义的互助会则专指金融会，亦称钱会。在这里，中小企业主要利用狭义的互助会进行融资。

表1-1 社会资本的定义

类型	含义	代表性定义
结构说	社会资本指网络结构	“网络结构即是社会资本。”（Burt，2000） “是影响人们关系的社会结构构成要素，是生产和/或效用函数的输入或自变数。”（Schiff，1992）
能力说	是行动主体与社会的联系以及通过这种联系摄取稀缺资源的能力	“行动者利用他在社会网络或其他社会结构中的身份来获得益处的能力。”（Portes，1998） “为了群体或组织共同目标而一起工作的能力。”（Fukuyama，1995）
关系网络说	从形式上看就是社会关系网络	“个体的私人网络和中坚的制度性联系。”（Belliveau et al.，1996） “影响个体行为，从而影响经济增长的社会关系网络。”（Pennar，1997）
综合性观点	指关系结构及其嵌入性资源	“嵌入于个体或社会单位拥有的社会关系网络的，或通过该网络获得的，或源于该网络的，实际或潜在的资源集合。因此，社会资本包括网络和通过网络动员到的资产。”（Nahapiet & Ghoshal，1998）
文化规范说	社会资本的本质是信任、互惠等文化规范	“是信任和容忍文化，自发联系形成的外部网络因此而产生。”（Inglehart，1990） “只需将社会资本定义为某种系列的非正式价值观或促进群体成员间合作的共同规范。”（Fukuyama，1997）
功能说	是能为人的行动带来便利的社会资源	“社会资本要根据其功能进行定义，它不只具有一种属性，而是具有许多不同属性。这些属性有两个共同点：都包括社会结构的一些特征，且这些特征促进网络成员的某些行动。”（Coleman，1990） “指社会组织特征，如网络、规范和社会信任，这些特征能促进协调和合作，共同获益。”（Putnam，2000）
资源说	是一种通过占有“体制化关系网络”而获取的实际的或潜在的资源集合体，是从社会网络中动员了的社会资源	“社会资本是某种实际或潜在的资源的总量，这种资源是同某种制度化关系的持久网络的占有相联系的，这种制度化关系是相互熟识、认可或换句话说是群体成员的制度化关系。”（Bourdieu，1985） “行动者从特定社会结构中获得，然后用于追求其利益的资源；是因为行动者关系变动而产生的。”（Baker，1990）

第三节 研究的现实意义与理论价值

一、现实意义

第一，中小企业的经济地位与其所受到的“待遇”——“强位弱势”。

近年来，中小企业对国民经济的贡献率不断上升。据统计，目前我国已经注册的中小企业达1000多万家，占全国注册企业总数的99%，其工业总产值、销售收入、实现利税、出口总额分别已占全国的60%、57%、40%和60%左右；中小企业还提供了大约75%的城镇就业机会(陈道馥，2002；刘彪文，2004)。可见，中小企业在促进经济增长、扩大劳动就业、创造社会财富等方面越来越凸显其重要性。但与此同时，民营中小企业的发展也面临着诸多约束，其中以金融方面最为突出。[①]目前，我国正处于经济转轨阶段，实行的是典型的体制外“增量”改革(盛洪，1991，1992；苗壮，1992；胡汝银，1992；樊纲、林毅夫等，1994)[②]。这种改革最重要的特征就是社会经济结构的“双轨制”，即对存量部分的国有经济和增量部分的非国有经济实行制度上的区别对待。在金融资源的配置上，国家通常以正规金融供给替代过去的财政为国有经济提供保护性注资，正规金融供给长期以来偏好国有经济，排斥非国有经济。1997年以前，国家一直以指令性信贷额度计划为手段控制银行体系的信贷投放，保证银行信贷向国有经济倾斜。尽管国有企业对国民经济的贡献日渐下降，但在金融机构贷款余额中，国有企业贷款的比重一直较高，而非国有经济获得的金融机构信贷比重很小，与非国有经济对总产出的贡献度极不相称。[③]

金融机构信贷对国有企业的扶持导致了银行系统风险的大量积累，为了减少国有银行系统的呆帐坏帐，国家在1990年以后提供了以股票市场为主的直接融资制度供给，企图为国有经济的发展开辟一条新的融资渠道，以割断国有企业预算软约束和银行系统风险的联系，以往对国有经济的间接信贷支持也就变

① 国家信息中心的调查结果显示，中小企业资金缺口较大，81%的企业认为1年内的流动资金仅能满足部分需要，60.5%的企业没有1~3年的中长期贷款。

② 盛洪:《中国过渡经济学》，上海：上海人民出版社，1994年版。

③ 根据《中国改革与发展》专家组的调查数据显示，1999年以前非国有经济贷款余额占各类贷款余额比重很低，其中金融机构贷款占比在2%~6%之间，国家银行贷款占比很少超过10%。

成了以证券市场为主的直接融资支持。国家较多地运用了计划手段干预证券市场的运作，企业上市的资格、额度和时间等都要通过行政方式进行分配，在这种制度背景下，基本上只有国有企业才有机会到证券市场进行筹资。在2001年4月企业上市实施核准制以前，管理部门一直认为“证券市场要为国企服务”，因此，直接融资体制的发展不仅没有改变正规金融向国有经济倾斜的特点，而且还在一定程度上强化了这一倾向。在直接融资市场上，股票发行的有限额度基本都分配给了国有企业。迄今为止，民营企业并没有从股票市场中获得太大的支持。

此外，在正规融资中，除了所有制偏见外，还存在着规模歧视。在政府正规的融资安排中，大部分都分配给了规模较大的企业，中小企业难以从政府正规金融中得到信贷支持。尽管目前世界上许多国家都建立了为高成长企业融资的服务体系，诸如第二板市场，但能在第二板市场上市的企业也只占全国中小企业的严格极小的比例。绝大多数是既不能在主板市场上市融资和取得银行贷款，也不能在第二板市场上市。因此，许多中小企业就只好依靠非正规金融。

作为市场经济的基本组织，中小企业在一国国民经济和社会发展中的重要地位已经被各国经济发展实践所证明；而中小企业在生存和发展中面临的融资困境也同样引起了各国政府以及管理当局的高度重视。中小企业融资所面临的外生制度和内生规模的双重约束一直是困扰中小企业发展的瓶颈，任何对于中小企业融资问题的关注都具有重要的现实意义，尤其对于正处于经济转轨阶段的中国。

第二，互助融资为中小企业提供了一个获得资金的渠道。

互助会作为一种非正规金融组织，可以说是互助融资的最早形式。它存在于全世界五大洲80多个国家和地区（Bouman，1995），并为不同社会阶层的人们所使用。许多研究表明，互助会提供了一个可获得的成本较低的融资渠道。它能够起到一定的金融中介作用，通过促使资金在团体内的动员和流转，从而促进居民的消费和投资，并减少经济生活中不确定性带来的危害。在许多发展中国家，正规金融部门的发展程度还比较低，不能够给居民提供一个低成本和有效的储蓄和贷款渠道，而互助会这样的非正规金融组织则能够在一定程度上弥补正规金融部门的不足。马凯研究发现：“台湾中小企业的发展，实得力于活跃的民间金融活动，民间以标会方式聚集资金，一直是非常普遍的现象，在很长的一段时间里，许多略有经验的受雇者可以脱离雇主自创企业，主要就是靠这些民间借贷获得必要的融资，因此这一个不正式的管道，成为高度管制体系下的一个逋逃活门，使民间的活动不致完全受到遏制，其贡献是不能漠视的”①。

然而，广义上的互助融资在我国特定的时期产生了不良的影响：一是非法集资破坏经济秩序和金融秩序稳定；②二是农村合作基金会超越经营范围，资金投放非农业化，从而扰乱了农村经济和金融秩序，形成巨大的风险，最终走向消亡。结合我国当时的制度背景，我们不难发现，互助融资产生的问题与金融体系的不完善以及当地政府的行政干预密切相关。尽管互助融资在具体的操作过程中出现了很多问题，但是我们并不能否认互助合作的精神本身。目前，在正规金融还不是很完善的情形下，互助融资仍然发挥着巨大的作用，尤其是在浙江、广东、福建等经济发达地区。因此系统研究中小企业互助融资，也有利于为国内其他地区提供理论基础与经验指导。

第三，开展中小企业互助融资符合我国政策导向以及国际趋势。

党的十六届四中全会提出了构建社会主义和谐社会的初步指导思想，胡锦涛同志提出“我们所要建设的社会主义和谐社会，应该是民主法治、公平正义、诚信友爱、充满活力、安定有序、人与自然和谐相处的社会”。互助融资的核心在于互助、合作。这正好与和谐社会中的诚信友爱所体现的互助与诚信精神不谋而合。

十届全国人大常委会第二十二次会议上《中华人民共和国农民专业合作经济组织法（草案）》首次提交审议，表明我国农民专业合作经济组织法已经提上议事日程。目前，我国由于缺乏一部关于农民专业合作经济组织的法律规范，因而出现了以下问题：（1）法律地位不明确导致登记混乱和不登记现象，已经在一定程度上影响了其正常经营活动的进行，如无法从银行或者信用社取得贷款等等。（2）内部运行机制不健全。（3）扶持政策难以落实。一是扶持力度太小。农村专业合作经济组织发展普遍面临资金不足，中央财政专项扶持资金总量偏少。③二是现有一些扶持政策没有明确将农民专业合作经济组织列为扶持对象，

① 马凯：《台湾经济发展的回顾》，载于《中国论坛》，第27卷，第7期。

② 据不完全统计，1992年至1993年一季度，全国各种非法集资超过1000亿元。它们绕过中央银行的利率监管，采用欺骗性的方式，获取资金，然后投向证券市场、房地产市场或搞开发区热，甚至一部分非法集资用于非法的地下交易，对经济秩序和金融秩序都产生了很坏的影响，为稳定市场秩序和金融秩序增添了难度。

③ 资料表明：2005年仅安排了1亿元，而当年支持龙头企业的专项资金就有1.3亿元。2003年以来中央财政仅支持了大约1500个组织，每个组织获得的支持，一般仅在10万~20万元。

使得它们实际上无法享受或参与相应项目的申报实施。全国人大农业与农村委员会代表团关于法国农业合作社的考察报告指出：从1883年开始，法国先后制定了有关农业互助信贷、渔业互助信贷的专门立法，但一直没有对农业领域的合作社进行统一立法。二战后，合作运动得到很大发展，一些有关合作社的法律相继出台。①可见，农民专业合作经济组织的顺利发展需要金融的大力支持，但是决不能仅仅依靠财政扶持，而是应该依靠自身互助。与此同时，国家应该借鉴发达国家的做法，尽快出台农民专业合作经济组织的相关法律以及财政、税收、信贷等方面的优惠政策。

格莱珉银行（Grameen Bank）②创建近30年来，在孟加拉推行的贫困农户小额贷款的成功模式，被复制到很多国家和地区（尤其是亚洲、非洲和拉丁美洲的欠发达国家），在全世界反贫困事业中引起了巨大反响，其创始人穆罕默德·尤努斯教授（Muhammad Yunus）因此而荣获2006年度诺贝尔和平奖。很多研究表明，小额信贷的提供对小企业的生存机会具有完全不同的影响（Barham，1996；Hulme & Mosley，1996等），虽然小额贷款的初衷在于扶贫，但目前已有很多国家计划将其应用于小企业贷款，通过小企业的发展来创造新的就业机会，增加收入，从而消除贫困。因此从这个角度来看，向小企业提供微观信贷确实非常有前途（Grosh & Somolekae，1996）。互助会是一种储贷双赢、风险共担的小规模金融合作模式，其旺盛的生命力反映了民间对小额信贷的迫切需要。2006年2月，中共中央、国务院在《关于推进社会主义新农村建设的若干意见》中也明确提出要大力培育小额贷款组织和引导农户发展资金互助组织。因此，本文研究中小企业互助融资既符合国内政策导向，也符合国际小额信贷的发展趋势。

二、理论价值

国内研究中小企业融资问题主要从外生制度约束和内生规模约束两个视角

① 具体包括：1949年关于零售商合作的法律；1958年关于互助信贷的法令；1962年关于手工业合作社的法律；1963年和1965年关于运输部门合作社的法律；1965年关于合作社形式的私营公司的法律以及1967年关于农业合作社章程的法令等等。

② 格莱珉银行起源于1976年穆罕默德·尤努斯教授研究的一个扶贫项目，正式成立于1983年9月，从27美元（借给42个赤贫农妇）微不足道的贷款艰难起步发展成为拥有近400万借款者（96%为妇女）、1277个分行（分行遍及46620个村庄）、12546个员工、还款率高达98.89%的庞大的乡村银行网络。格莱珉银行模式不仅在贫困地区得到广泛推行，而且美国等富裕国家也成功地建立了格莱珉网络并有效实施反贫困项目。目前，已有23个国家效仿格莱珉银行模式建立了自己的农村信贷体系。

展开，主流文献主要包括以下两方面内容：第一，从中小企业面临的宏观金融环境和自身因素出发，调查我国中小企业的融资状况，并就我国中小企业融资难问题的成因进行探讨。①第二，提出解决中小企业融资的具体思路，大致包括以下几个方面：1.政策扶持，创造良好的融资环境（方孝成，1999；郑耀东，1999；路妍，2000；张捷、王霄，2002；林汉川、何杰，2004等）；2.建立中小金融机构（樊纲，1999；郑耀东，1999；林毅夫、李永军，2001；李杨、杨思群，2001；李志赟，2002；张捷，2002；张玮，2002；蒋海，2002；徐颠庆、巴曙松，2002；李善民、余鹏翼，2004等）；3.建立个人和社会信用制度以及中小企业信用担保体系（梅强、谭中明，1999；张胜利，2001；曹凤岐，2001；狄娜，2001；白雪，2001；夏业良，2001等）；4.发展风险投资、建立二板市场（周其仁、张居衍、戴勇，1998；刘曼红，1998；聂叶，2001；李杨、杨思群，2001；刘凌林，2002；吴敬琏、刘鸿儒、厉以宁，2003等）；5.深化中小企业改革（蔡鲁伦，1999；曹凤岐，1999；路妍，2000；秦秋莉等，2001；赵优珍、杨传东，2004等）。上述研究表明，已有研究还是更多的从正规金融的角度来谈中小企业融资。虽然也有学者认为发展民间金融或非正规金融有利于解决中小企业融资问题（张仁寿、李红，1990；张军，1997；史晋川等，1997，1998；王晓毅，1999；史晋川、严谷军，2001；龚健虎，2001；冯兴元，2004；任森春，2005；徐旭松等，2005；林毅夫、孙希芳，2005等），但是，非正规金融在我国长期被理论界和决策部门所忽视甚至敌视，常常以“扰乱金融秩序”的罪名被打击或采取不恰当的限制措施，未能取得与其地位和作用相称的身份，因而阻碍了非正规金融作用的发挥。

近年来对中小企业融资问题的研究，只是在对策上偶尔提到发展民间互助、建立企业互助基金会等形式（张文棋，1999；赵向华，2000；宋建军，2001；靳明、裘华明，2001；常永胜，2004等），目前理论界还没有关于中小企业互助融资的系统研究。据史书记载，互助会在中国已有上千年的历史（姜旭朝，1995），如今在中国南方的浙江、福建、台湾等省的若干地区依然存在，并在局部地区表现活跃，在当地经济中发挥着重要作用（Besley & Levenson，1996；Tsai，2002；

① 主要文献如黄敏、何桂芳（1996），任崇海（1997），林志平（1998），黄文夫（1999），樊纲（1999），贺力平（1999），钟朋荣（1999），国务院发展研究中心中小企业发展对策研究课题组（1999），张杰（2000），IFC（2000），杨思群（2001），朱光华和陈国富（2002）等的研究。

刘民权等，2006)。自从20世纪60年代以来，国际上关于互助会以及相关的非正规金融组织的研究一直是个热点，吸引了一大批社会学家、人类学家和经济学家的注意，并取得了丰硕的成果。然而令人遗憾的是，国内学术界除了姜旭朝(1996)、Tsai(2000，2002)、柯荣柱(2003)、胡必亮(2004)、冯兴元(2005)、俞建拖等(2005)、郑振龙和林海(2005)、刘民权等(2006)、张翔(2006)等人的研究外，目前关于中国互助会的专门研究(特别是近期互助会的研究)还很少。不仅如此，决策管理层至今还对互助会心存疑虑，没有引起应有的重视。因此，本文对于中小企业互助融资的系统研究将会在一定程度上填补文献的空白，具有较大的理论价值。

较早对互助会进行关注和研究的主要是人类学家和社会学家(Besley et al.，1993；Bouman，1995)，后来才引起经济学家的注意和重视。早期的人类学家和社会学家对互助会的研究只是一个简单的现象描述，研究方法基本局限于人类学和社会学的分析框架内，而后来的经济学家则主要从金融中介框架下探讨互助会在经济发展过程中扮演的角色以及具体的运作机理。虽然社会学家和经济学家在各自的领域都取得了丰硕的成果，但他们的研究还不能全面的反映互助融资。作者认为，互助融资既是一种经济现象，也是一种社会文化现象。仅仅从经济学或社会学的角度都很难全面解释互助融资。从现有文献来看，国内外学者已经开始注意到社会资本在互助融资中的作用，但其研究还缺乏深度。社会资本的提出及运用，一方面符合学科交叉发展的趋势，另一方面也符合我国的社会历史文化以及制度背景。因此鉴于经济学和社会学的分析基础，本文采用交叉学科的分析方法，从社会资本的视角深入剖析中小企业互助融资的形成机制、运行机制以及风险控制机制，从而期望为我国中小企业开展互助融资提供一定的理论基础。

第四节 研究目的、思路与方法

一、研究目的

中小企业在一国国民经济和社会发展中的重要地位已经被各国经济发展实践所证明，而中小企业在生存和发展中面临的融资困境也同样引起了各国政府以及管理当局的高度重视。本文研究的主要目的在于为中小企业提供一个可以缓解融资困境的思路，从而实现中小企业的健康发展。同时，本文试图基于国内外互助融资的相关研究，结合国内中小企业融资的现状及制度背景，运用交叉学科的社会资本理论来阐释中小企业互助融资的形成机制、稳定发展的运行机制以及风险控制机制，从而为我国中小企业开展互助融资提供一定的理论支持和政策依据。

二、逻辑思路

为了达到本文的研究目的，首先要明确研究的问题以及研究的现实意义和理论价值，要对研究的对象做一个明确的界定。然后本文在对国内外文献回顾及评述的基础上，确定了从社会资本理论作为本文研究的理论基础与方法。接着就进入我们研究的三大具体问题，第一，中小企业互助融资为什么能够产生与形成，其产生与形成需要什么样的环境和条件？社会资本在其中到底发挥什么样的作用？第二，中小企业互助融资产生以后，它的表现形态是什么样的，为什么能够保持正常运行，其背后依靠何种机制？社会转型时期运行机制是否也发生相应的改变？第三，在特定的时期，浙江、福建、江苏等地出现了大范围的倒会风波，表明中小企业互助融资存在巨大的风险，那么风险产生的原因何在？如何进行规避和控制融资风险？针对上述三个方面的理论分析，鉴于温州苍南县的民间互助融资十分兴盛且易于进入，因此作者以温州苍南为例，主要运用问卷调查与非结构性访谈两种方法，对当地中小企业互助融资的形成、运行及风险控制机制做了一个详细的实地调研，以图论证本文理论分析的正确性，并补充理论分析的缺陷与不足。最后在理论分析和实证研究的基础上，得出一些结论，并相应提出几点政策建议。具体的逻辑思路如图1-1所示。

三、研究方法

本文采用规范研究与实证研究相结合的分析方法。规范研究方面，基于社会学、人类学、经济学的分析基础，主要运用交叉学科的社会资本理论，分析我国中小企业互助融资的形成机制，探讨互助融资的运行机理，剖析互助融资运行的风险及控制。案例研究方面，运用问卷调查来收取第一手的资料与数据，采用田野调查、深度访谈等方法，来验证理论分析的正确性。

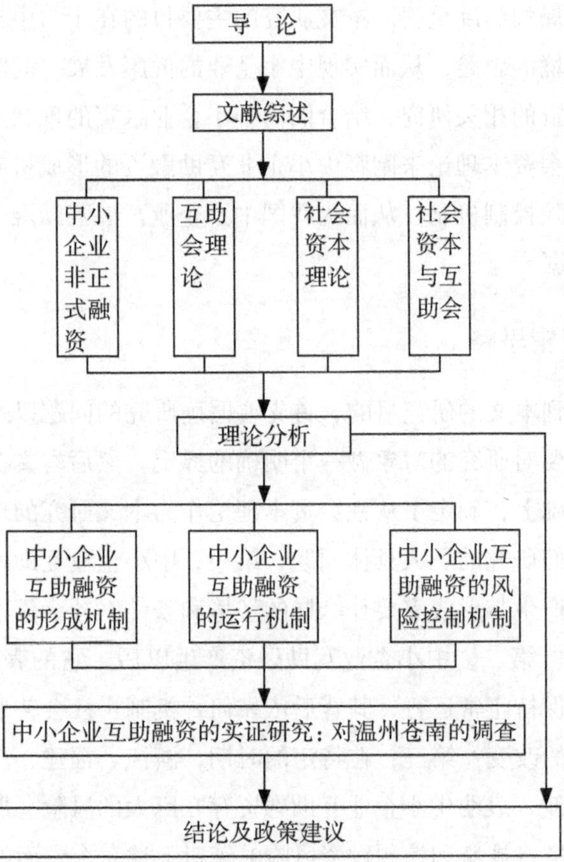

图1-1 论文的逻辑思路

第五节 研究安排和可能创新

一、研究安排

本文的研究安排主要分为五个部分七个章节：

第一部分即第一章导论，提出论文所要研究的问题，界定互助融资和社会资本的内涵，分析本文研究的现实意义和理论价值，阐述研究方法、研究目的与基本分析思路。

第二部分是理论基础，即第二章。本章对国内外研究中小企业非正式融资机制、互助会理论、社会资本理论以及社会资本与互助会等相关文献进行回顾，在综述相关研究的基础上，评价现有的研究进展与不足，理清所要研究问题的理论来源，提出本文要加以拓展的社会资本研究方向。

第三部分是理论分析，包括第三、第四、第五章。第三章首先对互助会进行了简要的相关介绍，在此基础上主要研究两个问题：一是中小企业为什么要利用互助会进行融资；二是社会资本在中小企业互助融资的形成过程中到底起着什么样的作用。第四章首先指出中小企业互助融资是一种双重网络，其中信任是其正常运行的作用机理。作为一种民间的非正规金融组织，乡土社会的信任机制如互助与亲缘利他、熟悉、人情与面子、定栖社会等对于其正常运行起着非常重要的作用，当然在社会转型时期，随着外界环境的改变，互助融资的运行机制也发生相应的转变。第五章首先指出中小企业互助融资的风险源于标会的变异，然后提出互助融资风险的深层次诱因在于信任的断裂，最后在此基础上探讨通过信任转型与重建，从而实现互助融资风险的规避与控制。

第四部分即第六章实证研究。本文选取了中小企业互助融资比较盛行的温州市苍南县，作为研究的样本。苍南县个体工商户、私营企业发达，国有和集体企业很少且规模有限。实地调研表明当地中小企业发展的首要制约因素是资金，并普遍反映难以从正规金融获得信贷支持，与此同时，民间中小企业互助融资盛行，并在一定程度上弥补了中小企业的资金缺口。研究主要分为三个部分：首先对苍南县中小企业融资状况做了一个初步调查，主要选取灵溪、龙港、金乡、钱库四镇作为代表，数据表明当地民间金融兴盛；其次，分析苍南县中小企业互助融资的形成机制；最后以龙港镇新渡村为例对中小企业互助融资的发展脉络、运行机制以及风险控制进行了全面考察。

第五部分即第七章，全文总结及政策建议。本章首先对全文的理论分析和实证研究做一总结，得出几点认识；其次针对民间中小企业互助融资提出相应的政策建议，最后指出本文研究的局限性以及进一步研究的方向。

二、可能创新点

本文的创新之处可能体现在以下三个方面：

1. 中小企业融资是近些年来研究的热点问题，虽然也有学者认为发展民间金融或非正规金融有利于解决中小企业的融资缺口，但大多还是从正规金融的角度提出对策。非正规金融或民间金融往往被理论界和决策部门所忽视甚至敌视。作为民间非正规金融的一种具体形式，互助会为浙江、福建等地的中小企业特别是小企业提供了一定的资金支持，使得当地中小企业能够健康成长。虽然目前学界已经有人开始关注民间金融互助会对中小企业融资的积极影响，但还缺乏深入的研究。因此，本文选取中小企业互助融资作为研究方向具有一定的新颖性，并首次界定了中小企业互助融资的内涵。

2. 较早对互助会进行关注和研究的是人类学家和社会学家，随着相关研究的不断深入，互助会逐渐受到经济学家的重视，但他们的研究方法也基本局限于各自学科的分析框架之内。作者认为，互助融资既是一种经济现象，也是一种社会文化现象，单独从经济学或社会学的角度都很难对其进行全面解释。目前互助会业已成为一些著名学者如科尔曼、格兰诺威特、普特南等人在研究华人人际关系，探讨华人社会资本的重要话题，他们的研究思维尽管是以互助会来解释华人的社会资本，但也足以反映社会资本与互助会有着密切的关联。从国内现有文献来看，张捷(2003)、胡必亮(2004)等人已经开始注意到社会资本在互助融资中的作用，但其研究还缺乏深度。因此应该借鉴经济学与社会学的理论，采用交叉学科的研究方法，从社会资本的视角来解释中小企业互助融资。作为经济社会学的核心理论之一，社会资本的提出及运用，一方面符合学科交叉发展的趋势，另一方面也符合我国的社会历史文化以及制度背景。因此，基于社会资本的视角将会给中小企业互助融资研究提供一个全新的理论解释。

3. 基于社会资本的视角，本文对中小企业互助融资的形成机制、运行机制以及风险控制机制三大问题进行了深入的理论分析，在此基础上，结合温州苍南中小企业互助融资的实地调查，我们发现：(1)中小企业互助融资实际上是小企业尤其是微型企业的融资问题，并且，它不是一个简单的经济现象，而是一个政治、经济、文化、历史共同作用的产物。(2)社会资本在中小企业互助融资的形成、运行及风险上分别起着文化规范、信任治理以及信任控制的作用。(3)中小企业互助融资作为一种民间金融，其主要形成并运行于中国的乡土社会，基于亲缘和地缘的乡土社会的人际信任机制如互助与亲缘利他、人情、面子、熟悉、定栖等维持着互助融资的正常运行。(4)互助融资引发的大规模倒会风险，原因在于社会转型时期价值观念的不确定以及人际信任文化的断裂。我们可以通过信任重建控制此类风险的发生。此外，互助融资的成员能够通过经验学习，完善互助会的运行机制，从而降低运行风险。(5)互助会是一种中性的民间社会组织，它具有很强的适应性和内聚能力，迄今，我们尚未能看到它彻底退出历史舞台的可能性。通过对现有文献以及国内外的实际经验，我们大致可以推断，随着正规金融体系的完善，民间互助会的规模将会逐渐缩小，但并不一定会消失，其可能的转变方向将会是民营金融机构。因此，本文的研究发现既为我国中小企业开展互助融资提供了有力的经验支持，也为地方政府及金融监管当局看待民间金融提供了新的视野。

第二章　文献综述

本章主要是对国内外关于中小企业非正式融资机制、互助会理论、社会资本理论以及社会资本与互助会等研究做一文献回顾，并在评述的基础上得出本文的理论分析框架。

第一节　中小企业非正式融资机制研究

信息不对称和信贷配给导致了中小企业在发展过程中面临着较多的信贷困境。为了解决自身的融资问题，中小企业利用了一系列非正式的融资机制，这一现象引起了国外很多学者的关注。

一、非正规金融的形成原因

现有的文献分别从宏观和微观两个层面讨论了中小企业利用非正规金融的原因。首先，Mackinnon(1973)和Shaw(1973)关于金融抑制的讨论揭示了发展中国家的中小企业利用非正式机制进行融资的制度性根源。在他们的基础上，Fry(1995)和Isaksson(2002)都认为金融抑制条件下政府实施的信贷配给以及垄断性金融机构的制度歧视，使得新成长的中小企业有着对非正规金融市场的强烈的制度需求，非正规融资机制是经济主体对不利的外部金融环境的理性反应。其次，另外一些学者以Stiglitz和Weiss(1981)的模型为基本分析框架分析了非正规金融活动出现的内生性原因。Hoff和Stiglitz 以及Besley(1995)指出由于信息、垄断和外部性等原因，发展中国家的信贷市场存在大量的市场失灵情况，正规信贷的市场失灵诱发了非正规金融活动的出现。

二、非正规金融交易的契约实施

非正规金融交易的契约实施主要依赖本地化的非正式规则，而非国家的法律体系等正式制度规则（Besley，1995；Aryeetey，1998；Schreiner，2000）。从契约的治理机制来看，非正规融资活动具有隐含保险、信任替代实物抵押、社会性约束与自我约束等一系列非正式契约实施机制，正是这些私人治理机制的存在使得非正规融资活动在特定范围内具有较高的效率。

Stiglitz（1990）研究了孟加拉国Grameen银行利用非正规群体组织进行群体贷款（group lending）的有效性。他认为群体贷款活动具有连带责任（joint liability）的特征。一般情况下，由信息问题引发的逆向选择和道德风险是低收入国家市场化保险和银行制度安排失灵的重要原因，非正式社会群体中的人们彼此相熟，能够更有效地进行相互监督，有利于解决正规金融组织所难克服的信息不对称问题。Varian（1990）则利用Grameen银行的群体贷款案例分析了团体激励方案的一般性问题，群体信贷过程中产生了一种银行等正规金融组织无法模仿的自选择机制（self-selection），借款人有激励利用掌握的信息自发地形成一个群体，形成人以群分的匹配效应（positive assortative matching effect），这种效应可以提高团体的监督绩效。但在Besley等（1995）的还贷博弈模型表明群体贷款对还贷率的影响是不确定的，它有时可以提高还贷率，但在另一些时候则降低了还贷水平。

Banerjee等（1994）在研究信贷合作组织的合约执行时提出了“长期互动假说（long-term interaction hypothesis）”和“共同监督假说（peer monitoring hypothesis）”。长期互动假说是指在与地方性中小企业长期合作的过程中，地方金融机构对企业经营状况越来越了解，这样就减轻了金融机构与企业之间的信息不对称问题；共同监督假说是指合作信用组织中的中小企业会有较强的激励进行监督，这种自我监督要比金融机构的监督更加有效。

此外，很多学者注意到了非正规信贷市场上关联契约在保障信贷契约实施中的重要作用，借贷双方除了在信贷市场上存在借贷关系外，还在其他市场上形成了交易关系，因此双方在签订信贷契约时还把其他市场的交易情况附加到里面。这种存在于信贷市场之外的交易关系，不仅为贷款人提供了关于借款人资信和还款能力的信息，事实上也是一种担保。它增加了借款人的违约成本，使得贷款人能够对借款人保持一定的控制力，加强了对借款人正确使用贷款以及履行还款义务的激励（Stiglitz，1974，1987，1990；Bell，Srinivasan & Udry，1997；Smith，Stockbridge & Lohano，1999；Arndt，Schiller & Tarp，2001；Chakrabarty & Chaudhuri，2001等）。

三、非正规金融的利率决定机制

非正规金融交易通常在同一个地区的利率相对稳定，但利率水平要高于正规金融市场的利率；贷款抵押要求比较低；贷款契约的实施主要依赖本地化的非正式规则，而非国家的法律体系等正式制度规则（Besley，1993；Aryeetey，1998；Schreiner，2000）。

Aleem（1990）从信息不充分的角度出发，实证分析了不充分信息对贷款人放款成本的影响。他认为民间贷款人在贷款过程中所发生的成本是决定非正规金融市场上资金成本的重要因素，其中信息成本在贷款人发生的总成本中占据很大的比重。借款人所支付的利息必须能够弥补贷款人在贷款过程中所发生的信息成本以及风险溢价等，非正规金融市场上的高利率是对该市场上严重的信息不对称和高风险的理性反映。

Ghate（1992）认为非正规金融市场按照“基准利率风险加成定价的方法”来确定实际利率水平，借贷利率主要由机会成本、风险贴水和交易费用组成。Ray（1998）也认为非正规金融市场上的高利率来自于贷款人面临的高风险。此外，他还认为放贷者在一定区域内的排他性垄断势力也是他能够索取高于资金机会成本的高利率原因之一。

Bell等（1997）分析了正规金融市场对非正规金融市场的溢出效应，指出金融管理当局降低贷款利率的措施使得商业银行的盈利水平下降，贷款风险增加，导致银行普遍惜贷或者提高抵押担保要求。这将很多借款人挤出正规信贷市场，从而导致非正规金融市场上的贷款需求增加，利率上升。

Hoff和Stiglitz（1997）对农村信贷市场上的利率补贴及其影响进行了分析。他们发现，由政府部门提供利率补贴的廉价贷款从正规金融部门流向大土地所有者，再流向小土地所有者。由于正规金融部门的补贴，导致了放款人利润空间的增加，从而引起新放款者进入市场。新放款者的进入使得每笔放款的规模减少，导致贷款甄别成本和执行成本上升，当边际成本的增加大于边际收益时，放款者便会提高贷款利率。

Bose（1998）从信息不对称的角度分析了农村信贷市场上的正规金融部门利率变动的影响。他认为非正规金融市场上借款人还贷的可能性并不相同，并且只有部分贷款人知道借款人的还贷情况。当政府降低正规金融上的贷款利率时，非正规金融市场上贷款的机会成本降低，拥有信息优势的贷款人就可以降低利率的办法吸引更多还款能力较高的潜在借款人成为自己的客户。这就使得那些处于信息劣势的贷款人的借款客户中，具有较高还款能力的借款人的比重下降了，贷款遭受违约的风险因此增加。在此情形下，处于信息劣势的贷款人不得不要求一个更高的贷款利率，并缩小贷款对象的数量，以降低潜在的风险。

四、非正规金融的运行优势

第一，信息优势。非正规金融组织的信息优势反映在贷款人对借款人还款能力的甄别上。非正规金融市场上的贷款人对借款人的资信、收入状况、还款能力等相对比较了解，避免或减少了信息不对称及其伴随的问题。非正规金融机构的信息优势还反映在它对贷款的监督过程中。由于地域、职业和血缘等原因，非正规信贷市场上的借贷双方保持相对频繁的接触，不用费力去了解借款人的信息，这种信息上的便利导致贷款人能够较为及时地把握贷款按时足额归还的可能性，并采取相应的行动。正是由于非正规金融机构的信息优势，使得它能够在一定程度上解决正规金融机构所面临的信息不对称问题，从而减少道德风险和逆向选择行为（Braveman & Guash，1986；Steel et al.，1997）。

第二，交易成本优势。首先，非正规金融机构的操作比较简便，合同内容简单而实用，对参与者的素质要求也不是很高。而正规金融机构往往要有复杂而漫长的运作程序，操作难度比较大，这些都导致了正规金融机构的运行需要高昂的交易费用。其次，虽然非正规金融机构的组织和运转也需要花费一定的时间和精力，但是经济落后地区时间和精力的机会成本也较低，这进一步降低了非正规金融机构的交易成本。再次，非正规金融机构本身具有非常高的灵活性（Besley & Levenson，1996），以及根据实际情况进行的种种创新，也节省了交易成本。此外，借贷双方还可以就贷款的归还期限、利率及归还方式等进行创新和变通。相反，正规金融机构在相关领域的创新却往往因为各种各样的管制而发生扭曲，导致交易成本的上升。最后，非正规金融契约的执行常常通过社区法则得以实现，从而避免了通过正规法律途径进行诉讼所需的高昂费用。

第三，嵌入性优势（embeddness）。一些非正规金融活动和形式对特定的文化具有嵌入性，这使得它们在某些社会中受到特别的欢迎。例如，在特别强调集体利益的地区，某些互助形式的非正规金融组织（如互助会）被认为加强了群体之间的团结，或者其本身就是群体团结的标志，因此被赋予了某种特殊的道德价值。当地居民往往给予这类非正规金融机构以更多的认同感，而与正规金融机构之间的感情却很疏远。

第四，担保优势。非正规金融组织关于担保的灵活安排缓解了中小企业面临的担保约束。具体体现在以下三个方面：一是许多在正规金融市场上不能作为担保的东西在非正规金融市场中可以作为担保。例如房产、土地等，这类物品要么因为政府法令的规定不可以当作担保品，要么因为正规金融机构嫌管理和处置成本较高或者物品实际价值低而不愿意将之作为担保品。但是在非正规金融市场上，借贷双方能够绕过政府法律法规以及金融机构关于最小交易数额的限制。由于借贷双方居住的地域相近并且接触较多，因此担保品的管理和处置成本相对较低，不被正规金融机构当作担保品的财物仍可作为担保品。二是关联契约（interlinking contracts）保障了非正规金融市场上借贷双方交易的顺利实现，其实质上也是一种担保机制。三是在非正规金融市场上，还存在一种社会担保机制（social collateral）（Besley & Coate，1991），或称隐性担保机制（implicit collateral）。非正规金融市场上的借贷双方不仅有信用关系，还处于一定的社会联系（social ties）之中。在一定意义上，这种社会联系也是一种无形的资源，它能够给当事人带来一定的物质或精神收益。这种社会联系一旦和借款人的还款行为挂钩，就成为一种隐性担保。如果借款人及时足额地还款，这种社会联系就能够得到很好的维持。一旦借款人违约，则这种联系被破坏，其带来的损失可能会抵消违约带来的收益。社会担保机制的存在，使贷款人在经济制裁之外还增加了别的制裁方式，从而对借款人的行为构成约束。

五、非正规金融的劣势

尽管非正规金融具有上述优势，但我们同时也必须认识到，这些优势是相对的。与正规金融相比，非正规金融受到信息、交易成本以及法律地位等因素的制约，这些制约决定了非正规金融活动只能在一个较小的范围内才有效率，导致了非正规金融在规模和范围上的劣势。（1）信息因素。Nagarajan等人（1999）指出，非正规金融的信息优势与其活动的范围之间存在此消彼长的关系。非正规金融的借贷款活动只能针对少数的对象展开，许多非正规金融组织通常有其自己相对固定的客户，这造成非正规金融市场的高度割裂。（2）交易成本。金融活动范围的扩大导致信息优势减弱，势必要求它具有更规范的管理手段和运行机制，同时还需要有更多的高素质管理者和员工，这就意味着更高的成本。[①]（3）法律上的不利地位。有一些非正规金融活动被政府限制甚至禁止，因此，经营这类金融业务必须考虑被政府打击的风险。尽管非正规金融可能因为活动范围的扩大而获益，但范围的扩大使得被政府发现并受到惩罚的可能性也增加了。

非正规金融在活动范围和规模上的劣势导致了一系列的问题：首先，范围和规模的狭小使得小范围内的经济主体面临的风险无法通过多样化进行有效分散，导致了较高的关联风险（covariant risk）。其次，非正规金融活动范围狭小，因此资金的转移只能在小范围内实现，不利于资金在更广阔的空间进行有效配置，造成了效率的损失。再次，金融是一个特别追求规模效益的行业，然而非正规金融的小规模经营会使得单笔金融业务的运作成本无法通过规模的扩大分摊，因此金融业务的平均成本往往比较高，难以实现规模优势（江曙霞、秦国楼，2000）。一些非正规金融活动具有一定的蔓延性（contagion），但这种蔓延性又往往很隐蔽[②]。

通常这种蔓延性不是由当事人故意造成的，每个当事人都在自己的小圈子里活动，但这些不同小圈子的活动在一定情况下又能够被联结在一起，结成长长的链条或互相交叉的网络。在正常情况下，人们不会注意其中可能产生的问题，可一旦某个环节中断，其影响的面就可能非常广。只要有一个环节衔接不好，债务危机就可能延伸至链条上所有的企业，整个社会的正常生产经营秩序都会被打乱，同时造成社会信用状况的整体滑坡（何绿野，1996；高正平，1996）。

此外，一些非正规金融往往是非法运行，并依靠一些严酷的惩罚机制来保证合同的实施。Hanke和Walters（1991）指出，一些非正规金融参与者向政府的官员行贿或提供回扣。这些会破坏社会的法制基础，增加官员的腐败，给社会生活带来不利影响。

---

① 现实中，有不少非正规金融贸然扩张导致失败的例子，如20世纪80年代的温州“抬会”事件和福建平潭“标会”风波便是两个著名的例子。尽管抬会和标会都有很久的历史，并且后者至今还在世界各地广泛存在，但在温州和平潭却一度遭遇严重的“倒会”危机。普遍的倒会对当地的经济与社会生活造成了巨大的冲击。其根源就在于非正规金融机构在规模扩大的同时，缺乏相应的制约机制。加上一部分人恶意地以高利率诱骗，最终导致了灾难的发生（姜旭朝，1996）。

② 非正规金融往往较具隐蔽性，一方面因为一些非正规金融交易具有日常化和零星化的特点，不容易被人们关注和察觉；另一方面因为某些活动不为现有的法律和法规所容，被迫躲入地下。

第二节 互助会理论研究

互助会是轮转储蓄和信用互助机制（Rotating savings and credit associations，ROSCAs）的简称。互助会不仅历史悠久，而且分布广泛。作为许多发展中国家最盛行的非正规金融制度之一，因而受到了许多学者的关注。本文主要对互助会的内涵、互助会的形成、互助会的运行机制以及互助会运行风险四个方面做一文献回顾。

一、互助会的内涵

Geertz（1962）提出“会”是从以农耕为主的农业社会转向贸易占据越来越重要地位的社会的发展过程中的一种中介（middle rung）。其后，Ardener（1964）对互助会给出一个较为完整的定义：“互助会是由一群个人组成的团体，该团体的成员每隔一定时间需要捐献一定数额的资金以形成一笔基金，然后轮流将汇集起来的基金（全部或部分）交给团体中的某个成员，这一过程不断重复，直到每个成员都得到这笔基金后（而且仅有一次），该团体就宣告解散。如果成员的资金需求尚未得到满足，可与原成员协商继续组织一个互助会或吸收新成员另组其他互助会”。

在Ardener的基础上，Bouman（1995）对互助会的内涵做了进一步的扩展和完善。他指出，互助会本质上是一种独特的以某种“对称的互惠主义（Balanced Reciprocity）”为原则的资源分配模式，即在一个团体中通过一定的契约实现资源的汇集和再分配，以帮助成员“应对资源稀缺、风险和不安全感带来的种种压力”。通过互助会这种方式进行集中和再分配的“资源”涵盖较广，不仅可以包括货币，而且还包括劳动以及各种生产性或生活性实物等（Bouman，1995）。此外，Bouman（1995）还认为互助会进行资源再分配的时间间隔也并非总是相同的。因此，如果沿用Ardener（1964）的定义，则会模糊互助会作为资源配置机制的本质内涵，也不容易使人们更好地理解形形色色的互助会及其演变。因而需要一个更宽泛的框架来概括互助会这一机制：“互助会是由一定数量的个人组成的团体，该团体的成员需要在每个规定的时间捐出一定数量的某种资源以形成一笔基金，按照某种约定的顺序，轮流将汇集起来的基金交由成员使用，每个成员只能得到一次基金，在相当数量的成员都得到基金后，互助会宣告解散”。

国内学者对于互助会主要存在以下认识，王宗培（1935）认为，“互助会为我国民间之旧式经济合作制度，救济会员相互间之金融组织也”；杨西孟（1935）指出，“互助会是我国民间流行的一种小规模的金融合作组织”；中央银行经济研究处（1936）编《中国农业金融概要》中定义为，“互助会为我国民间固有之集资方法，亦可称为中国式之贮藏制度”；林和成（1936）则强调，“会或互助会为我国农村，以及民间最普遍之一种小规模合作组织”；《现代汉语词典》对“会”的解释是：“民间一种小规模经济互助组织，入会成员按期平均缴款，分期轮流使用”。由此可见，互助会实为一种民间金融互助组织。本文采用Bouman（1995）的观点。

二、互助会的形成

对于互助会如何形成，国内外学者从社会学、经济学及信息经济学的视角得出了不同的观点。

（一）社会学角度

Kuper和Kaplan（1944）认为互助会的形成不仅仅给会员带来了经济利益，而且还给予他们一定的威望。费孝通（1986）和Kulp（1925）认为参加互助会能提高会员的社会地位。Adams和Canavesi（1989）指出互助会对穷人和富人具有同样重要的社会作用。如“联络乡里感情，化除许多猜忌”、“可以养成互助精神、节俭美德以及储蓄习惯”等等（李景汉，1937）。

Biggart（2000）在前人大量研究的基础上，总结了产生互助会所需要的五大社会环境，具体包括：（1）以公有为基础的社会秩序。互助会通常出现在以血缘关系、民族关系和地缘关系组织起来的以公有为基础的社会（Roberts，1994）。（2）集体义务。在以公有为基础的社会里，个体会更自觉地重视集体[①]的利益，养成尊重集体利益的习惯，形成尊重集体利益的行为准则。因此，履行集体的义务也被视为是个人义不容辞的责任。互助会在一定程度上代表了集体的利益，因此，在这样的地方，互助会能够得到成员共同的拥护。此外，出于对其他集体（如家庭）利益的考虑，也会增加互助会的稳定性（Bascom，1952）。例如，在

① 这里的集体泛指个体所处的社团，包括家庭、互助会和其他的团体。

台湾，如果有互助会成员不履行其义务，那么他的家人很有可能出于家庭名声的考虑帮助其履行义务。集体利益无疑强化了成员之间联系的纽带。(3)个体在社会和经济上的稳定性。一般的，只有那些在社会和经济上能够保持稳定的人才能成为互助会的成员(Cope & Kurtz，1980)。(4)社会或地理上(一定程度)的隔离(Anderson，1966)。社会和地理上的隔离使得互助会的成员缺少与外界沟通和交流的机会，不得不依靠集体，通过集体来谋求自身生存的机会，这也在一定程度上强化了对成员行为的约束。(5)社会地位的相似性。尽管互助会在各个阶层中都存在，但是就单个互助会而言，其成员的社会地位之间的差别通常不是很大(Mayer，1960；Shipton，1992)。

(二)经济学角度

杨西孟(1935)认为，互助会的组织并不是在各种不同的经济阶段都可以通行无阻的，它必须在一个以农业为中心，而国民经济的发展又较为落后的国家方可发生和滋长。因为，在那种农业社会里，资本主义的生产方式还没有萌芽或是没有占据优势；金融制度也没有高度的发展，一切的社会制度较少变化，社会秩序较为安定；家庭观念极为浓厚；乡亲党友的关系异常密切——有无相济，视为理所当然。所以，以互助为目的，以对人信用为宗旨的互助会组织便可以应运而生，蔓延各处。

王宗培(1935)认为互助会之能产生并盛行于中国，“肇源于社会经济之紧张，至其原因，凡得五端：(1)平民贷款机关之不完备也；(2)社会上对物质信用观念太深也；(3)储蓄机关之不发达也；(4)人民生活程度之骤增也；(5)重利之为人所痛恨也。”

Levenson和Besley(1996)以及Besley等(1993，1994)认为互助会可以让一群一个圈子里的人共同筹钱，轮流购买大件耐用品，并且可以比自己储蓄更早实现购买目标。此外，有些会员可以从互助会的借款者中获取利息，并且希望可以获得比其他经济部门更高的回报。Brink和Chavas(1997)从机会成本的角度考虑，认为正规金融的存贷款利率与互助会的形成密切相关。存款利率越高，入会人员就会减少；贷款利率越高，入会人员就会增加。所以，存贷款间的机会成本提供了个人遵守互助会制度的巨大动力。

(三)信息经济学的角度

Levenson和Besley(1996)认为互助会是正规金融市场失灵的理性反应。但是，也不排除参加互助会与避税之间有着紧密联系的可能性。Kimuyu和Peter-Kiko(1999)认为由于信息的大量不对称，现存的正规金融市场不能成功地监督农村借贷者并执行信贷合约而导致了互助会的产生。并且他们在对东非的肯尼亚及坦桑尼亚的农村社区调查后得出结论，互助会的参与程度与市场的进入水平、农村改革进展、弥补正规金融失灵所采用的不同策略相关联。Aryeetey等(1997)认为非正规信贷的制度安排的低交易成本和低贷款损失解决了信息不对称和执行困难的问题。

张翔(2006)认为，互助会表面上看是一种能汇聚分散资金的合约，但支撑互助会合约得以成立的是其运转方式中暗含的汇聚分散信息的机制。该机制减少了资金借入者和资金借出者特别是信息匮乏者之间的信息不对称程度，降低了交易费用，有助于资金借入者扩大融资的额度和范围。

三、互助会的运行机制

目前，经济学家普遍认为互助会能够正常运行，主要取决于信息机制、交易费用机制、灵活性机制、隐性担保机制以及履约机制作用的发挥。

(一)信息机制

互助会的信息机制首先反映在它对成员资格的甄别和选择上，互助会的成员一般都是由亲戚、邻里和同事组成，对彼此的资信、收入状况、还款能力等都比较了解(Geertz，1962；Ardener，1964)。在组织一个互助会时，选择哪些人参加，是需要经过慎重考虑才能决定的。这是一种对风险的事先防范机制(Van den Brink & Chavas，1997)。其次反映在它的制度设计上。通常互助会都要求每隔一定的时间聚会，或者由互助会的组织者负责与其他的成员定期接触，这种接触不仅有利于成员之间加强情感上的纽带(Geertz，1962；Ardener，1964)，还能帮助会员之间相互了解最新的信息，互相监督对方的行为。一般的，成员之间接触的频率越高，则风险也越低，但因频繁接触付出的成本也越高，这是对风险事后的防范(Van den Brink & Chavas，1997)。Besley等(1993)也认为互助会是一种有效的非匿名治理的制度安排，参与者之间既存的社会联系有助于解决信贷活动中的信息不对称问题，共同体的社会性担保提供了低成本的契约运行机制。

由于互助会具有信息优势，因此一般认为它能在很大程度上解决正规金融市场中所面临的信息不对称问题，防止逆向选择和道德风险的出现（Van den Brink & Chavas，1997）。但是也有学者提出异议。他们认为，不管互助会的分配顺序是以何种方式决定的，任何先得到基金的成员都有在以后不履行义务的可能，因此互助会本身有包含着引发道德风险的因素。特别是以投标方式决定得到基金顺序的互助会，其投机性质更强，有些成员为了早日得到基金，把自己能够得到的基金数目压得很低，在得到资金后就不再履行义务，其道德风险也会更大（Seibel & Schrader，1999）。

（二）交易费用机制

互助会的交易成本优势体现在如下几个方面：首先是因为互助会的操作比较简便，技术要求不高。同时，也不需要什么专门的办公地点和办公用具，“在某些地方，互助会运转只需一个练习本和一支铅笔就行了”（Fernando，1986），对操作人员也不需要支付很高的薪水[①]以及培训费用。其次，虽然互助会的组织和运转也需要花费一定的时间和精力，但是如果考虑到经济落后地区时间和精力的机会成本也较低这一现实，这些花费也是微不足道的。再者，互助会的各种要素可以根据实际情况进行灵活调整，这也使得互助会的交易成本变得更低（Adams & Sahonero，1989）。譬如，当宏观经济稳定时，人们用货币互助会逐步取代实物互助会，就大大节省了因携带、分割等问题带来的成本，而当面临恶性的通货膨胀时，人们又可以灵活地用实物来代替货币，防止通货膨胀带来的财富缩水。相反，“……商业银行在相关领域的创新却往往因为各种各样的管制而发生扭曲，导致交易成本的上升”（Adams & Sahonero，1989）。

（三）灵活性机制

互助会运作的基本原理非常简单，易于操作。这使得互助会不仅能够被各种层次的人们广泛接受，特别容易在发展程度低，知识水平不高的地区推广开来。此外，互助会的许多结构性要素可以灵活调整，因此对各种各样的环境都具有适应性，使互助会形形色色的创新成为可能，显得非常灵活。不过也有学者认为互助会在灵活性上存在很多欠缺，如互助会资金的分配总是要经过一段固定的时间间隔；另外，随机方式的互助会得到基金的顺序不是根据当事人在此时的实际需要来决定的，这就很有可能出现急需资金的人得不到资金，

① 在有些互助会中，成员无需向组织者支付什么有形的报酬（Adams & Sahonero，1989）。

而得到资金的人在此时又没有什么有效的利用途径的情况（Tanko & Adams，1995）[①]。

（四）隐性担保机制

既然互助会无法完全规避道德风险，而成员通常又缺少实物担保，那么它就具有一种特殊的机制来维持互助会的正常运转，在此我们称之为隐性担保机制，其实质是一种无形的担保。如前所述，互助会的成员大多是比较熟悉、关系较好的亲戚、邻里、同事和朋友，成员之间除了通过互助会来互相调剂余缺之外，还有很多其他的物质、精神和情感方面的交流。同互助会一样，这些交流均是以互惠原则为基础的（Bouman，1995）。如果某个成员出现违约的行为，那么他将受到其他成员一致的排斥，他可能会被拒绝将来在这一群体（甚至附近的区域）中再次参加互助会，或者甚至完全断绝与群体之间任何的交流，这样的惩罚是非常严厉的（Fernando，1986），另一方面，对组织者来说，如果他组织的互助会失败了，那么他将名誉扫地（Fernando，1986），这也促使组织者尽自己的努力维持互助会的正常运转，这种担保机制也属于对风险的事后防范（Van den Brink & Chavas，1997）。

上述隐性担保机制的形成实际上是一个重复博弈（repeated game）的过程，由于存在Biggart（2000）所说的地理和社会上的隔离（这种隔离保证了博弈的长期性和博弈参与者组成的稳定性），互助会成员能够选择的基本策略是在何种情况下遵守或不遵守互助会的协定，成员在选择行动时的收益不仅包括成员当期的收益，还要考虑自己的未来收益，不仅包括物质收益，而且还包括精神收益。理性的成员选择某一策略时会在遵守或不遵守协议之间进行权衡（trade-off）。因此，虽然互助会没有现时的实物担保，但是它实际上是以成员的声誉和将来通过交往和合作能够分享的利益作为担保的，如果遵守互助会协定的未来利益的贴现值足够大，则这种隐性担保就很具约束力，同时又使得成员的借贷免受现时实物担保的困扰。然而，隐性担保机制也并非总是有效的，如果违背互助会协议的收益大于遵守协议时的收益，则成员还是会铤而走险，置道德、舆论

① 投标方式的互助会被认为是能够较好地克服上述缺陷的一种手段（Calomiris & Rajaraman，1998）。此外，正如有关学者在浙江台州调查所看到的，这种缺陷还可通过创新在一定程度上得到弥补，当地的互助会参与者设计了二级交易市场机制：由急需资金的成员向当期得到资金的成员购买这笔资金，费用可以是预先规定好的，也可以私下协商。此外，如果条件允许，成员还可以通过在同一个互助会持有几个不同期限的份额或同时加入几个互助会来解决期限上的不便。

和法律于不顾，做出损人利己的事情。

（五）履约机制

许多文献研究表明，现实中互助会的违约现象极少发生。那么它的履约问题是如何解决的呢？Besley等（1993）较早地考虑了单期互助会的稳定性问题。他们认为，在随机互助会中，只要第一个得到会金的会员愿意履约，其他的会员都会继续留在会里，因为前者的违约收益最高。[①]第一个得会成员的履约意愿取决于违约收益与违约成本之间的比较，只要违约成本足够高，成员就会选择履约，互助会就能正常运行。违约收益决定于互助会的成员人数和会费水平。在会员人数给定的情况下，只有降低会费水平，或者延长会期，第一个得会成员的违约收益才会降低，互助会才可能持续下去；而在会费给定的情况下，只有减少会员的人数，互助会才可能持续。更少的会员人数意味着第一个得会成员享受违约收益的时间被缩短。显然，两者都会降低互助会给成员带来的整体福利，因为最优分配需要服从更多的约束条件。由此，我们可以理解互助会的规模为何不能无限扩大。增加会员人数虽然能够增加整体的预期收益，但此时违约收益也会增加，并可能超过违约成本，于是互助会将可能出现倒会的可能。

Anderson等（2003）更加细致地研究了互助会的制度结构与违约行为之间的关系。他们运行重复博弈模型对轮会和标会的分析表明，如果没有社会制裁，互助会将不可持续（sustainable）；即使将来参加互助会的资格会被剥夺，第一个得会成员也总是会选择违约。这一点表明了社会制裁对于互助会的正常运行具有非常重要的意义。相对于标会来说，轮会的运行风险要小，因为在轮会中第一个得会成员的次序总是排在最前，他的违约动机就会减小。[②]另外，对标会来说，如果允许成员在紧急情况下改变次序，会使履约问题有所缓解；但对轮会而言，这样反而会恶化履约问题。这是因为，如果标会成员为紧急需要改变次序，他可以调到自己更偏好的位置，从而增加了他留在互助会的动机；而在轮会中，如果允许改变次序，原来排在第一位的成员会担心将来自己的位置让给他人，所以违约的动机会增强。

基于Anderson等（2003）调查，Guterty（2003）指出，互助会的成员之间一般

① 这里只考虑履约意愿，而不考虑履约能力。

② 这里没有考虑排在最后的会员的违约问题，因为Anderson等（2003）已经证明，轮会中排在最后一位的成员选择留在互助会的净收益与第一位相同；而标会中排在最后一位的成员选择留在互助会的净收益甚至比第一位还高。因此，排在第一位的成员的违约问题总是比最后一位要严重。

都有很密切的社会联系，因此他们可以完成银行部门无法实现的信用交易。生活在同一社区关系紧密的居民，在信息和执行方面具有较大的优势，他们可以通过相互选择筛选成员，排除那些高风险的潜在加入者（Stiglitz，1990）；也可以通过相互监督来监督成员的努力水平（Varian，1990）。而社会制裁的力量又进一步加强了信息优势：集体有能力把违约者排除在为人们提供保险和当地资源使用权的社区网络之外。但现实中互助会参与者对违约者实施严厉制裁的事情很少发生。会员有能力区分违约究竟是出于真实的需要，还是出于机会主义的动机。当某成员因为经济困难而无力支付会费时，集体一般并不愿意通过毁掉声誉的方式惩罚违约者，因为其他成员深知社会关系和社会资本的价值，他们宁愿选择不去威胁同伴的社会保障。但是，互助会可以通过设计重复运行以及制定支付策略等内部机制来保证会员之间相互合作。基于此，互助会就不仅仅建立在事前的社会关系和彼此信任的基础之上，它还有明确的组织边界、有最终的制裁措施、有低成本的冲突解决机制。Guterty（2003）最后证明，即使不借助于严厉的社会制裁，在重复博弈的情形下，如果被排除在将来的互助会之外而损失的收益足够大的话，会员将不会因为短期的利益而选择违约。

以上研究都是侧重于社会压力、重复博弈的作用，除此之外，独特的机制设计也是互助会能够很好解决履约问题的关键因素。Van den Brink（1997）提出了一些事前和事后的风险控制机制，如选择较有声望的人担任会首，谨慎筛选入会成员，将高风险成员安排在后面，问题银行[①]以及社会压力[②]等等。这些机制使互助会的违约率控制在较低的水平。Handa & Kirton（1999）在对牙买加互助会的分析中发现，会首对互助会的影响不容忽视。调查样本中会首一般年纪较大，家庭比较富裕，并且拥有较多的互助会组织经验。实证分析表明，会员对会首的报酬支付与互助会的持续运行显著正相关。此外，当资产专用性[③]较高时，会员与会首之间的契约安排就更加灵活。由此可见，互助会借助于社会压力、重复博弈和精巧的制度安排，较好地解决了履约问题。

---

① 问题银行是解决成员遭遇收入冲击、交纳会费发生困难的一种方式。它在互助会内部运行，随互助会解散而结束。它向成员收取很小数额的会费，并向成员发放高利率的应急贷款，其功能相当于面向成员存贷的小银行。

② 如果某会员最终还是选择违约，互助会制度将对其施加巨大的社会压力，并且不遗余力地追索负债。违约会员可以推迟偿付时间，但不能逃避责任。即使本人已经去世，债务还会转移到他的后代身上。在这种压力下，恶意违约的情况非常少见。

③ 资产专用性可以用会费来代表，会费越高，资产专用性就越大。因为在互助会运行期间，入会资金将不可能再另作他用。

四、互助会的运行风险

对于互助融资是否存在风险，目前理论界主要存在三种观点：

第一是互助会运行风险较低并且能够自我控制，即使出现风险也不会有太大影响。国外有关学者认为，互助会能够通过社会抵押机制（social collateral）（Fernando，1986）、成员间的信息采集和交流（Van den Brink & Chavas，1997）、特定的内部管理和激励机制（Handa & Kirton，1999；Biggart，2000）来保证自身运行的稳定性。从世界范围来看，互助会贷款的违约率总体上是相当低的，在一定程度上说明互助会自身对风险的控制基本有效。此观点与国内学者柯荣柱（2003）、胡必亮（2004）、冯兴元（2005a）的研究结果基本一致。柯荣柱（2003）对浙江的问卷调查表明倒会风险很低，胡必亮（2004）通过对中国乡村社会的研究发现，由于宗族、村庄共同体的存在，乡村的市场化程度不高，村民的社会流动性较小，加上标会的参与者多为本村村民及其亲戚朋友，标会的目的也主要是以生活消费为主，规模不大。因而，其风险也是非常有限。冯兴元（2005a）也认为合会[①]所依赖的信任机制和社会排斥之类的非正式制裁机制对于合会的安全至关重要。即便合会偏离这些机制从而出现倒会风险，民众的学习过程也会使合会变得更为安全稳健。因此，他们都认为互助会的风险从长远来看比较低。

第二是互助会存在较大的风险及危害。国内其他学者认为，互助会作为一种民间信用带有很强的自发性、盲目性、隐蔽性和无计划性，因而存在较大的风险与危害，如一定程度上扰乱国家正常的经济秩序、助长了“关系网”的社会风气、影响货币信贷政策的效果以及社会的安定团结等（季任春，2002；王枫斌，2002；周苗苗等，2004；廖宏辉，2004；郭春松，2004；朱蕴茝，2004；李庚寅、曾林阳，2005；李援亚，2005；冯兴元，2005；陈炉丹、万江红，2006等）。一旦倒会，其涉及面将非常广，对社会影响将非常大。特别是在恶意竞标的情况下，大规模的倒会风波就有可能发生（柯荣柱，2003）。因此政府要在互助会风险预警方面发挥作用（冯兴元，2005b），并要对其进行规范管理（陈旭鸣，2005；李晓佳，2005；李庚寅、曾林阳，2005）。

第三是互助会运行风险因形式不同而存在差异。互助会的运作机理虽然基

① 冯兴元所指的合会是“会”的总称，与本文所指的互助会相一致。在此主要是为了保证与其原文一致。

本相同，但形式多样化导致了风险控制和资源配置效率上的差异（Besley et al., 1993，1994；柯荣柱，2003）。互助会有三种常用的基本形式：摇会、轮会和标会。三种互助会在资源配置及效率上各有特点，在运行稳定性上也存在着差异。每一种互助会都反映了成员对资金需求的不同敏感程度，同时每一种互助会都有不同程度的运行风险（刘民权等，2006）。其中，摇会的运行风险最低，轮会运行风险居中，标会风险最高。这一点与费孝通（1936）以及汉达和科顿（Handa & Kirton，1999）的观点一致。

可见，利用互助会进行融资存在风险已经得到大家的认同，只是程度有所差异。但在一般情况下，互助会作为一种民间金融其风险并不为外人所知，只有当出现“倒会风波”时，风险才得以放大。

第三节 社会资本理论研究

社会资本理论是20世纪70年代以来从新经济社会学中演化出来的最有影响和最具潜质的理论概念之一。它将制度因素、价值判断和文化影响纳入了经济学的分析框架之中，使得许多未被考虑但事实上影响经济发展的因素进入了人们的视野，大大拓展了经济学的研究范围。社会资本理论不仅对社会行动者的行动动因解释更加全面深入，而且对于描述分析宏观层次上的集体活动和长期选择很有说服力；同时它还把微观层次的个人选择与宏观层次的集体选择结合起来形成新的分析范式。所以，社会资本理论的出现为我们研究和透视社会提供了一个崭新的视角，使得我们对于社会行动、社会关系和社会结构的理解和认识更为深化。

一、社会资本的功效

虽然各学科都对社会资本给出了不同的经济解释，但我们需要对其功效做出一个更概括性的提炼。了解社会资本的功效必须从其“资本”特征出发。由于社会资本存在于互动关系中，通过合作使用达到互惠效果，属于“集体物品”，既有非竞争性，又有排他性属性，所以对于社会资本的正外部性和负外在性，学术界的观点并不一致。全面地了解社会资本的外部性，对我们理解中小企业互助融资非常关键。根据Lin（2001）与Adler和Kwon（2002）所作的系统论述，我们将现有文献中有关社会资本的积极作用整理如下，见表2-1。

表2-1 社会资本的功效

角度	积极作用
网络协作	“影响决策中起关键作用的代理人，如组织主管或招聘者”（Lin，2001） “可作为个人社会背景证明，反映其通过社会网络和社会关系接触资源的程度”（Lin，2001） “强化网络成员间的认同与承认”（Lin，2001） “产生影响、控制与权力”（Alder & Kown，2002） “团结一致（solidarity）”（Alder & Kown，2002）
信息传递	“促进信息传递”（Lin，2001） “有助于获得更多信息来源，提高信息质量，及时获得相关信息”（Alder & Kown，2002）

资料来源：整理自Lin（2001）和Adler and Kwon（2002）。

表2-1显示，嵌入于社会网络的社会资本从根本上说具有两种积极作用：影响网络成员行为和促进信息传递。就影响网络成员行为而言，首先，社会资本能“产生影响、控制与权力”（Alder & Kown，2002)，如果发生机会主义行为，一旦败露，该负面信息就会立即通过网络路径传播开，这样，其他网络成员就不会与其继续发生交易。当然，网络成员如果能较好地遵循网络规范，如互惠双赢与肩负义务等，有关其行为的正面信息也会因为网络传播而得到加强。这种作用主要对应于交易成本理论、网络理论和“关系”理论。其次，网络成员身份是一种社会背景证明，能起到信号传递作用，“强化网络成员间的认同与承认”（Lin，2001)，行为者即使此前彼此不熟悉，但如果发现处于某个共同的社会关系网络，则意味着拥有了一个相对安全的交易平台。可见，在信息不对称和不确定性条件下，社会资本可以降低交易成本，加强网络行为者间的隐形合约的实施。就促进信息传递而言，网络成员可以主动或被动地通过网络路径获得信息。他既可以主动积极地搜寻所需的信息，分享别人的知识经验，也可以因为其所处的网络位置而被动地接受一些相关的信息，自发地受到信息与知识扩散的影响。这种作用主要对应于网络理论、资源理论和“关系”理论。

无论是起到影响、控制网络内成员的作用，还是以其所处关系网络背景来强化成员间的认同感，从形成团结一致，这些积极作用都是在促进网络成员间的合作。而一定的网络结构和成员关系也会促进信息传递，有助于网络成员获得更多相关信息，这种信息传递必然导致网络成员间的知识扩散和促进网络成员间合作。鉴于加强信息扩散和促进网络协调这两种积极作用，社会资本理论认为，社会资本有助于网络成员间的知识扩散和合作，从而改善和提高个人或组织绩效。

当然，社会资本也有负外在性，和其他资本一样，“所有类型的资本都有可能会产生危害而不是福利，因此，无法保证创造社会资本就一定能增加人类福利”（Ostrom，2000）。波特斯（Portes）就总结出社会资本至少有四个方面的负外部性：排斥圈外人；对团体成员要求过多；限制个人自由以及用规范消除秀异。Leenders和Gabbay（1999）将社会结构给企业带来的这些负面作用称之为社会负债（social liability），其表现形式至少有两种：其一，强社会关系会制约网络成员行为，阻碍他们的行为和目标实现。其二，社会结构中的消极联系可能会影响到网络成员的机会。针对上述社会资本的负外部性，本文认为，网络制约（对外意味着排外，对内意味着限制）和信息过滤与控制是社会资本影响个人绩效、企业绩效和社会经济发展的负面作用方式。一方面，排外性和对成员的要求与限制往往会使得成员加大对网络资源的投入，从而更依赖于网络关系；另一方面，网络成员通常会更信赖内部的信息，一旦出现消极联系，则更容易损害其他成员的利益。从这点看，社会资本投资不当会增加专用性投资风险和信息控制缺陷。

二、社会资本理论的三维研究

不同学科的学者从各自的研究领域和研究对象出发，对社会资本给予了不同的界定，进行了不同的研究。目前，社会资本理论已被广泛应用于社会学、经济学、政治学等领域，产生了众多的理论观点。布朗认为社会资本是按照构成社会网络的个体自我间的关系类型在社会网络中分配资源的过程系统。基于系统主义（systemism）[①]观点，他直接把社会资本的理论表述划分为微观、中观、宏观三个分析层面，这种划分已经为学界所认同。

（一）微观层面——嵌入自我、关系强度与个体地位

关于社会资本的第一个重要的理论表述是由科尔曼于1988年提出的嵌入

① 系统主义指的是对系统的要素、构成和环境的三维分析。在社会资本系统中，要素是构成社会网络的个体自我，系统的结构是联结自我的关系类型，系统的环境是把该系统包含在内的更大的社会生态。

自我理论。嵌入自我的理论观点是采取一种个体嵌入的视角从微观层面对社会资本进行的分析。这个层面讨论的是个体自我通过包含自我在内的社会网络动员社会资源的能力，关注的重点是个体的结果。科尔曼的主要目标不是社会结构理论，而是承认社会背景的理性动因选择理论（rational choice theory of agency）。在社会资本的讨论中，科尔曼意在通过解释社会结构形成和约束理性行为（rational action）的方式，以及通过解释社会结构对个人产生的影响，使其自我利益最大化的原因，进而缓解理性选择方法社会不足的性质。与其说科尔曼只注意严格的方法论个人主义，不如说他通过思考人际关系类型而对理性行为进行了探讨。

科尔曼认为信任的源泉是理性选择理论的核心问题。信任可以防止个人为追求自我利益而产生的机会主义。理性选择理论试图用进化说来解释信任，把它说成是双边关系中两个各有自己利益的个体之间不断重复互动中发展出来的，然而，遍及更大社会体系的更加普及的信任的存在依然是有问题的。科尔曼看到，社会网络性质的差异能够影响这些网络中个体之间的信任水平。因此，他得出了社会结构背景一定是建构理性行为过程中的重要因素的结论。

科尔曼还发现，两个个体之间建立有待偿还的义务关系构成了他们之间的联系纽带。有待偿还的义务关系的存在也是一种资源，人们需要时可以使用它，从而解释了社会资本依据理性行为形成的原因——创造社会资本是理性的和有利可图的，且收益在未来。此外，有待偿还的义务关系是在公共网络成员中普及信任的基础。这为我们在整个网络中普及信任提供了一种解释，这种解释与理性选择理论是一致的。但这个解释本身也存在问题，它没有说出形成社会联系和信任别人的各种可供选择的动机的意义，如预先存在的规范和价值方面的文化制度以及预先存在的交易规则的影响。

科尔曼认识到，社会资本可能是其他目的性行动的副产品（Coleman，1994），这为对社会资本的形成进行文化的和规范的解释提供了方便。他把规范的形成解释为一种理性行为的结果（Coleman，1994），但并没有解释规范的起源，因而预先存在的文化与规范制度对社会资本结构化的影响没有得到承认。并且个人行动与其社会背景之间的动力互动也没有得到认可，社会资本的形成和破坏的动力被解释为个人行为整合的结果——一个从微观到宏观的单向因果关系概念。

但是，信任不一定是网络化的结果。社会资本网络的存在也可能被解释为社会上预先存在普遍信任以及产生互惠预期的结果。科尔曼的理论表述受到他的单向微观—宏观因果关系假设的削弱，就如鸡与蛋的关系，到底是先有信任，还是先有社会资本网络？科尔曼假定个人是嵌入关系网络之中的，但在解释这种微观的社会结构如何嵌入宏观社会结构这个问题时，却遇到了困难。

此外，格兰诺维特与林南等人对个人求职行为的研究同样也属于微观层面的社会资本研究，他们考虑的是个体行动者的关系指向特性及其自身社会地位状况对其所能获取的社会资源的影响，其实质也是嵌入自我的理论观点。20世纪70年代初，格兰诺维特在对个人求职行为进行考察时提出了一个重要的论点：对于求职者而言，弱的关系网络可能比强的关系网络显得更有力量，即弱关系的强力量（Granovette，1973）。对此，格兰诺威特解释说，信息通过弱关系网络传递时，它们被重复的可能性就会减少，因为这种网络中的成员通常交往较少，在一起交流信息的动机和频率都较低，信息具有较大的异质性。弱关系的强力量命题试图就网络关系自身的强度属性来说明它对行动者资源能力的影响。但实际上，正如林南（Lin，1982，1999）等人所指出的，真正有意义的不是弱关系本身，而是弱关系所连接的社会资源，劳动力市场中社会关系的有效使用应当被视为个人社会资源的一种特殊情况。林南指出，行动者的社会地位是一个至关重要的因素。在一个类似于金字塔结构的社会分层体系中，地位越高，人数越少，每个人所拥有的权力、地位或声望也越高。社会地位越高，发展社会关系就越容易，摄取各种稀缺资源的能力也就越强。[①]由于强关系连接的往往是那些拥有相同或类似资源的人，它在相同阶层中的意义并不重要；相反，弱关系却大多是联系不同阶层间的纽带，因而它在不同阶层间交换资源的作用不可小觑。并且，弱关系不只是人们获取信息的途径，通过它，人们可以接触到更多的社会资源，当人们以这种方式“借用”社会资源时，弱关系实际上也成了人们获得社会资源的途径，弱关系越丰富，个人所能拥有的社会资源就越多。

① 原因在于：首先，与个人发生联系和交往的其他人大多处于同一社会结构分层之中，因此，个人在社会结构中的地位越高，就意味着他所接触和拥有的社会资源越丰富，从而拥有丰富的社会资本；其次，对于处于较高社会地位的个体而言，他可以更方便地同地位较低的人进行交往，后者也更愿意将某些资源与社会关系借予他用，以保持友好和互惠关系，因此，处于较高社会地位的成员往往拥有更多的社会资本；再次，处于较高社会地位的社团或组织能够为其成员获取社会资源提供一个重要途径，作为一个具有较高社会地位的社团或组织的成员，就可凭借成员身份，获得更多的社会资本，摄取更多资源，获取实际利益，实现社会资本向现实利益、物质利益的转化。

(二)中观层面——结构理论、关系治理与网络结构

中观层面的社会资本研究主要关注行动者所在的社会网络整体的结构性特征及网络间的互动、制约对个体社会资源获取能力的影响。

波茨对社会资本的起源和性质进行了比较系统的研究(Portes & Sensenbrenner, 1993; Portes, 1995)。他认为，社会资本是个人依赖关系网络或更大的社会结构中的成员资格来调配稀缺资源的能力，这种能力不是个人固有的，而是个人与他人关系中包含的一种资产，社会资本是嵌入的结果(Portes, 1995)。波茨扩大了社会资本的概念，把社会网络本身的特征也包括在社会资本概念之中，同时还借用格兰诺维特的说法(Granovette, 1985)，波茨区分了理性嵌入和结构性嵌入。理性嵌入即双方互惠的预期，建立在双边关系中取得强迫对方承认的预期能力的基础上。但是，当行动的双方成为更大网络的组成部分(即结构性嵌入)，信任就会因为相互预期而增加，更加宽泛的社群会强制推行各种约束因素，波茨称之为可强制推行的信任[①](Portes, 1995)。波茨认为，互惠的期待与可强制推行的信任二者都是借助于对约束因素的恐惧而推行的。通过从双方约束预期调节的社会联系向可强制推行的信任调节的社会联系的过渡，波茨把社会资本概念从自我中心(ego-center)层次扩展为更宏观的社会结构影响的层次。

波茨还区分了另外两种社会资本，第一，使价值和规范内化或"价值内向投射"，能够驱使一个人建立社会联系，或者因为一般道德命令而把资源转让给别人；第二，有限团结(bounded solidity)，可以推动一个人建立社会联系，或者因为认同内部人集体的需要和目标而把自身的资源转让给他人(Portes, 1995)。他不仅关注到受二元互惠预期调节的关系网，而且还关注到受惩罚调节的社会关系网，使社会资本理论包括了微观和中观两个层次的分析。除此之外，波茨还引进了文化和规范的因素。他首先注意到，价值观的内化或者说价值介入，能够激励个人去建立社会关系网络或把资源转移给别人。其次，他关注到有界整合的概念，认为所有有界整合会促使个人因为对内部群体需要与目标的认同而建立社会关系网络或把资源转移给他人。[②] 所以波茨的分析从微观开始，却进入到了中观和宏观的层次，他把个体社会网络的不同看作是个体嵌入社会

① 所谓可强制推行的信任(enforceable trust)，是指行动双方借助于对惩罚的预期而推行的信任。

② Portes, A., 1995, "Economic Sociology and the Sociology of Immigration : A Conceptual Overview", in The Economic Sociology of Immigration : Essays of Networks, Ethnicity, and Entrepreneurship, edited by A. Portes, New York : Russell Sage Foundation, p.12-13, 15.

关系网络形式与程度的不同以及关系网络本身不同特征的结果。他对社会资本结构化背后的各种动机的区分，扩展了缺乏纬度的理性选择理论，使我们能够用代理理论、动机理论和结构化理论来概念化社会资本，这样就不再局限于理性选择的方法，而只把它作为分析工具之一（张广利，2004）。

伯特的结构洞理论（structural holes）强调的是个体社会关系网络的结构性特征及其对资源配置结果、网络中成员的竞争优势的影响。他着重探讨网络关系的结构是如何影响成员的资源获取能力及现实竞争优势的，这一理论的重要性也在于它从资源获取能力及竞争优势出发，对个体的网络整体特征提出了要求：那些拥有更多结构洞的松散型网络更能给网络成员带来社会资源获取上的竞争优势（Burt，1992，1993）。它在结构的层次上对社会资本进行了强有力的理论概述，使用现有的方法可以对其进行运算。它为社会资本能够分配资源提供很好的解释，并可以使人们理解为什么有的人可以获得社会资源，而有的人却被排除在外。此外，在宏观分析层次上，把关系网络本身当作结构洞观点中的分析单位，能够帮助人们理解资源被引入社会资本的是某些关系网络而不是其他关系网络的原因。

（三）宏观层面——嵌入结构、信任水平与经济绩效

嵌入结构理论是对社会资本宏观层次的分析，它所考虑的是社会资本的关系网络是如何嵌入到更大的政治、经济、文化和规范的系统之中。它考察的是宏观社会制度，这些制度影响与其建立关系的人，影响这些关系的表现方式，影响资源在关系网络内以及网络之间的分配。总之，该理论所关心的是宏观社会运用各种社会资本网络的逻辑。

目前，社会资本的嵌入结构观点讲述的并不多。相关的理论要点主要出现在文化社会学的经济研究，而且并不直接关注社会资本（Zelizer，1988；Zukin & DiMaggio，1990；Brown，1997）。Zelizer批评一般经济社会学为“结构绝对主义”，并且他也反对文化绝对主义，而是主张在结构、经济和文化因素之间寻找平衡（Zelizer，1988）。Brown考虑到了影响社会资本的文化因素，提出了工业结构化理论（Brown，1997）。Zukin和DiMaggio引入了以下概念：（1）政治嵌入（political embeddedness），看到经济行为总是在更大的政治背景下进行；（2）文化嵌入（cultural embeddedness），看到经济学的假设、规则和理性是受文化限制和塑造的（Zukin & DiMaggio，1990）。按照这些学者的观点，社会资本的关

系网络嵌入于政治、经济和文化重叠的系统中。这些宏观社会制度有可能：(1)决定关系网络有效资源的种类和数量；(2)表述为可以与谁建立联系，因而建立和构建关系网络；(3)为交易立法和进行调整；(4)针对违背制度的行为建立和实施交易；(5)描述和调整关系网络的社会状况；(6)建立和推动关系网络交易；(7)建立和调整不同关系网络间的竞争等。

另外，宏观层面的社会资本还主要研究某区域或国家的社会资本存量对本地区经济增长的影响，也就是将社会资本的主体作为组织或国家的情况，这其中以普特南和福山（Fukuyama）的研究最为典型。在对意大利中北部地区的研究中，普特南发现，这些地区的公民更乐于参与各种社团与社会公益事务，区域内弥漫着浓厚的信任与合作风气。普特南将这种拥有人际普遍信任、平等交换规范和公民参与网络的社区称为“市民社区”，并认为，“市民社区”中蕴涵的丰富社会资本是协调人们行动、提高物质资本和人力资本的投资收益、推动区域经济发展和政府效率提升的重要保证。

首先，公民参与网络培养了生机勃勃的普遍化互惠规范，即交往双方对未来互惠预期的普遍认同与实践。一个依赖普遍性互惠的社会比一个没有信任的社会更有效率。其次，公民参与网络有利于协调和沟通，并且放大了其他个人值得信任的信息。博弈论的研究告诉我们，通过反复的博弈，更容易维持合作关系。密集的社会联系容易产生公共舆论和其他有助于培养声誉的方式，这些是在一个复杂的社会中建立普遍信任的必要基础。当经济在密集的社会网络中进行时，导致机会主义和胡作非为的激励因素就会减少。再次，公民参与网络体现了过去协作的成功，可为行为人的未来行动提供有效的榜样与行为激励。①

如果说在普特南的研究中，信任只是作为促进经济增长的一般性生产要素被讨论，那么，在福山的研究中，我们就可以看到信任在一国、地区经济增长中的作用受到了全面的考察。

福山是第一位将经济绩效的国家间差异明确归因于信任水平差异的学者（史蒂芬·克拉克，2003）。他认为，区域（国家）社会资本的大小是由社会成员相互间信任程度的高低决定的，而信任程度又是由文化所提供的社会资本。福山对社会资本做了新的解释，使其从属于文化范畴。他用信任这个概念把社会资本与文化联系起来。所谓信任，“是在一个社团之间，成员对彼此常态、诚实、

① Putnam, R., 1993, Making Democracy Work: Civil Tradition in Modern Italy. Princeton University Press, p.167.

合作行为的期待，基础是社团成员共同拥有的规范，以及个体隶属于那个社团的角色”①，而规范、角色在深层次上都受到文化的影响，所以信任实际上是以文化为基础的。“所谓社会资本，则是在社会或其下特定的群体之中，成员之间的信任普及程度。”②既然社会资本建立在信任的基础上，而信任又以文化为基础，那么，经信任的传递，文化便成为社会资本深厚的决定性条件。

一般来说，借鉴帕拉蒂阿（Platteau，1994a）关于道德可以划分为群体内（limited-group）道德与普遍性（generalized）道德，我们可将信任分为群体内信任和普遍性信任。前者如建立在家族内部团结协作基础之上的家族主义，容易造成非亲族成员之间的相互排斥，社会信任程度低，聚合社会资本的能力弱；后者则主要是由社团提供的社会资本，表现为社团内部成员互助合作的团体主义，这有利于促进更广泛的社会信任，聚合社会资本的能力强。③

福山从对信任的分类出发，探讨了一些国家和地区的不同社会信任水平对本地企业发展规模、经济发展状况的影响。他发现，在欧洲与北美洲，美国、德国企业的规模普遍超过意大利和法国的企业；在亚洲，各国企业规模间的差别则更大，如日本企业的规模也要比中国的大陆、香港、台湾的企业大得多。福山认为，造成企业组织规模这种差异的原因在于：在美、德、日等国，信任的类型更多属于一种普遍性信任，公民的自发社会力极强，信任不是限制在某些先天属性如血缘关系联结的群体内，整个社会的信任水平较高。因此，无论是资本积累度或是专业化管理程度都较高，有利于促进经济组织规模的不断扩大，而在意大利、法国以及中国，家庭伦理主义占据着文化传统的主导地位，社会的信任属于群体内信任，即信任往往只限于本家庭或家族内部，对于这一群体外成员的信任度则极低，自发社会力差。这种“着重家族主义的社会比较难以创建大规模的经济机构，而规模的限制终将阻碍中小企业参与全球经济的幅度”④。

① ［美］弗朗西斯·福山著，彭志华译：《信任——社会道德与繁荣的创造》，上海：远东出版社，1998年版，第35页。
② 同上。
③ 同上。
④ ［美］弗朗西斯·福山著，彭志华译：《信任——社会道德与繁荣的创造》，上海：远东出版社，1998年版，第76页。

第四节　社会资本与互助会研究

尽管互助会在一些发达国家早已成为历史，但是在东南亚地区，或者是美国华人地区，这种传统的、自发形成的民间信用市场至今依然存在。因此，互助会也成为一些著名学者如科尔曼、普特南、莱特、韦伯等人研究华人人际关系，探讨华人社会资本的一个重要话题。

科尔曼在其论著《社会理论的基础》一书中探讨社会资本时就应用了互助会这一实例，他认为流行于东南亚地区的民众自助集资组织是表明信任关系重要性的一个实例。① 普特南也以非正式的储蓄组织——"轮流信用组织"为例，认为社会资本促进了自发的合作。② 韦伯认为，在东南亚以及其他一些地方流行的所谓"循环信用互助会（Rotating Credit Association）"，是一种家庭之间相互帮助储蓄以积累资金的制度。他发现，作为经济发展中的一种制度，互助会能够促进社会资本功能的发挥。

此外，关于社会网络和流动的文献中最值得注意的一个领域是移民和少数民族企业家的研究。其中，网络和社会资本一直被认为是建立小型企业的关键资源。例如，莱特一直强调，对于在美国的亚洲移民公司的资本化来说，"循环信贷协会"发挥了重要作用。"循环信贷协会"是非正式团体，定期集会，每个成员向共同基金提供一定数量的基金，然后按照顺序得到贷款。在这个例子中社会资本来自信任，每个参加者在其他人不断提供资金的过程中获得了信任，甚至在他们获得了共同基金之后也是如此。没有这种信任，任何人都不会提供资金，而且都失去了这种获得融资的有效手段（Light，1984；Light & Bonacich，1988）。

国内学者更多的是倾向于从社会资本的角度来解释互助会。张捷（2003）在研究社会资本与非正规金融之间的关系时，则是以互助会为例，具体分析非正规金融是如何通过社会资本来解决信息不完全和缺乏抵押品等障碍，从而使金融交易得以顺利进行。胡必亮（2004）在对浙江省温州市苍南县项东村标会情况进行详尽调查和综合分析的基础上，将村庄共同体理论和信任理论与该村的非

① ［美］詹姆斯·S·科尔曼著，邓方译：《社会理论的基础》，北京：社会科学文献出版社，1999年版，第359页。
② ［美］罗伯特·D·普特南著，王列、赖海榕译：《使民主运转起来》，南昌：江西人民出版社，2001年版，第196页。

正规金融发展现实相结合，初步地建立了“村庄信任”①这样一个全新的理论概念与分析框架。邱建新(2005)则从信任文化的视角对崇川镇民间互助会的“倒会风波”进行了深入研究。他认为信任是互助会得以正常运行的基础，倒会的主要原因在于信任文化的断裂。

第五节　文献评述

由于信息不对称所导致的正规金融信贷困境，使得非国有部门尤其是新创立的中小企业难以从银行获得信贷支持。再加上许多发展中国家普遍实行的金融抑制政策，引致中小企业不得不转向非正规金融寻求资金支持。国外大量文献围绕着非正规金融的形成原因、非正规金融交易的契约实施、非正规金融的利率决定机制以及非正规金融的优势与劣势等方面展开了研究。研究发现，中小企业非正规融资活动在特定范围内具有较高的效率。尽管也有少数学者以互助会为例来分析非正规金融交易的契约实施机制，以及实地调研表明互助会对于中小企业融资及发展有重要作用，但目前国外还缺乏关于中小企业利用互助会进行融资的文献。

作为非正规金融的一种组织形式，互助会受到了社会学家、人类学家和经济学家的普遍关注。人类学家和社会学家侧重于从人类学和社会学的角度，通过历史资料以及实地调查来研究互助会这一社会现象，但也不限于对其经济功能的解释。经济学家则更多的是关注互助会的经济角色、互助会组织设计的经济学原理、互助会的运行机制以及互助会资源配置的效率等等。尽管他们在各自的领域都取得了丰硕的成果，但作者认为现有研究还存在以下局限与不足：(1)互助会的会金主要用于不可分耐用品的消费，而很少研究涉及到生产投资方面。②由于不同国家存在不同的制度背景，特别是金融方面。发达国家的金融体制比较完善，中小企业没有必要通过互助融资的方式获得资金支持，因而国际

① 村庄信任是一个综合性的概念。它是指在村庄共同体框架下，村庄里的每一个个体通过一定的与当地文化紧密相联系的社会规范与社区规则嵌入到(embedded)村庄系统中而相互之间产生对于彼此的积极预期的一种社区秩序。很显然，它是一种具有自组织性质的民间秩序，是一种通过非正式制度的作用而形成的秩序。

② 互助会从经济功能的角度看可以分为两类：消费型的会和投资型的会。在消费型的会中，会金主要用于一次性大额消费，如建造房屋、婚丧嫁娶或购买耐用消费品。在投资型的会中，会金主要用于投资，如进行长期投资、短期投资或购买其他金融证券(罗德明、潘士远，2004)。值得注意的是，至少在我国浙南、闽南和台湾地区，互助会的重要功能是为民营企业特别是家族企业融资。目前文献很少讨论投资型的会。

上也鲜有文献研究中小企业互助融资问题。(2)互助会的形成原因主要在于经济利益以及社会地位的作用，并且在分析互助会形成的条件里也提到社会秩序与集体义务等等。可见已有学者注意到社会资本在互助会形成中的作用，但其研究还不够全面。(3)互助会的运行机制研究更多的从经济学的角度来谈，目前还很少有学者从社会资本的角度研究互助会的运行。(4)大多学者研究的都是互助会的正常运行风险(即善意风险)，实际上该种风险危害较小且能够自我控制。而对于恶意倒会风险，目前理论界研究较少，且理论深度缺乏。

作者认为，中小企业互助融资既是一种经济现象，也是一种社会文化现象，仅仅基于经济学或者社会学的理论框架都很难对其进行全面解释。因此应该借鉴经济学与社会学的前期理论研究，采用交叉学科的研究方法，运用社会资本来研究中小企业互助融资。作为经济社会学的核心概念之一的社会资本，对于研究中国的现实问题富有价值。之所以得出这样的结论，原因在于：第一，中国的社会状态与社会资本范式不谋而合。中国文化强调社会的优先地位，个人对家庭、群体利益的服从，社会关系在资源配置中发挥着重要作用，这些特征使社会资本在中国能够轻易地找到理论的原型和证明的依据。第二，社会资本提倡的对人的社会需求和社会共同体的重视有利于减轻中国学界被理性选择范式和新古典经济学毒化过深的危险，在中国研究中恢复人本主义精神，并且有助于学者们更全面深入地理解市场经济以及市场经济所需要的社会道德基础和政治文明基础，不至于盲目或别有用心地把一切自私行为都论证为合理、忽略社会的整体利益、发展的持续动力以及共同的长远前途。

从现有文献来看，国内外学者更多的是研究非正规金融以及非正式组织时才提到互助会这一制度安排，也有一些内容涉及到互助会的嵌入性特征以及互助会与社会资本的相关研究。并且，有关文献在研究“华人资本主义”、东南亚经济现象、私营企业融资等问题的时候，经常使用“关系网络”、“社会资本”等理论来解释并取得良好的效果。

由此可见，对于互助会的研究，学术界已经开始注意到运用社会资本理论来解释这一社会经济现象，但至今还缺乏对中小企业互助融资的系统研究。社会资本理论的提出及运用，一方面符合学科交叉发展的趋势，另一方面也符合我国的社会历史文化以及制度背景。因此，基于社会资本的视角将会给中小企业互助融资研究提供一个全新的理论解释。

第六节　本文的理论框架

我国中小企业长期处于制度歧视和规模歧视的金融环境，从正规金融很难获得信贷支持，因此不得不转向非正规金融。浙江、福建、台湾等地的实际情况表明，互助会的盛行为当地中小企业提供了大量资金。可见，中小企业利用互助会进行互助融资也是我国转轨时期的一个特殊现象，对其研究意义深远。通过文献回顾与评述，我们可以发现，关于互助会的形成、运行机制以及运行风险的研究还存在很多缺陷与不足，并且对于中小企业利用互助会进行融资的研究目前还很缺乏。虽然国内外学者已经开始注意到社会资本在互助融资中作用，并且在分析互助会形成及运行时也提到社会资本的内容，但目前还缺乏从社会资本的视角对中小企业互助融资进行系统深入的研究。

前文已经界定，社会资本“本质上是指信任、互惠等文化规范，并且能促进个体或社会组织之间的协调与合作，从而实现共同获益”。并进一步认为，社会网络是社会资本的载体。中小企业互助融资是融资网络与关系网络的复合体，其实质是中小企业之间的一种网络组织。多数研究文献都预设网络组织的运作逻辑或治理机制是信任（Bradach & Eccles，1989；Powell，1990；Perrow，1992；Morgan & Hunt，1994；Miles & Creed，1995；Powell & Smith-Doerr，1996），而且许多实证研究结果也支持这样的观点（Larson，1992；Lorenz，1993；Gulati，1995，1998；Uzzi，1997）。因此，作者认为，信任是中小企业互助融资的形成、运行以及运行风险控制的主要机制。基于此，本文主要研究中小企业互助融资的三个问题，第一，从规范的角度来分析社会资本与中小企业互助融资的形成；第二，从治理的角度来分析信任机制与中小企业互助融资的运行；第三，从控制的角度来分析信任机制与中小企业互助融资的运行风险。大致的理论框架如图2-1所示。

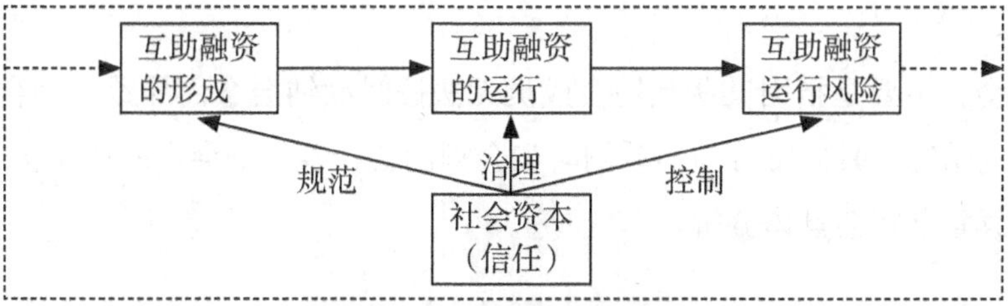

图2-1　本文的理论框架

第三章　中小企业互助融资的形成机制

本章首先简要介绍了互助会的相关术语、互助会的形式以及互助会的运行过程，在此基础上主要研究两个问题，一是中小企业为什么要利用互助会进行融资；二是社会资本在中小企业互助融资的形成过程中到底起着什么样的作用。

第一节　互助会的相关介绍

互助会起源于民间的互助习俗及其以丧葬互助为目的的丧葬社邑（陈宝良，1996），在我国历史悠久，分布广泛。历经千年以来，互助会种类纷繁复杂，即使是同一种运作模式在不同的地区也有各种提法。为了更好地理解中小企业互助融资，作者认为有必要对以下三个问题做一简要说明：一是文中涉及互助会的相关术语；二是互助会的主要形式；三是互助会的运行过程。

一、互助会的相关术语

会单，即互助会合约的书面形式，一般记载互助会成员、聚会时间安排、地点、会金形式和金额、得会规则以及会员的权利、义务等内容。早期的互助会很多没有会单。

互助会成员，即互助会的参与者，一般包括会首和会脚，有的互助会中还包括会总（会首与会脚之间的介绍人，本文不予讨论）。会首是互助会的组织者，也称为“会头”。他一般有获得第一次会金的优先权，而当会脚无法按时缴纳会金时，他也有代其缴纳会金以维持互助会正常运转的义务。会脚即互助会中除了会首以外的成员，也叫“会员”。

得会，也叫收会，即聚会时某一互助会成员获得全部其他成员缴纳的会金的简称。

倒会，主要是指因某些互助会成员无法按时缴纳会金而导致互助会无法继续运转的情况。具体可分为会首倒会和会脚倒会，善意倒会和恶意倒会等情况。文中后续章节将会具体分析。

二、互助会的主要形式

从经济功能的角度来看，互助会主要分为消费型与投资型。在消费型的互助会中，会员将得会会金主要用于大额消费，如婚丧嫁娶、建造房屋或者购买不可分耐用消费品。而在投资型的互助会中，会金主要用于投资目的，比如进行长期投资(购买生产设备、扩大生产规模)，短期投资(应付流动性冲击)，或者购买金融证券(股票、国债)等。可见，中小企业互助融资属于投资性质的互助会。

从得会次序的制度安排来看，我国普遍存在以下三种模式：(1)轮会，得会次序由会员协商议定，然后坐次轮收。这种会最为古老，如安徽、浙江的“新安会”，江苏的“至公会”、“兴隆会”，以及流行各地的“七贤会”、“坐会”、“认会”、“摊会”等均属此会。该会的主要特点在于个人可根据自身对资金的需求缓急选择会次的先后。(2)摇会，用抓阄卜彩、掷骰比点等方法决定得会次序。这种会比较古老，早期浙西的“十贤会”、“君子会”、“碰洋会”、“五虎会”、“五总会”，江西以及江苏的“四总会”等皆归此类。摇会会脚从七八人到四五十人不等，会额相差也很大，转会期较短，通常在3个月以内。(3)标会，即通过投标的方式确定由谁得到当期的全部会款。早期又称为“写会”、“画会”、“票会”、“凑会”、“义会”、“拔会”等等，广东流行最盛。标会会金与得会总额不确定，会期通常逐期举行。利息为贴现式。根据标金处理方式的不同，它又可分为“标高”和“标低”，即国外学者Kuo(1993)所说的“贴水标会”和“折扣标会”。标高是指每期收会时，未中标的会脚缴纳足额会金，已中标的会脚以后逐期缴纳会金和其中标时的标金。标低是指每期收会时，未中标的会脚缴纳的是会金减去当次中标的标金，而已中标的会脚缴纳的是足额会金(未中标的会脚每期交纳会金数额不同，且每次收得的总会额不固定)。

三、互助会的运行过程

虽然互助会形式繁多，但每种形式的互助会的运行过程大致相同，按照时间顺序具体分为以下几个步骤：第一，邀会，即筹备组织互助会。因某种原因需要资金，会首邀集亲友乡邻若干人充当会脚，向他们陈述成立互助会的原因和希望筹集的款数，征求其同意入会。第二，圆会或齐会，即互助会成立大会。

会脚邀齐后，会首将会规送交给各会脚，通知开会日期。会规中规定了会名、会期(收会日期及次数)、会额(得会金额)及入会者的责任，同时详细说明了会首与会脚的应摊款数。第三，转会。圆会后每隔一定时间转会一次，转会日期均为预先设定，转会次数与会额成正比，与人数成反比。第四，得会。每次转会所集会款，用一定方法决定得会之人，得会方法由互助会的运行形式而定。第五，满会，也叫终会。是互助会的最后一次聚会。经过若干次转会，只剩下最后一个未得会者，满会时，由其收得会款，此会即宣告解散。

第二节　中小企业融资与互助会的融合

从宏观层面来看，发展中国家的金融抑制政策导致了国有商业银行严重的信贷配给和信贷歧视，非国有经济部门深受其害。而从微观层面来看，由于正规金融部门通常不能掌握中小企业的完备信息，也无法控制中小企业的所有行为，考虑到融资风险问题，银行最终也只得采取惧贷和惜贷的政策。因此，中小企业在信贷问题上面临着政府和市场的双重失灵。随着民营经济的迅速发展，中小企业在我国经济和社会发展中的重要地位已经被实践所证实。国家和商业银行尽管也在一定程度加大了对民营中小企业的信贷投放力度，但中小企业难以从国有金融机构获得信贷支持的问题尚未得到有效解决。目前，中小企业面临着巨大的融资缺口，因而只得转向非正规金融寻求资金支持。

通过对福建、浙江、台湾等省非正规金融的现实考察，有关学者发现非正规金融在一定程度上能够满足当地中小企业的资金需求，促进中小企业的健康发展，并且进一步得出民间互助会这种非正规金融制度对于中小企业融资意义重大的结论(张仁寿、李红，1990；张震宇，1993；王晓毅，1999；马凯，2000；冯兴元，2005；陈旭鸣，2005等)。然而在现实当中，非正规金融形式繁多，中小企业为什么会选择互助会这一组织形式进行融资呢？从现有文献来看，主要存在以下认识：

第一，民间互助会的成员之间通常为亲戚、朋友、邻里或者熟人，对借款人的人品、道德水平和还款能力都有比较清楚的了解，避免了因信息不对称而使处于信息劣势地位的人承担较大的借贷风险。因此，在某种程度上缓解了正规金融当中商业银行与中小企业与之间的信息不对称问题。

第二，民间互助会运行机制灵活，效率较高。中小企业的资金需求特征在于临时性、时效性。而商业银行在贷款时需要对中小企业进行考察，审批时间很长。与正规金融相比，互助会的融资程序比较简单、方便，时间也较灵活。缺乏资金时可以通过加入标会，然后高标获取会款。急用资金时也可以按约定的利率水平向会首借贷，或者与中标会员协商借取资金。因此，互助会具有正规金融借贷所不可比拟的方便与灵活。

第三，互助会的利率水平通常是由市场决定，与高利贷以及正规金融贷款相比，中小企业利用互助会的融资成本较低。三者当中，高利贷的利率最高，通常中小企业的利润水平不足以维持。对于正规金融贷款，前面我们已经谈到中小企业面临信贷困境。即使能够通过关系网络，从银行获得贷款，融资成本也会大大提高。因此，从融资成本的角度，中小企业也会选择互助会的融资方式。

第四，民营中小企业通常缺乏抵押担保的厂房以及固定资产，也很少具备完善、规范的管理制度和财务制度，也没有建立良好的企业信誉等。并且，中小企业由于自身的很多缺陷，死亡率很高。因此，为了规避金融风险，国有商业银行一般不愿意降低信用条件，对民营中小企业尤其是新生企业提供信贷支持。不仅要对中小企业进行严格审批，而且要求企业提供抵押担保。然而，内生于民间的互助会却能适应广大中小企业发展的各个阶段的融资需求。

第五，近些年来，我国银行存款利率连续走低，若把物价指数考虑在内，则出现了负利率。而另一方面，人们手中闲置资金不断增加(特别是经济发达地区)，且正规投资渠道有限。与正规金融市场相比，民间互助会利率较高，有利可图，因而人们当然更愿意将多余的钱转入民间融通。参加互助会既给急需资金的中小企业提供了帮助，也使得资金得到增值，从而实现了借贷主体之间的对接与双赢。

第六，受自身控制机制的影响，民间互助会的单笔融资规模并不大。一般多在几万元到几十万元之间。民营中小企业的资金缺口也大多如此。并且，通过互助会融资，可以分散放贷、规避风险，即使企业倒闭，也不会给互助会的成员带来很大的损失。

通过对中小企业融资状况以及中小企业自身特点的考察，我们发现，互助会的融资性质及特征在某种程度正好解决了中小企业所面临的正规金融信贷困境。不过现有文献更多的是基于经济学的视角，从信息对称、机制灵活、融资成本、分散风险等来分析中小企业为何利用互助会进行融资。虽然有的理由也涉及社会资本的内容，但目前还鲜有文献从社会资本的角度来分析中小企业互助融资的形成。

第三节　社会资本与中小企业互助融资的形成

社会资本大大拓展了经济学的研究范围，它将制度因素、价值判断和文化影响纳入了经济学的分析框架之中，使得许多未被考虑但事实上影响经济发展的因素进入了人们的视野。社会资本的本质是信任、互惠等文化规范，并且能促进个体或社会组织之间的协调与合作，从而实现共同获益。在商品与现金之间的即时交易越来越分离的现代社会，作为一种普遍的文化规范，信任的影响力越来越大。特别是对于民间金融而言，因为它是一种典型的非正式制度，如果金融活动的参与者违反了规则，惩罚的方式通常都不是依靠正式的法律或契约制度，而是社会性的或依靠自我实施的。可以说，信任是与非正式制度紧密联系的一个最重要因素。如果没有信任，不论是何种民间金融制度与组织，都是不可能存在的。此外，信任在不同社会环境中会表现出不同的形式，也就是说，具有不同社会经历的人群会遵从不同的信任方式。按照有关学者的研究，中国的信任是建立在亚社会群体如家庭、宗族、村庄等基础上的特殊信任（Fukuyama，1995），而瑞典的信任则更多的是建立在普遍信任的基础上（Casson，1991）。这样，信任问题就与社会资本、文化、社会网络问题实现了衔接。因为信任是从具有特定价值观以及具有特定情感的特定人群中生长起来（Giddens，1984；Herrmann-Pillath，2000；Nooteboom，2000），那么，信任的边界就与社会资本的边界以及文化的边界就合为一体（Coleman，1988；Putnam，1993；Herrmann-Pillath，2000）。

基于上述讨论，我们得出三点认识：一是信任对于民间金融制度与组织的形成意义深远。二是作为一种普遍的文化规范，信任不是一个抽象的概念，而是一个十分现实的因素。三是信任与社会资本以及文化三者合一。由此，本文在分析社会资本对中小企业互助融资形成有何作用时，把社会资本具体细化为传统习俗、文化价值观、社会网络与互惠、地域文化等。

一、传统习俗

中小企业互助融资不是凭空想象产生的，它的形成和传统习俗有着必然的联系。历史上的互助会所蕴含的互助和人文精神，必然影响到当代人的思想观念与活动方式。从某种程度上来讲，历史传统可以视为中小企业互助融资产生的初始制度诱因。因此，考察互助会的早期历史对于深刻理解中小企业互助融资的内在形成机制意义深远。

（一）唐宋时期的"会"与"社"[①]

唐宋时期的互助会包括早期略带互助性质的醵会；以丧葬互助为主，兼及生活与经济互助的敦煌私社以及主要因生活与经济互助目的而成立的新安之社、黑金社、过省社、万桂社等。

聚集众人之钱用于饮酒的醵会，在中国社会生活中起源较早，而且一直比较风行。如《礼·礼器》云："《周礼》其犹醵与。"据注："合钱饮酒为醵。"在宋人笔记中，关于"醵会"的记载颇多，如："请醵钱五千具饭会，若不如所言，我当独出此钱也"[②]；"京师百司胥吏，每至秋，必醵钱为赛神会，往往因剧饮终日"[③]；"舜钦欲因其举乐，而召馆阁同舍，遂自以十金助席，预会之客，亦醵金有差"[④]。

可见，醵会有临时起意的，也有定期举行的，通常有会的名称，但不一定是有组织的会社，参与者从朝廷官员到乡绅乃至一般百姓，可以说各行业、各阶层的人员都有。醵会似乎没有多少经济互助的性质，主要为集众人之钱来吃饭饮酒作乐的聚会，但可将其视为带有经济互助性质的醵会的起源及基础。此后，宋代还出现了另一种性质的醵会，即陶穀在《清异集》中记载的"黑金社"："庐山白鹿洞游士辐辏。每冬寒，醵金市乌薪为御冬备，号黑金社。"[⑤]从这段记载来看，"黑金社"实为贫寒的游学之士集众人之钱购买薪炭，互相帮助度过寒冬的互助组织。

唐五代宋初，敦煌地区私社盛行。大体上可分为两种类型：一类主要从事佛教活动，一类主要从事经济和生活的互助活动，有的社则兼具上述两类社的

① 主要鉴于史江：《宋代经济互助会社研究》，载于《中国社会经济史研究》，2003年第2期。
② 参见何薳：《春渚纪闻》卷4，《胶粘取虎》。
③ 参见叶梦得：《石林燕语》，卷5。
④ 参见魏泰：《东轩笔录》，卷4。
⑤ 参见陶穀：《清异集》卷3，《器具·黑金社》。

职能。这里要探讨的主要是从事经济和生活互助活动的私社。私社一般由同一地域之人结集而成，他们最主要的活动是合社集资集力营办丧葬。也有的还兼营社人婚嫁、立庄造舍的操办襄助，以及困难的周济、疾病的慰问、宴集娱乐、远行、回归的慰劳等，以及进行传统的祭祀活动。[①] 由此可见，这类私社的结社宗旨都大致相同且非常明确，即结社的目的，主要为赈济互助，既为自己的利益，也为他人的利益。

私社名称甚多，其中分别以性别、职业、同姓宗族以及以乡邻关系为特征等等。数量众多的私社遍布城乡，人数一般为十几人到四十几人，组织严密，存在时间也长，在民间影响甚大。社的首领称为社长、社官、录事，总称“三官”，由社人共同推举产生。成员之间的关系是“贵贱一般”、“如兄如弟”。社的宗旨、职能及成员的权利义务已不完全按习惯和传统，而是采取社条、社约等社会契约的形式加以规定，并可由子孙继承。从敦煌遗书中关于从事互助活动一类社的文书材料来看，从主家按期缴纳一定的财物，到置办酒席，临事由社人出钱、出物、出人等都有明确的契约规定。从文书中还可以看出，入社退社要提出申请，由社人集体决定。不遵社规的要给予处罚甚至开除。[②] 私社的活动费用均来自社人的缴纳和捐助，除此之外，许多社还有自己的积累，称为“义聚”。

从上述敦煌私社的情况来看，它们与内地的经济互助会社具有异同点，其共同之处在于：两者都具有自由组织和自愿参加的性质，都具有经济与生活互助的职能。其不同点在于：(1)敦煌私社组织严密，存在时间较长。相对而言，内地经济互助会社组织松散，依靠信义与习惯维持，时间一长，难免解体。(2)敦煌私社以帮助社人营办丧葬为主，内地经济互助会社则侧重于成员的生活和生产方面的互助。(3)就缴纳的财物而言，敦煌私社以物品、人力为主，而内地经济互助会社则以“醵金”、“入钱”为主。(4)敦煌私社多数都在不同形式与不同程度上受到官府、寺院、官僚、军将、地主、富户的控制。[③] 而内地经济互助会社基本上与官府、寺院无关，大多不受官僚、军将、地主、富户的控制。

总之，以丧葬互助为主要目的敦煌私社，虽有经济互助性质，但与标准的以储贷为目的的互助会仍有差异，亦可视为后世互助会的雏形。如果说“醵会”

① 参见宁可:《述社邑》，载于《北京师范学院学报》，1985年第1期。

② 同上。

③ 同上。

及敦煌私社只是经济互助会社的雏形的话，那么出现于宋代的“新安之社”则可视为无互助会之名，却有互助会之实的典型意义上的经济互助会社。

宋代的新安之社，主要存在于农村，以农民为主要构成者，由同一地域之人自愿结集而成，主要从事经济和生活互助活动，具有合作及相互扶助的金融组织性质，这与王宗培在对合会作解释中所述合会的性质大致相同。王宗培在《中国之合会》一书推测合会起源的时间，曾引浙江嘉兴的合会会规，尊之曰“新安古式”。可见，这种互助之社的组织形式、互助方式、会员的权利与义务及传承情况虽不见于史籍，但确在民间长期流传，对后世互助会会规、会约等的形成产生了较大影响。①

此外，宋代较为流行的“过省会”和“万桂社”，是又一种类型的经济互助会社。他们由读书之人共同出钱，“人入钱十百八十”，结成互助性质的会社，人人为我，我为人人，贫困士人之间互相帮助，以免其低三下四地向富豪之家丐贷，有损士人“不为五斗米折腰”的气节。显然，这也是一种无合会之名，却有互助会之实的经济互助会社。

(二)清代时期的民间钱会②

民间的钱会组织是熟人圈子中以经济为纽带的一帮群体，是一种民间金融组织。根据各种钱会的会书内容，钱会的运行主要包括邀会、行会(转会)、收会(得会)以及终会(满会)四种机制。其核心在于收会，因此收会模式成为划分钱会类型的主要依据。在前人的研究中，钱会主要分为轮会、摇会和标会三种。绝大多数钱会的会书在前面都是直接点明成会的理由，即“戚友有通财之义，经营有襄助之情；是以义孚而成会，情恰以通财”。“襄助”和“通财”就是互助与融资，而且，这种通财与襄助是紧密联结在一起的，它是成立钱会的目的之所在。

据资料记载，清代钱会名目繁多，如道光年间的“金兰会”；咸丰年间的“兰盆会”、“发财神会”、“赐福财神会”、“如胥金兰会”以及“小关帝会”等；嘉庆年间的“新关帝会”、“三官会”、“贰庙会”、“承天会”及“老关帝会连灯会”等。那么，对于众多钱会存在的基础，胡中生(2006)在分析近代徽州钱会时认为钱会

① 参见王宗培：《中国之合会》，北京：中国合作学社，1935年版，5-6页；陈宝良：《中国的社与会》，杭州：浙江人民出版社，1996年版，第172页。

② 此处主要借鉴张介纯：《浙东地区清代的民间金融组织——钱会》，载于《宁波广播电视大学学报》，2003年第2期；胡中生：《钱会与近代徽州社会》，载于《史学月刊》，2006年第9期。

的历史悠久以及发达的会社形态是其主要原因，但最重要的是民间庞大的资金存量和旺盛的资金需求。明清以降，徽商的兴盛形成了诸多富商大贾，资本动辄以百万计。另外，还有大量的中小商人。徽商利润的回流，导致民间资金存量非常庞大。与此同时，徽商也有着旺盛的资金需求。因此，钱会就成为资金流通的一个平台。

此外，钱会也是事业经营者常用的融资手段，通过对钱会的融资，可以扩大事业经营，扩大家族经济。近代徽州人在外经商的很多，大多数都是小本经营，他们利用钱会来融资是一种普遍现象。《绩溪县志》记载了一种“济公会”，是绩溪县开设菜面馆的商人为了集资而成立的，它就是典型的钱会。

（三）民国时期的合会

合会作为一种农村互助合作的金融组织，既能免除高利贷者的剥削，又兼有借贷和贮藏的作用，是一种农民互助、自助性的信用组织。现有资料表明，民国时期（1912~1949）的中国农村，合会仍为融通资金的较好形式。

1931年江苏铜山县的调查表明，该县第二区加入合会的农户占比15%，而四、八、十至十二区不过5%~6%。① 20世纪30年代初，四川巴县的“堆金会”较为发达，“几乎无场无之”。②20世纪30年代中期，江西省各县靠合会融通资金的比例较高，占比例在10%以下的有10个县；占11%~20%的有15个县；占21%~50%的有17个县；占51%~80%的有5个县；最高的占70%，有2个县。③这就是说，在江西农村农户借贷中，有17个县50%左右的款靠合会筹集，有7个县的大部分资金由合会融通，1933年，有人调查清华大学附近6个村，加入合会的共27户，占总农户的20.4%。④

据实业部中央农业实验所农业经济科1934年调查，全国合会有1922个，江浙两省有合会440个，如表3-1所示：

表3-1　江浙两省合会调查统计表

省名	报告县数	合会的报告次数	平均每县合会数
江苏	47	286	6.09

① 参见冯和法编：《中国农村经济资料》，上海：上海黎明书局，1935年版，第388页。
② 参见吕平登编著：《四川农村经济》，北京：商务印书馆，1936年版，第456页。
③ 参见孙兆乾著：《江西农业金融与地权异动之关系》，成文出版社有限公司（美国）中文资料中心1977年印行，第453页。
④ 参见李树青：《清华园附近农村的借贷情形》，载于《清华周刊》第40卷，第11、12期。

续表

省名	报告县数	合会的报告次数	平均每县合会数
浙江	46	154	3.35
总计	93	440	4.72
全国	871	1922	2.21

资料来源：实业部中央农业实验所农业经济科:《农情报告》，第2卷第11期，1934年。

由表3-1可以看出，1934年，全国每县平均仅2.21个合会，而江苏省每县就有6.09个，浙江省有3.35个，两省平均数是全国平均水平的2.13倍，两省合会总数占全国的19%，这说明合会在江浙两省是相当普遍的。而就合会的规模而言，调查表明，58%的合会年限在5年以内，会款在100元以下。100~200元的合会占21.6%，200~400元的合会占8.6%，400元以上的特大合会则占11.8%。[①]

此外，根据《农情报告》中关于江南农民借款来源的分析发现，江南农民通过银行及附属金融机构所得到的贷款仅占全部贷款的10%左右，而农民通过传统金融手段获取金融支持占90%以上。其中，37.7%的借款当以合会为主，详见表3-2。

表3-2　江南农民借款来源分析表（单位：%）

地区	银行	合作社	钱庄	典当	商人	其他
江苏	8.8	5.6	6.2	18.5	23.2	37.7
浙江	3.7	4.5	10.1	16.2	27.8	37.7
全国平均	2.4	2.6	5.5	8.8	38.1	42.6

资料来源：实业部中央农业实验所农业经济科:《农情报告》，第2卷第11期，1934年。

以上统计资料虽不全面系统，但足以说明合会在农村金融流通中所占的重要地位。20世纪30年代以后，“农民经济枯穷，会的信用全失，已成者多数瓦解，筹款更难”[②]。随着农村经济的普遍恶化，以及抗日战争的爆发，合会组织便开始衰落。

通过对互助会的发展历程的回顾，我们认为，唐五代宋初的会社更多的是生活互助，还没有涉及经营互助。北宋末期，入社的目的也主要在于农业生产上互助共济，保证生产的正常进行，从而使得“田蚕兴旺，生理丰富”。直到清

① 参见《中国经济年鉴》，1935年续编，181-182页。

② 参见冯和法编:《中国农村经济资料》，上海：上海黎明书局，1935年版，第318、429页。

代钱会的出现。其目的在于融资与互助，并且，资金的用途也开始运用到事业经营、商业投资等方面。因此严格来说，清代的钱会组织才是中小企业互助融资的源起，也就是本文所要研究的狭义上的互助会。虽然在特定的时期和特定的环境，互助会变得衰落。但是，作为一种历史文化、传统习俗，互助会在我国民间非但没有消失，而且互助会的融资和互助功能得以保留，并在人们心中打下了深深的烙印。改革开放以来，随着民营经济和中小企业的迅猛发展，众多中小企业面临着巨大的融资缺口，因而互助会的融资功能又得到了众多中小企业主的青睐。

二、文化价值观

互助会是一种既从金融制度设计上讲很科学，又从操作层面上讲很简洁、比较合理的非正规金融制度安排。它既体现了经济效率，也融入了文化因素（胡必亮，2004）。“理性的经济行动不仅受制于个体的认知结构，而且在制定经济战略和目标时，还受到来自外部共享的集体理解如价值观、规范的制约（Zukin & Dimaggio，1990）”。鉴于祖金和迪马乔的观点，本节将进一步探讨文化价值观对中小企业互助融资的形成有何影响。

文化价值观是对以往长期历史实践中的集体行动的思想概括，它为社会成员明确或隐含地提供了关于什么是值得追求的目标，以及以什么方式达成目标才是合适的等一整套行动准则和标准。这套价值观体系是伦理目标与方法的统一体，不仅包括指示个体应当追求和不应当追求的目标准则，而且包括各种用以达到目标和终极目标的适当或不适当的手段准则。我国文化源远流长，可能影响中小企业互助融资的文化价值观是多方面、多层次的，在此无法一一论述，只能选择其中影响较大且直接的几个方面加以论述。

（一）家族主义

杨国枢（1998）指出，在传统中国的农业社会里，社会结构及运作的基本单位是家族而不是个人。在日常生活中，传统中国人几乎一切都是以家族为重，以个人为轻；以家族为主，以个人为从；以家族为先，以个人为后。更确切地说，是家族生存重于个人生存，家族荣辱重于个人荣辱，家族团结重于个人自主，家族目标重于个人目标。家族不但成为中国人之社会生活、经济生活及文化生活的核心，甚至也成为政治生活的主导因素。长久浸润在这样的社会文化环境中，便形成了传统中国人强烈的家族主义(Familism)①。

陈艳云和刘林平(1998)认为，所谓的家族主义是指以家庭(家族)为首要价值的价值观念，处理家庭(家族)内部关系的伦理观念和处理家庭(家族)与社会关系的家本位思想。②杨国枢则把家族主义界定为“一套在经济的、社会的及文化的生活中以自己家族为重心的特殊心理内涵与行为倾向，此等内涵与倾向主要包含认知(或信念)、感情及意愿三大方面之稳定且相互关联的态度、思想、情感、动机、价值观念及行为倾向”，具体构思如图3-1所示。

总之，中国人的家族主义可以说是中国人之家族生活经验的主要综合性心理结晶，它是一套复杂的心理组合或结构，其中包含了以家为重的基本的情意内涵，也包含了有关家人关系、家族组织及其运作原则的基本知识与体验(杨国枢，1998)。

家族主义是存在于个人内心的一种以家为重的持久性思想、感情及意愿，强调孝、慈、敬等观念，把保持家族和睦、家族团结、家族富足等视为个人的理性目标。因此，当家族某成员因企业资金紧张而提出请会时，他首先就会想到的是邀集家族中的其他成员入会，这是家族主义中的一体感、归属感所使然。同时，因为责任和义务其他家族成员也纷纷入会，这也体现了家族成员之间的相互关爱。并且，当某个家族成员由于互助融资而使得其企业发展迅速，声名远播，其他的家族成员也会因入其互助会而感到无上光荣。在这里，互助会的成立更多的是体现家族成员之间的互助，终极目的在于利家护家。当然，如果该成员恶意违约导致互助会终止时，其他人也会因为其为家族成员一份子而感到羞耻，从此将不再与其成会。即家族主义的荣辱感规范着家族成员的行为，因而也影响到中小企业互助融资的形成。尽管家族主义是个人所持有的一种特殊心理结构，但因众多中国人都持有相同或类似的家族主义，所以对中国人而言它也是一类重要的文化特征。③这也正好解释了互助会的成员为何大都是家族成员。

① 杨国枢:《家族化历程、泛家族主义及组织管理》，郑伯壎、黄国隆、郭建志主编《海峡两岸之组织与管理》，远流出版公司(台北)，1998年版，第22页。

② 陈艳云、刘林平:《论家族主义对东南亚华人的影响》，载于《中山大学学报》(社科版)，1998年第5期，第85页。

③ 杨国枢:《家族化历程、泛家族主义及组织管理》，郑伯壎、黄国隆、郭建志主编《海峡两岸之组织与管理》，远流出版公司(台北)，1998年版，23-26页。

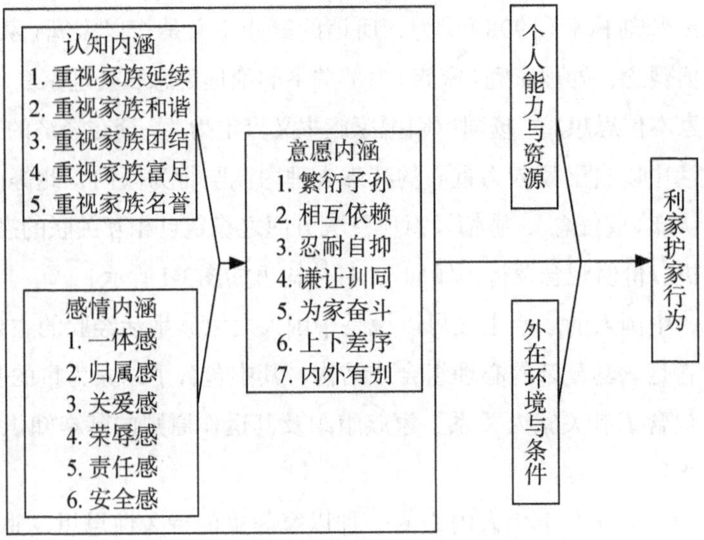

图3-1 中国人之家族主义的内涵及相关因素

资料来源：杨国枢：《家族化历程、泛家族主义及组织管理》，郑伯壎、黄国隆、郭建志主编《海峡两岸之组织与管理》，远流出版公司（台北），1998年版，第25页。

（二）集体主义

全德斯（Triandis）用集体主义来概括中国人的社会文化价值。① 他认为，集体主义是一种认定社会团体或集体的重要性高于个人的社会行为取向。基于"人类本质具有社会倾向"的信念，它强调人类集体行动的能力，认为人们有意愿和能力透过共同劳动来达成目标。集体主义认为，没有比个人更小的社会构成单位，但是有比个人更高、个人必须屈从的社会构成单位，如家庭、政党、阶级、政府、国家等，一切权利属于集体，而不是属于个人。中国典型的集体主义往往以家族为最重要的团体，个人必须忠于家族，努力达成家族的要求，必要时甚至可以牺牲自己，以成全家族。从某种程度来说，集体主义是家族主义的延伸。

一般来说，在集体主义盛行的中国，人们往往从道德方面来解释他们与组织的关系。互助会的成员通常都生活在包括家庭在内的集体生活中，每个人都要考虑他所在群体中的他人利益。一方面，集体利益大于个人利益，互助会的成功运行能够提高大家的社会福利，反之则反；另一方面，如果个别会员故意

① Triandis, H.C., 1988, Collectivism vs. Individualism : Cross-Cultural Perspective on Self-in-group Relationships, Journal of Personality and Social Psychology, Vol.54 : 323-338.

违约而引发倒会，那么他将被这个集体所抛弃，从此他也很难为其他集体所接受。因此，集体主义能够促进会员对互助会组织义务和忠诚，从而给中小企业互助融资的形成提供了精神上的保障。

（三）特殊主义与四因素模式

帕森斯（Parsons，1988）在分析社会结构时，提出特殊主义（Particularism）和普遍主义（Universalism）的二元概念，用来区别中西方两种不同的社会文化价值，“或者两种不同的人际关系模式”[①]。根据帕森斯的观点，受传统家族文化的影响，中国的社会文化价值表现为特殊主义——行为者根据其与对象之间的特殊关系来认定对象及其行为的价值的高低。翟学伟（1995）指出，就家庭内部而言，在不能以财产为物质保证的权威者和有同等财产但无权威的继承者之间产生出一种道德控制的关系；就家庭外部而言，财产的均衡关系使人们也不倾向于离开其家庭去另谋生路，而仍然注重血缘、家谱、他人及亲情。由此形成中国人社会文化价值中四个不可缺少的重要因素：第一，权威（包括对身份、地位、等级及辈分的重要性的强调）。第二，道德规范（以“孝”、“忠”为核心）。第三，利益分配（包含对经济、社会和心理上获得平均性和均衡性的计较）。第四，血缘关系（包括真正的、扩大的或心理认同上的血缘关系）。[②]

特殊主义和四因素模式都是关于中国人对社会生活中人际关系的态度以及处理方式。中国受儒教、道教文化影响较大，在人际关系中一方面注重“差序格局”，另一方面注重“和合”、“和谐”、“中庸”，强调矛盾的统一与均衡，避免和克服人际关系中的对立与冲突。中小企业互助融资的形成也受到特殊主义和四因素模式的重大影响。一般来说，成员是否入会完全取决于请会之人与该成员之间的地位关系。互助会成员之间通常都是亲戚、朋友、熟人，外人以及陌生人很难进入，由此互助会组织内部也形成了一种以血缘、亲缘和地缘为基础的特殊信任关系。这种信任关系有利于增进家族成员、亲朋好友之间团结和凝聚力，有利于信息在成员之间的凝聚与扩散，因而有利于中小企业互助融资的形成与稳定。

（四）“人情与面子”模式

黄光国为了说明深受家族文化影响的华人所表现出来的社会文化价值的特

---

① 王询：《文化传统与经济组》，大连：东北财经大学出版社，1999年版，第47页。

② 翟学伟：《中国人在社会行为取向上的抉择——一种本土社会心理学理论的建构》，载于《中国社会科学季刊》（香港），1995年冬季卷，第99页。

色，提出了一套“人情与面子：中国人的权力游戏”的理论模式（如图3-2所示）。这套模式概括性地描述了华人社会交往的差序性交易法则[①]：

1. 情感性关系—需求法则。情感性关系（Expressive Ties）通常都是一种长久而稳定的社会关系。个人和他人建立情感性关系的主要目的，在于满足其关爱、温情、安全感、归属感等情感方面的需要。像家庭、密友等都是情感性关系之列。情感性关系的交易法则遵循“各尽所能，各取所需”的需求法则：家庭中有工作能力的每一成员，都应当尽己所能，努力工作，以获取各种社会资源，来满足自己和其他家庭成员之合理需要，彼此间表现出较多的真诚行为。

2. 混合性关系—人情法则。混合性关系（Mixed Ties）是指个人与其家庭以外的社会关系网中其他人的社会关系，构成包括家庭之外的亲戚、邻居、师生、同学、同事、同乡等一张张复杂的关系网。混合性的人际关系在时间上有一定的延续性，同时含有程度不等的感情成分。在混合性关系中，人际交往的本质是特殊性和个人化，其交易法则是“以和为贵，礼尚往来”的人情法则。

3. 工具性关系—公平法则。工具性关系（Instrumental Ties）是个人为了获得所需要的某些物质利益而与他人建立的社会关系。在这种关系里，个人和对方交往的主要动机，是要以这种关系作为达成个人目标的一种手段和工具，而不是要和对方建立长久性的稳定关系。工具性人际关系间的交易法则是“一视同仁，童叟无欺”的公平法则。凡是被个人视为工具性关系的对象，他都会以同样的原则与其交往，所含的情感成分甚为微小。

人情与面子模式与特殊主义一样，体现的都是社会交往中的“差序格局”思想。在与不同关系的人打交道时，总是采用不同的标准，其实质上是一种人与人之间的行动规范。由此，家庭成员邀请入会，那就是一种义务，体现的是一种纯粹的互助和情感依赖；亲朋好友请你入会，那就是人情，总是预期能够得到对方的回报；而当不熟悉的人甚至陌生人来请会时，通常都不予理睬。即使同意入会，那也往往是经过理性计算而做出的行为。因此，我们可以认为，人情与面子模式主要作用于家族成员、亲朋好友以及熟悉的人群之间，这也正好说明了中小企业互助融资的成员大都是家人、亲戚、朋友以及邻里。可见，人情与面子模式对中小企业互助融资的形成起着很好的规范作用。

---

① 黄光国：《中国式家族企业的现代化》，杨国枢、曾仕强主编《中国人的管理观》，桂冠图书公司（台北），1988年版，249-254页。

综上所述，文化价值观决定着人们的社会行为，中小企业互助融资的形成同样也受到以上文化的规范与引导。陈柳钦等（2003）认为，我国的文化特征和中小企业间的社会特征为互助融资创造了文化条件和社会条件。中国文化既是基于血缘基础上的文化，也是一种特殊主义的文化。私人关系建立在血缘、地缘和业缘等基础上，社会关系是逐渐从一个一个人推出去的，是私人联系的增加，社会范围是一根根私人联系所构成的网络（费孝通，1947），从而形成了“爱有差等”的差序格局。人文网络实际上是中小企业群体诞生的“生态环境”。① 台湾学者赵蕙玲的研究表明中小企业集群在建立企业间的协作关系之前，往往就早已存在亲属或朋友式的关系，而且这一比率高达60%以上。② 互助融资表面上是中小企业之间在融资上的一种互助制度，实际上是我国人文网络在现代经济下的表现，我国“特殊主义”和“爱有差等”的文化为中小企业间的信用互助提供了深厚的文化土壤。另一方面，在集中于一定地域内的中小企业群体内，业主彼此了解，相互熟悉，在行为和思维方式上没有太大的差别，业主之间几乎是同质的，所以中小企业群体构成了一个“互识社会”。互识社会很容易产生那种张维迎（2002）所解释的乡村社会信誉机制，因此，中小企业间的“互识社会”为中小企业实现互助融资提供了社会土壤，也为互助成员之间的联合出资创造了社会条件。

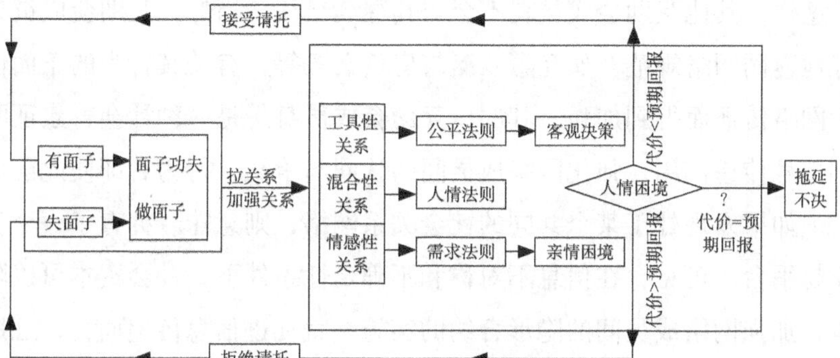

图3-2　人情与面子的理论模式

资料来源：黄光国著：《儒家关系主义：文化反思与典范重建》，北京：北京大学出版社，2006年版，第6页。

① 其实，凡是“特殊主义”和基于“血缘基础上”的文化沉淀得很深厚的民族，如日本和意大利，这种中小企业集群在当地产业组织中所占的比重就大。

② 赵蕙玲：《协力生产网络资源交换结构之特质——经济资源交换的“社会网络化”》，《中央研究院民族学研究所小型专题研讨会系列之十一》，第6页。

三、社会网络与互惠

互助是以互惠为基本原则，以人情和关系为文化基础的社会交换。它既是一种利益交换的工具，也是表达感情和履行道德义务的方式。它不仅加深了人们之间的感情，而且也创造、维持和强化了人际间的社会关系。回顾互助会的发展历程，我们可以发现，互助会是人类最重要的一种社会交换活动，也是日常生活中最普遍的一种文化现象。按照普特南以及福山的社会资本理论，作者认为，家族成员、亲朋好友、乡亲邻里通过参与互助会这种网络组织，培养了家族、村庄等共同体内部的互惠规范，即互助会成员之间对未来互惠预期的普遍认同与实践。这种互惠规范能够提高互助会成员之间的信任，从而有利于中小企业互助融资的形成。此外，互惠还涉及到互助会成员之间的利益。因此在入会之前，会员通常要进行理性的计算，既考虑自己的利益，也考虑他人的利益。这里不仅包括经济利益，而且包括精神利益，如感情、名声、面子、社会地位等。在这里，我们得出一个推论：成员之间关系越紧密，精神利益就占主导地位；关系越疏远，经济利益就占主导地位。

嵌入到互助会组织中的互惠规范能够对互助会成员产生影响、控制与权力。如果有会员发生机会主义行为，一旦败露，负面信息就会立即通过网络路径传播开，这样，其他互助会成员就不会与其继续交往。当然，互助会成员如果能够较好地遵循网络规范，如互惠双赢与肩负义务等，有关其行为的正面信息也会因为网络传播而得到加强。其次，互助会成员身份是一种社会背景证明，能够起到信号传递作用，强化网络成员间的认同与承认，行为者即使此前彼此不熟悉，但如果发现处于某个共同的社会关系网络，则意味着拥有了一个相对安全的交易平台。可见，在信息不对称和不确定性条件下，社会资本可以降低交易成本，加强网络成员间的隐形合约的实施。就促进信息传递而言，互助会成员可以主动或被动地通过网络路径获得信息。他既可以主动积极地搜寻所需的信息，分享别人的知识经验，也可以因为其所处的网络位置而被动地接受一些相关的信息，自发地受到信息与知识扩散的影响。无论是起到影响、控制网络内成员的作用，还是以其所处关系网络背景来强化成员间的认同感，从而形成团结一致，这些积极作用都是在促进网络成员间的合作。而一定的网络结构和成员关系也会促进信息传递，有助于网络成员获得更多相关信息，这种信息传递必然促进网络成员间合作。

四、地域文化

国外学者研究发现，互助会虽然是一个分布广泛的世界性现象，但其毕竟不是在所有的国家都存在，即使是存在互助会的国家中，它通常也只是在某些地区才有（Bascom，1952；Mayer，1960；Anderson，1966；Cope & Kurtz，1980；Shipton，1992；Roberts，1994；Biggart，2000）。国内学者实地调查也表明，浙江、福建、台湾等地区的中小企业互助融资异常兴盛（姜旭朝，1996，2004；胡必亮，2004；郑振龙、林海，2005；刘民权等，2006），而内地一些省份却相对冷清。那么为什么会出现这种现象？原因何在？在此我们从中观嵌入的视角，以浙江的温州为例，探讨中小企业互助融资的成因。

第一，重商的文化传统促成了大量中小企业的出现。任何经济现象和经济模式生成的背后，总有某些文化因素在起作用。温州在工商业发达的历史基础上逐渐形成的是一种有别于传统儒家文化的区域商业文化——“瓯越文化”。早在南宋时期，温州就出现了以叶适为代表的“永嘉学派”，明确提出“既无功利，则道义者乃无用之虚语耳”，“功利与仁义并存”的新价值观。到了19世纪末，“东瓯三先生”之一的陈虬，提出“齐商办，揭商径，固商人，明商法”的主张，为商业发展而大声疾呼。重商主义的商业文化传统一直得以延续并广泛地深入民间，构成了温州人特有的文化“遗传基因”。这种独特的区域文化传统一方面使温州人的“重义轻利”、“崇本抑末”等因袭包袱较轻，形成了较强的讲究功利、注重工商、务实进取的本地价值观特征。另一方面，造就了温州人敢于冒险的企业家精神，并使得温州本地的民间经济活动异常活跃。这种文化传统，与发展商品经济所需要的观点和精神相吻合，成为推动温州农村商品经济蓬勃发展的重要精神力量。如今，大量的民营中小企业不仅在温州区域经济中占据了绝对的主导地位，而且其本身业已成为使地方经济富于活力和效率的支撑体。

第二，雄厚的民间资本为中小企业互助融资提供了资金来源。以“小商品、大市场；小政府、大社会”为特色的温州商人，足迹遍布全国甚至海外，[①]他们用自己的辛勤劳动赚得了滚滚财富，使温州民间贮藏了相当可观的资金。根据2004年温州市银行监督局调查报告显示，温州市管辖区的民间资本为27770亿

① 温州商人遍布全国和世界，据统计至少160万温州人在外经商，投资办企业。

元，直接的货币资本1000亿元。然而精于算计的温州人除了再投资外，还将暂时闲置的资金通过民间借贷获利，弥补了正规金融机构对个体、私营企业融资的空白。温州民间非正规的信用活动相当活跃，2002年，温州中小企业借入的民间信用约为170亿元，企业创业资本中民间借款125亿元，加上互助性借资等，合计民间信用规模约为300亿~350亿元，是温州市当年GDP的32%~38%及年末金融机构贷款额的42%~50%。此外，更多的区外流动投资更是难以估算。

第三，东方式的人文环境引导和规范了中小企业互助融资的形成。温州众多中小企业集群都是在家族（家庭和亲族）团体基础上发展起来的，以血缘、亲缘为纽带的人文网络是企业集群的无形精神脉络。[①] 温州农村是一个传统文化特征十分明显的礼俗社会，宗教文化的影响至今仍根深蒂固。各姓氏聚族而居的现象十分普遍，有的村庄几乎百分之百的家庭都是同一家族。血缘、亲缘等人际关系，在温州人的生活中占有很大比重，使信任和合作得以加强。企业在建立协作关系之前，往往就早已存在这种人际关系。如果没有这种人文环境，企业之间的资金互助、工艺技术方面的相互模仿、合同订单上的互助合作将难以运行。总之，这种人文环境以及在此形成的人文网络，为企业集群的诞生以及中小企业互助融资的形成提供了生态环境。

第四，务实敢为的地方政府为互助融资提供了政策保障。地域文化传统不仅深刻影响经济当事人的动机、动力和行为，而且影响政府工作人员的价值取向，影响政府行为及其政策导向。从这个角度讲，温州讲究实际、不尚空谈的文化传统，非常有利于地方政府对经济发展采取务实的态度和政策。制度改革后的温州构筑了一种“体制落差”优势，引发了中小企业的迅猛发展，带来了经济结构与格局的重大变化，衍生了中小企业融资的强劲需求。然而，金融抑制下的存贷款利率的人为限制严重阻碍了资金生成，数量巨大的民间资本持有者受利益驱动而成为非正规金融的供给者。非正规金融内生于民营经济同时又为民营经济的发展提供资金支持。但是非正规金融如果不加以正确引导，将会扰乱当地金融秩序，从而影响经济发展。正是因为务实敢为的温州政府，对非正规金融的默许、认可和支持的事实，才使得当地中小企业互助融资顺利进行。

① 我国很多地方的中小企业集群就是在同姓、同乡、同宗、同行以及通好的基础上形成相互帮助的分工网络（陈柳钦、孙建平，2003）。

第四节　本章小结

为了更好地分析中小企业互助融资问题，本章首先简要地介绍了互助会的相关术语、互助会的具体形式以及互助会的运行过程，为后续讨论奠定了坚实的基础。其次，通过对现有研究的回顾，我们分析了中小企业利用互助会进行融资的原因，具体如下：第一，互助会缓解了中小企业与商业银行之间的信息不对称；第二，互助会融资机制灵活，效率较高；第三，互助融资成本相对较低；第四，互助融资的内生性能适应中小企业各个发展阶段的融资需求；第五，互助会实现了借贷主体（主要是中小企业）之间的对接与双赢；第六，互助融资可以分散放贷和规避风险。总之，通过对中小企业融资状况以及中小企业自身特点的考察，我们发现，互助会的融资性质及特征在某种程度正好解决了中小企业所面临的正规金融信贷困境。不过现有研究更多的是基于经济学的视角来分析中小企业为何利用互助会进行融资，虽然有的理由也涉及社会资本的内容，但目前还鲜有文献从社会资本的角度来分析中小企业互助融资的形成。基于现有研究的局限与不足，本章最后运用社会资本理论来分析中小企业互助融资的形成。社会资本的本质是信任、互惠等文化规范，并且能促进个体或社会组织之间的协调与合作，从而实现共同获益。通过对科尔曼、普特南、何梦笔等人社会资本理论的分析，我们认为：一是信任对于民间金融制度与组织的形成意义深远；二是作为一种普遍的文化规范，信任不是一个抽象的概念，而是一个十分现实的因素；三是信任与社会资本以及文化三者合一。由此，本文在分析社会资本对中小企业互助融资形成有何作用时，就把社会资本具体细化为传统习俗、文化价值观、社会网络与互惠规范、地域文化等。

基于上述讨论，我们得出以下认识：（1）中小企业互助融资是历史文化和传统习俗的产物。（2）家族主义、集体主义、特殊主义与四因素模式以及人情与面子模式等文化价值观对中小企业互助融资的形成起规范作用。（3）嵌入社会网络的互惠规范能够提高互助会成员之间的信任，从而有利于中小企业互助融资的形成。（4）温州中小企业互助融资的形成并不是一种偶然的经济现象，而是特定的历史、文化、经济以及政治等条件下必然产生的结果。

第四章　中小企业互助融资的运行机制

本章将在第三章论述的基础上，把研究的深度向前做进一步的推进。作为一种非正规的金融制度安排，中小企业互助融资有其产生的历史条件，也有其形成的现实基础，但是它是否能够稳定运行以及潜在的运行机制又是怎样，将是本章所要探讨的主题。

第一节　中小企业互助融资的双重网络

中小企业互助融资是中小企业之间利用互助会来进行融资的行为，其实质是有别于企业与市场的第三种组织形式——网络组织[①]——一种组织发展状态和逻辑治理结构。同时，作为一种民间的非正规金融组织形式，中小企业互助融资又是嵌入在当下的社会关系网络之中并深受网络中其他中小企业的影响。

一、中小企业互助融资的两种结构形态

尽管互助会种类繁多，形式多样，但中小企业利用互助会进行融资的结构形态主要分为两种：一种为比较传统的封闭式结构，另一种则为开放式结构。

封闭式网络结构主要是指该互助会独立运行，与其他互助会没有任何关联。互助融资的金额有限，运行风险较小。资金的流动仅限于该会会首与会员之间，会员人数较少，一般为10人左右。并且，会首与会员之间、会员与会员之间关

---

① 网络组织理论是在20世纪80年代逐渐发展起来的，目前的相关文献对其概念尚未形成明确和统一的定义。一般而言大致分为广义和狭义两种观点。广义观点则把它看作是经济活动持久联系所构成的相互依赖。狭义观点把它看作是市场和企业之间的中间产物，是企业间契约关系的形态。就此而言，学者Dennis Maillat、Olivier Crevoisier 和Bruno Lecog从各种维度对网络组织的内涵进行了界定：第一，经济维度。网络组织是超越市场与企业两分法的一种杂交组织形式。从这个角度来看，构成一个网络的特定组织形态的出现及其演变过程可以用交易成本经济学的方法来分析。第二，历史维度。网络组织是各种行为者之间基于信任、相互认同、互惠和优先权行使等所组成的长期关系系统，网络是随着时间推移组织交易的一种手段，它从不是静态的，而是处于不断的演进之中，路径依赖的历史分析方法可以对这种演进过程提供基本的洞察力。第三，认知维度。一种网络组织是大于个别行动者（企业）诀窍综合的集体诀窍的储存器，这种组织方法的优势是允许集体学习过程得以在更广阔的范围内展开，如超越了企业边界的技术开发的学习过程；第四，规范维度。所有网络都是由旨在确定每个成员义务与责任的一套规则所定义的，这些规则划定了集体活动的领域（贾根良，1998）。引自贾根良：《网络组织：超越市场与企业两分法》，载于《经济社会体制比较》，1998年第4期，13-14页。

系亲密且高度信任，通常都是家族、姻亲、近邻[①]等关系。冯兴元(2005)对浙江宁波某县合会的研究报告也表明，参加互助会的多为会首的家族和姻亲以及邻里，以下这份会员名单中(详见表4-1)，"邻里"成员占了将近90%，这正好印证了中国的俗语"远亲不如近邻"。随着中小企业的发展，从家族、姻亲等关系融通的资金满足不了企业发展的需求，互助融资的范围因而也就随之扩展与延伸。最先是从自己的家人开始，然后就是熟人以及朋友，接着通过熟人和朋友的介绍，从朋友的朋友乃至陌生人那里进行融资。我国互助融资扩展的路径通常如下：家族成员(自己人)→亲戚朋友→乡亲邻里(熟人)→陌生人，这一发展路径与费孝通先生提出的"差序格局"思想基本一致。

表4-1　互助会运行基本情况（单位：元）

序号	姓名	关系	收会日期	本金收入	支付利息合计	资金用途
0	国叶	会首	2004.3.10	30000	0	购买工厂生产原料
1	阿琴	邻里	2004.5.10	30000	2100	偿还借款
2	能娟	妯娌	2004.7.10	30000	1950	偿还借款
3	亚萍	邻里	2004.9.10	30000	1800	造房、孩子上学
4	美绒	邻里	2004.11.10	30000	1650	孩子上学
5	叶娟	邻里	2005.1.10	30000	1500	添置设备
6	吴聪	邻里	2005.3.10	30000	1350	承包投资
7	娇玲	邻里	2005.5.10	30000	1200	偿还借款
8	建锋	亲戚	2005.7.10	30000	1050	结婚
9	江芬	邻里	2005.9.10	30000	900	经商油漆
10	金莲	邻里	2005.11.10	30000	750	偿还借款
11	云仙	邻里	2006.1.10	30000	600	经商窗帘
12	娇玲	邻里	2006.3.10	30000	50	偿还借款
13	吴洁	邻里	2006.5.10	30000	300	存款赚利息
14	冬莲	邻里	2006.7.10	30000	150	糖烟酒店进货
15	亚娟	邻里	2006.9.10	30000	0	添置设备

注：关系指的是互助会成员与会首之间的关系。资料来源：冯兴元(2005)：《浙江宁波M县合会的案例研究报告》，载于《财贸经济》。

① 近邻不是指所有的邻居，而是指经常相互往来的密友。

二、嵌入于社会关系网络中的互助融资

20世纪50年代，波兰尼提出“嵌入性”概念，引发了对社会关系网络的大量研究。社会关系网络的基本观点在于：经济行动是一种社会行动并被社会定位，它不能仅通过个人动机得到解释。它嵌入于现存的个人社会关系网络中，而不是由孤立的原子式的个人所单独进行的。然而，对于什么是社会关系网络，学术界对此还没有给出清晰并得到普遍认可的定义。李新春（2000）在研究中发现，很多学者都是从社会网络的特征、存在的理由以及意义来界定社会网络，并且他也认为，“由于网络作为社会组织的一个基本结构而存在，要给出其定义是不容易的”①。此外，众多学者就社会关系网络对华人企业成长的关系有着大量的研究，但作为研究中国经济问题的范式基础——华人社会关系网络，学者们却很少进行深入的探讨。引起学界共鸣的是何梦笔（1996）对社会关系网络所下的定义：“网络是某种在时间流程内相对稳定的人与人之间相互关系的模式。它是在一定的个人总体中，所有可以想象的人与人之间关系的子集，该子集是依据对总体成员的特定行为假定而确定的。”②他认为，现实中的稳定交易关系融入在打上个人特性的交易里。个人的特性及其所结成的社会关系网络对交易活动产生很大影响。此后，关于社会关系网络的研究更进一步关注市场参与个体的个性特征及由此所构成的社会关系，以及这种社会关系对个体的交易行为、选择行为、决策行为的影响。这个视角对理解华人社会经济活动显得尤为重要。

传统中国的人际关系是以血缘为序列，以父子为经，以兄弟为纬的立体关系网，几乎所有相识的人都可以纳入这张网中，但不同人之间的关系却是不同的，这张立体网上不同的网结间有着远近亲疏的差别。它实际上是“以‘己’为中心，像石子一般投入水中，和别人所联系成的社会关系，……像水的波纹一般，一圈圈推出去，愈推愈远，也愈推愈薄”。③这就是费孝通所谓作为中国社会结构基本特征的“差序格局”。“差序格局”决定了一个人在不同场合对待同一个人，或同一场合对待不同人的关系和态度。因此，它是特殊主义取向的。按照费孝通所说，《礼记》祭统里所讲的十伦，鬼神、君臣、父子、贵贱、亲疏、爵赏、夫妇、政事、长幼、上下，都是指差等。“不失其伦”是在有别父子、远近、亲疏。

① 李新春：《企业联盟与网络》，广州：广东人民出版社，2000年版，第40页。
② 何梦笔：《网络、文化与华人社会经济行为方式》，太原：山西经济出版社，1996年版，第30页。
③ 费孝通：《乡土中国 生育制度》，北京：北京大学出版社，2005年版，26-27页。

伦是有差等的秩序。从己到家，从家到国，由国到天下，是一条通路。中庸里把五伦作为天下之达道，因为在这种社会结构里，从己到天下是一圈一圈推出去的。①

关系网络是理解华人社会与经济生活所必须注意的基本情况，华人企业通过复杂的外界网络扩大交易与势力(雷丁，1993)。在中小企业互助融资过程中，社会关系网络同样起着重要的作用。它一方面以中介功能调节着企业融资的数量和质量，另一方面，它本身就是一种社会资本，会首及会员与各种社会关系网络处在不断地融合、构建过程之中。中小企业利用互助会进行资金融合，通常都是基于家族关系，以自我为中心，向亲情熟识关系以及陌生人扩展。中小企业互助融资的封闭式网络形态向开放式网络形态的演变，一方面反映了中国人际关系的差序格局，另一方面表明这些关系网络可以根据不同的形式和需要调整自己的范围和基础(Hamilton，1991)。如图4-1所示：

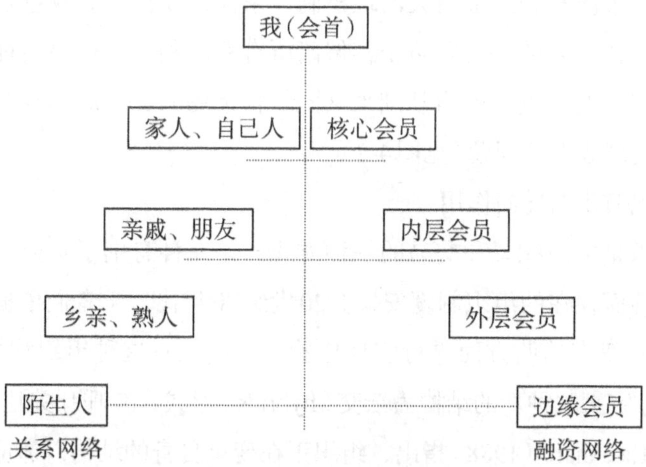

图4-1　中小企业互助融资的双重网络

总之，在现实中，社会关系网络与经济关系网络总是相互交织、相互关联的，人们的经济行动总是嵌入于一定的社会关系网络之中。中小企业互助融资作为一种有别于企业与市场的网络组织是本文的主要研究对象，同时，该网络组织又是嵌入在当下的社会关系网络之中。因此我们认为中小企业互助融资是一种双重网络组织，是融资网络与关系网络的复合体。

① 费孝通：《乡土中国 生育制度》，北京：北京大学出版社，2005年版，第28页。

第二节 网络治理与信任机制

一、组织的演化与治理形式的演进

组织形态从过去讲求价格机制的市场式组织，演化为讲求理性管理的科层式组织（bureaucratic organization），再转变为介于市场与科层间的网络式组织（networking organization）（Powell，1990）。组织的演化带动和促进了治理形式的演进。

（一）科层治理的理论架构

科层治理（hierarchical governance）是通过合约关系对委托——代理各方的责、权、利进行配置，其关键的功能是如何配置公司的控制权（李维安，2001）。其行为则是通过激励和约束两大治理机制，来保护委托人的权益且使其利益最大化，并监督代理人的行为以防止其偏离所有者的利益。科层治理的理论架构则是以威廉姆森的三重维度为基础来试图解释市场的交易成本与企业的组织成本，尤其是代理成本的问题（见图4-2）。

（二）组织演化的导向作用

网络组织是资源配置和交易的一种方式，是一种有别于企业与市场并兼有二者某些特性而存在的组织制度安排。20世纪80年代，学者们依据对组织间的关系和经营者纽带的两方面进行实证检验，开始注意这种组织演化的新形式。Powell（1987）定义这种新的结构为杂交（hybrids）形式，并呼吁关注其发展趋势。Bourgeois和Eisenhardt（1988）指出，组织正在变革自身的结构以适应这种变化趋势。Pfeffer和Salancik（1978）发现结构变化与组织之间存在着明确的利益关联。

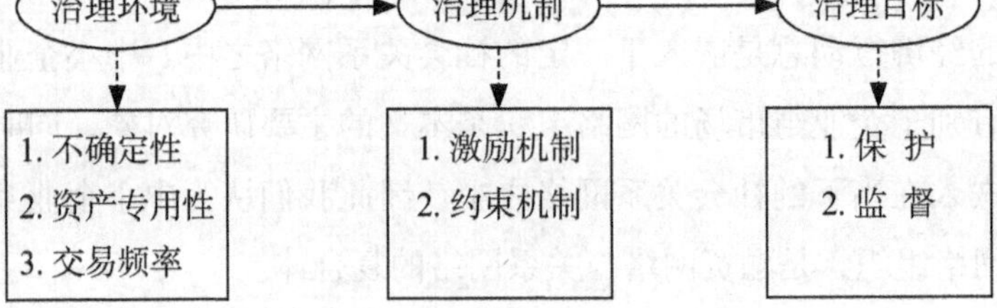

图4-2 科层治理的理论架构

资料来源：参见李维安：《公司治理》，天津：南开大学出版社，2001年版，第106页。

构成网络形态的一个重要基点在于非正式组织能充分发挥效力。这不仅包括企业里的非正式组织，而且包括以社区为基础，以个体与群体的关系或纽带而形成的非正式组织。这些关系或纽带以嵌入的方式，通过双边或多边交易（dyadic or multilateral exchange）的质量与深度来对个体或组织进行非正式的控制，尤为重要的是社会资本通过这些关系或纽带嵌入于网络组织，① 并在其中流动、链接与定位。因而，社会关系与其交易不仅是非正式组织形成的基础，而且促进正式组织与非正式组织间相互联结，扩充组织的活动规模与空间，扩展组织的边界，触发信息交流与控制方式的变化，推动组织结构的变革。这导致科层组织的治理机制与网络组织不相适应，需要构架一种新的治理形式适应组织结构的变革。

（三）外在环境的诱变效应

网络治理的形成，还与快速变化的外在环境（volatile environ-ments）密切相关。Dimaggio和Powell（1983）认为，环境背景可作为决定新的组织与网络发展的一个关键因素。治理环境的变化，使治理任务所依赖的路径发生改变，从而引发治理形式的渐变，即向以中间组织状态为基础的网络治理形成的方向演化。Meyer、Tsui和Hinings（1993）建议在环境多重维度趋于相互关联的情况下，应将网络治理放在更为重要的位置，因为它是从无数的理论选择中作为惟一的典型组织形态而存在的。威廉姆森认识到当代产业环境中创新的重要性，他认为应当进行跨学科研究，包括管理研究，超越经济学和法律的范畴而发展一套能够适应21世纪企业发展的新的治理范式。② 而网络治理作为新的治理形式，则能使企业对环境的变化做出快速反应。③

因此，组织变革的导向作用与治理环境的诱变效应导致一种明显不同于传统的科层与市场的治理形式——网络治理形式的产生与形成，④ 使以科层治理为主导的公司治理向网络治理的形式发展。

---

① Granovetter, M., 1985, "Economic Action and Social Structure : A Theory of Embeddedness", American Journal of Sociology, 91 (3) : 481-510.

② 慕继丰等：《企业网络的运行机理与企业的网络管理能力》，载于《外国经济与管理》，2001年第10期，第22页。

③ Bourgeois, L. & K. Eisenhardt., 1988, "Strategic Decision Processes in High Velocity Environments : Four Cases in the Microcomputer Industry", Management Science, 34: 816-835.

④ Powell, W., 1990, "Neither Market Nor Hierarchy : Network Forms of Organization", In R. Staw & L .L.Cummings (Eds), Research in Organizational Behavior. Greenwich, CT : JAI press.

二、网络治理与信任机制

网络组织的存在突破原有的“市场——企业两分法”，使经济系统趋于形成“三极制度架构”(Tripolar Institutional Framework)①。在此架构内，科层组织、网络组织形态与市场分别以权威、信任、价格作为主导的协调治理机制(见图4-3)。

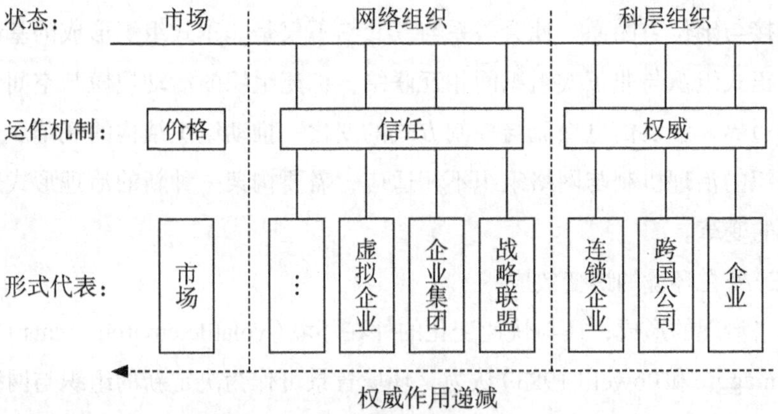

图4-3 组织形态及运作机制

资料来源：Larsson, Richard. 1993. The Handshake between Invisible and Visible Hands. International Studies of Management & Organization, 23 (1): p.102.

多数研究文献都预设网络组织的运作逻辑或治理机制是信任(Bradach & Eccles, 1989; Powell, 1990; Perrow, 1992; Morgan & Hunt, 1994; Miles & Creed, 1995; Powell & Smith-Doerr, 1996)，而且许多实证研究结果也支持这样的观点(Larson, 1992; Lorenz, 1993; Gulati, 1995, 1998; Uzzi, 1997)。这些研究认为网络中信任机制是建立在组织间的非正式人际关系之上。通过人际关系的强纽带形成的共同价值观与道德感，通过社会关系形成的制约，以及关系互动中所塑造的集体身份认同，促使大家去履行承诺，不轻易从事机会主义行为，以免破坏自己在社会网络中的信誉，降低相互之间的信任感。在这个意义上，信任可以降低交易成本，提高组织绩效。

(一)信任是经济学与社会学研究的共同主题

20世纪80年代，信任研究成为社会科学研究最前沿的领域。在新制度经

① Larsson, Richard., 1993, “The Handshake between Invisible and Visible Hands”, International Studies of Management & Organization, 23 (1): 87-106.

济学的视野里，信任往往被当作非正式制度加以讨论。诺斯经济史研究中对非正式制度功能的考察以及麦克尼尔（Macneil，1974）、威廉姆森（Williamson，1979，1985）对关系性契约的研究都高度认可信任在交易过程中的作用：为交易双方提供稳定预期，节约交易成本并限制机会主义行为，从而保证经济交换的持续进行。经济社会学家高度重视信任的经济功能，认为信任有助于解释观察到的社会生活的秩序、稳定性与持续性，因为真正将行为者联结在一起的，并不是单一的利益刺激，而是情感关怀、道德责任规范等社会性因素。但是，在信任的起源问题上，二者的研究视角还是有所差别。新制度经济学仍然倾向于从自利的角度来解释信任形成的动机。譬如不完全契约理论中的声誉机制（reputation mechanism）以及博弈论中的无名氏定理（folk theorem）[①]都认为，交易双方为了从未来的连续交易中获得更多的收益，而对眼前的机会主义行为有所限制，最终保证了交易双方互相信任与合作的持续进行。总之，信任的产生还是出于自利经济人的理性考虑。经济社会学反对这种对信任起源进行理性分析的方法，[②]而更多地从历史、文化、社会资本的角度对信任产生的原因进行探讨。如果将信任视为联系交易双方的某种机制，那么正如新经济社会学的核心主张所认为的“一切经济制度都是社会建构的”，信任总是在某种社会结构与网络关系的背景下才得以产生，它更多地受到所处关系网络、社会资本状况以及文化氛围的影响和决定。从某种意义上来说，不是交易者以往的经济行为，而是行为人所处的文化及网络结构互动使人们产生了信任（Geertz，1978；Granovetter & Swedberg，1992）。

（二）信任的内涵

信任在社会、经济、政治、法律和组织关系中的重要性已经得到越来越多的承认（Blumberg，1989；Garment，1991；Miller，1992；Putnam，1993；Sitkin & Roth，1993；Bianco，1994；Brown，1994）。

---

① 最初的无名氏定理又称为“纳什无名氏定理”（Nash folk theorem），它考虑的是无限次重复博弈纳什均衡的情况。之所以成为“无名氏定理”，因为它在20世纪50年代就为博弈论专家所共知但无人发表。弗里德曼（Friedman，1971）将原无名氏定理扩展到子博弈精炼纳什均衡，在他看来，无名氏定理即是在无限次重复博弈中，如果参与人有足够的耐心，那么，任何满足个人理性的可行的支付向量都可以通过一个特定的子博弈精炼均衡得到。

② 事实上一些经济学家也不同意这种对信任起源的理性分析。肯尼斯·阿罗就说过：“按理性分析的说法，被人信赖是一件有利的事情——但你却不能在类似基础上轻易地建立起信用。如果你的原则基础是理性的决定，并且你的动机是自利的，那你就会在任何有利可图的关键时刻为了自己的利益而背叛自己的承诺。因此别人不会信任你。”所以，解释信任必须有一个与直接机会主义完全不同的社会结构。（转引自理查德·斯威德伯格著，安佳译：《经济学与社会学》，北京：商务印书馆，2003年版，第184页。）

研究组织的学者关注信任问题，视其为组织控制的机制，具体说，是在价格与权威之外的另一种形式（Bradach & Eccles，1989），他们把研究信任作为对强调机会主义的回应。而机会主义目前在动因理论和交易成本经济学中大行其道（Etzioni，1988；Bromiley & Cunnings，1992），学者们视信任为管理理念和管理哲学的关键因素（Sitkin & Roth，1993；Miles & Creed，1995），视信任为组织网络形式运转的要因（Powell，1990；Miles & Snow，1992；Miles & Creed，1995）[①]。从组织行为的角度来看，信任是指对某一个体或群体的行为或意图有信心，预期对方会有合乎伦理、讲求公平以及和善的行为表现，除此之外，还会顾及他人的权利。在此情况下，自己愿意承受可能的伤害，将其福祉依靠在他人的行为上（Carnevale & Wechsler，1992）；信任是在交易关系或其他互动关系的运作时，某一方（个人、群体或厂商）对其伙伴的一种期望，其符合伦理道德的一般准则行为，也就是说，在伦理准则的分析基础下，是道德可行所形成的决策行为（Hosmer，1995）；信任是指某一群体在预期对方会表现合乎自己利益的基础上，不管有无能力监督或控制对方的行为，都愿意承担受伤害的风险（Mayer，Davis & Schoorman，1995）。

从经济学的角度来看，不同的学者有着许多不同的定义。信任可定义为：信任个人，即相信对方在出现损人利己的机会时，并不会去实现它（Gambetta，1988；Bradach & Eccles，1989）；信任是双方之间的相互依赖，相信在交易过程中，彼此都不会做出伤害对方的行为（Sabel，1993）；信任是一种有风险条件下对他人顾及自己动力的一种正面预期（Boon & Holmes，1991），期望对方能够尽最大的努力实现其口头承诺或明文规定的义务；在协商过程中是诚实的且不会占他人便宜（Bromiley & Cunnings，1992）；信任是一个人表现出信任的行为时，即将他自己暴露在他人投机行为的风险中，不过他却有理由相信对方不会对此机会加以应用（Humphrey & Schmitz，1996）；信任是指厂商认为对方会采取有利于双方的行动，而不会做出损害交易伙伴的非预期行为（Anderson & Naru，1990）；信任可定义为愿意依靠一个可信赖的交易伙伴（Moormann et al.，1992）。

从社会学的角度来看，西方学者从不同角度对信任进行了界定。信任是对

① 引自道格拉斯·里德、雷蒙得·E·米尔斯：《组织中的信任》，载罗德里克·M·克雷默、汤姆·R·泰勒著：《组织中的信任》，北京：中国城市出版社，2003年版，21-22页。

他人的善良所抱有的信念或指一种健康的人格品质，强调了对意向因素的内部期待（Erikson，1950）；信任是期待某件事的出现并相应地采取一种行为，这种行为的结果与他的预期相反时所带来的负面心理影响要大于其结果与预期相符时所带来的正面心理影响（Deutsch，1958）；信任是“稳定社会关系的基本要素”（Blau，1964）；信任是“社会中最重要的综合力量之一”（Simmel，1978）；信任被视为简化复杂性的机制之一（Luhmann，1979）；信任就是“对于别人可能但却非预期的恶意（ill will）（或者说缺乏善意）加以接受的脆弱性”（Baier，1986）；信任既是指对他人行动将带来的利大于弊的明确预期（Gambetta，1988）；也指“不迟疑地，在信任驱使下接受大量的社会秩序特征”的这样一种普遍能力（Garfinkel，1967）；信任是作为一种在后天社会交往活动中所习得的对周围其他人行为的预测（Barber，1983）；信任水平是社会关系脉络中的一个基本要素，也是市场交易中普遍存在的一个要素（Etzioni，1988）；信任是个体所有的一种构成其个人特质之一部分的信念（Wrightsman，1992）；信任是通过预测他人未来可能的行为，“冒险地做出是否参与行动的决定”并致力于在风险中追求最大化功利的有目的的行为（Coleman，1990）；信任是“在一个社团之中，成员对彼此常态、诚实、合作行为的期待，基础是社团成员共同拥有的规范，以及对个体隶属于那个社团的角色”（Fukuyama，1995）。

以上这些定义反映出信任的两项主要特征：一是不确定性与风险是信任产生的必要条件。风险是决策者所认知到的损失几率，信任的本身代表了愿意承担风险。二是信任是有对象的，并且该对象是我们需要依赖的，对方的意图与行为和我们的利益相连，特别是当我们难以监督与控制的话，就需要对方的善意。然而，不确定性与风险并非人或组织想要追求的，我们寻找可信任的合作对象，是因为我们不想要不确定性与风险。如果因信任减少防备而受到更大伤害，那我们为何还要信任呢？所以信任应该能够对负面结果有所避免（Barney & Hansen，1998）。从这个角度来讲，信任还有两层意义：第一，信任是一种预期的意念，即交易伙伴对我们而言，是值得信赖（trustworthiness）的——信念或预期，此预期状况的产生是交往经验的累积，可能是因为对方所表现出的专业素养、可靠性或意图所反映出的一种心理情境。第二，信任是自己所表现出的行为倾向或实际行为，来展现自己的利益是依靠在交易伙伴未来行为表现上。总之，信任是一种相互性的行为，一方面表现出值得信赖的特质，而另一方面则表现出信任他人的行为（Bromiley & Cunnings，1992）。

（三）信任的分类

不同领域的学者对信任的来源与形成有着不同的看法，从而也就有着不同的分类方法。信任类别的构建通常包括“二分构建”和“三分构建”两种范式（李伟民、梁玉成，2002）（如表4-2所示）。在此主要介绍几种影响较大的信任分类法。

1. Luhmann的观点

Luhmann（1979）把信任分为两种：（1）人际信任（inter-personal trust）是以人与人交往过程中建立起来的情感联系为基础。一般被认为是委托——代理关系的前提。制度信任（institution-based trust）是指建立在制度基础上的信任，以人与人交往中所受到的规范准则、法纪制度的管束制约为基础。如病人对医生的信任，乘客对驾驶员的信任。

表4-2 西方学者对信任的分类汇总表

序号	作者	分类及名称	分类基础或假设
1	Luhmann（1979）	人际信任（inter-personal trust） 制度信任（institution-based trust）	个人/制度
2	McAllister（1995）	认知型信任（cognition-based trust） 情感型信任（affect-based trust）	了解/情感
3	Nooteboom（1996）	非自利型信任（non-self-interested trust） 动机型信任（intentional trust）	非自利/自利
4	Krammer and Tyler（1996）	工具性模式信任（instrumental models of trust） 关系性模式信任（relational models of trust）	计算/认知/情感
5	Yamagishi（1994）	普遍性的一般信任（universal trust） 确信或放心（assurance）	信任/放心
6	Growish（2000）	公众信任（public trust） 私人信任（private trust）	公众/私人
7	Lucy（2003）	策略信任（strategic trust） 道德信任（moralistic or altruistic trust）	策略/道德
8	Zuker（1986）	过程信任（process-based trust） 特征信任（characteristic-based trust） 制度信任（institutionally-based trust）	过程/特征/制度

续表

序号	作者	分类及名称	分类基础或假设
9	Sako（1992）	契约信任（contractual trust） 能力信任（competence trust） 善意信任（goodwill trust）	契约/能力/善意
10	Lewicki and Bunker（1995）	计算型信任（calculus-based trust） 知识型信任（knowledge-based trust） 认同型信任（identification-based trust）	信任发展的三阶段模型
11	Seligman（1997）	信心（confidence） 信念（faith） 信任（trust）	三者均有预期成分，但过程不同，并且三者互为补充

资料来源：结合李伟民和梁玉成（2002）、黄孝武（2002）、向荣（2005）、张贯一等（2005）等人文献整理而成。

2. Zucker的观点①

Zucker（1986）根据经济结构中“信任产生”的三种重要模式，划分出三种不同的信任：（1）过程信任（process-based trust）。该种信任既来源于个人屡次参与交换的经历还来源于以名誉为基础的预期。互惠是这个过程的核心。如果长期均衡出现，不间断的交换活动创生出体制，推广互尽义务的社会规范以及享受公平待遇的预期（马林洛夫斯基，1922；Zucker，1986）。经由这个过程，交易活动在人际关系与经济关系交叠的社会相关脉络中牢牢扎下根（Bradach & Eccles，1989）。组织中长时间的反复接触暗含着长期许诺（Arrow，1984；Powell，1990），以及风险增加与合作增加的双重机会（Good，1988；Lorenz，1988）。简言之，屡次发生互惠交换的可靠性和稳定性使参与者能够学习，同时培育出人际间的信任。（2）特征信任（characteristic-based trust）。来源于特征的信任建立在义务规范和社会相似性培植出的合作基础之上——料想某人可靠不可靠，往往顾及到他的家庭背景、年龄、社会地位、经济地位、种族等等。来源于特征的信任能够在社会当中推而广之，也能够藉仪式之程序、具有象征意义的行为加以巩固，两种行为都强调普遍的成员资格和相似性（Good，1988）。共同的特征可能催生信任，又因为信任培植信任的缘故，可能引出积极的互动，并实现互动过程的自我巩固（Bradach & Eccles，1989）。（3）制度信任（institutionally-

① 引自道格拉斯·里德、雷蒙得·E·米尔斯：《组织中的信任》，载罗德里克·M·克雷默、汤姆·R·泰勒著：《组织中的信任》，北京：中国城市出版社，2003年版，23-24页。

based trust)。这种信任来源于对制度的信赖。即某个国家是否具有一些行之有效的制度，如法律法规和行政管制措施，来保证企业重合同守信用。如果有，企业违约或者欺诈行为的成本就会很高，从而可以想象企业应该具有较高的可信程度，如果没有，可信程度就会降低。

3. Lewicki 和Bunker的观点

Lewicki 和Bunker(1995)根据信任发展的三阶段模型，提出了一个广为使用的信任分类方法。(1)计算型信任(calculus-based trust)，是指交易双方都是理性的，也相信对方会充分考虑被信任和不被信任的收益和成本。这类信任以个人对交往中得失结果的精确计算为基础，然后基于收益成本间的比较做出行为选择。(2)知识型信任(knowledge-based trust)，又称为了解型信任。该信任依赖于交易双方共同的思考方式，这为一方理解另一方的思考方式和预测另一方的行动提供了基础。他方行为的可预测正是这类信任的核心。对于他方行为的预测则建立在过去他方行为一致性的了解基础上。(3)认同型信任(identification-based trust)，指交易双方有着共同的价值观，包括道德责任等方面的共同认识。双方均能很好地理解对方的需要，并且这种理解能导致每一方都能有效地为对方而行为。

4. Platteau的观点

信任虽然是各种文化所共有的，但它的类型与水平却有所差异(Geertz，1978)。帕拉蒂阿(Platteau，1994a)根据信任所赖以建立的道德基础将信任分为两类：群体内信任与普遍性信任[①]。群体内信任是仅仅把信任对象的范围局限于与个体具有紧密关系的社会群体内部，而普遍性信任则是将信任适用于“抽象”的个体，包括那些与自己没有私人、血缘或宗教关系的人。他认为，如果某人的信任仅仅局限于与其具有先天联系的群体中，并且在群体内部建立起紧密的道德联系与信任关系，那么信任关系就很难再与群体外成员发生，除非他们之间有共同经历某事、建立起私人关系的机会。与之相对照，如果个体的行动是由普遍性信任所推动的，那么只要有合适的情境促动，个人与他人的合作就可以发生。即使这种情境暂时还没有出现，但合作的意愿与倾向还是潜伏在

① 与此观点类似的国内学者李伟民和梁玉成(2002)将中国人的信任分为特殊信任与普遍信任。特殊信任是指国人根据双方之间的人际关系所确定的有选择倾向性的相互信任，普遍信任是指与根据有关人性的基本观念信仰所确定的对人的信任，并且他认为两者之间并非是相互排斥或相互包容的，而是各自独立无明显关联的。

个体内心之中。在更广泛的意义上，同格兰诺威特一样，帕拉蒂阿（Platteau，1994b）认为信任作为一种交易治理机制，它的发展过程具有很强的路径依赖性并且在本质上是不断演进的。他认为宗教、文化以及历史经验是影响信任形成并使群体内道德转向普遍性道德的重要因素。一旦信任实现这一转变，就可能在社会成员中产生一种抽象性的行为规则，后者将为经济活动提供一种高度秩序性的规则，行为人对日常交易行为的预期将更为稳定，社会也将出现更多的冒险行为及合作行动，社会资本的存量将得以增加，而最终将促进本区域公民社会的形成和经济的发展。

（四）中国人的信任

近些年来，中国人的信任问题开始成为国内社会学界学术研究的热点，相关的研究（张建新、彭迈克，1993；彭泗清、杨中芳，1995；彭泗清，1997，1999；杨宜音，1999；杨中芳、彭泗清，1999；王飞雪、山岸俊男，1999）也日渐增多。然而，关于中国人的信任问题，无论在理论和学术研究探讨中，还是在对信任本身概念和意义的分析建构中，都始终存在着众多的分歧（彭泗清，1999；杨中芳、彭泗清，1999）。

1. 特殊信任与普遍信任

在研究中国人信任问题的西方学者中，以韦伯、福山、汉密尔顿和怀特利四人的影响较大。韦伯（1995/1920）认为“中国人的信任是建立在亲戚关系或亲戚式的纯粹个人关系上面的”，是一种以血缘关系和宗族关系为纽带而形成的特殊信任，对于家族、宗族关系之外的其他人即“外人”来说，中国人是普遍地不信任。其观点后被福山进一步地延伸和发展。福山（1995/1920）认为，传统中国的家族主义文化强调和重视家庭、亲戚及血亲关系，将信任家族以外的人看作是一种不可允许的错误。因此，中国人所相信的人就只是他自己家族的成员，对于外人则极度不信任。汉密尔顿（1990）研究了以“行会”形式存在的近代中国商人组织，指出个体商人的市场可信任度完全取决于这个商人所归属的行会，而这种行会组织乃是依据乡亲族党的联系来组建的，因此，一个商人的可信可靠及商业上的成功最终是建立在乡亲族党的关系之上。怀特利（1991）研究发现，在中国社会中，人们主要采用以交往经验（包括个人声誉及过去交往情况）为基础的（process-based），以及以个人特性（包括两人特有的既定关系）为基础的（characteristic-based）信任建构模式，而很少采用以制度为基础的（institutionally-based)方式。综合上述观点，他们均认为中国的信任本质是一种“血亲关系本位”的信任，因而难以扩展到血缘关系之外的其他人群之中。实证研究表明，中国人不仅信任与自己具有血缘关系和家族关系的人，而且也信任与自己交往密切的其他人。中国人的信任中包含有以观念信仰为基础建立起来的普遍信任，而不仅仅是西方学者认定的只有基于血缘关系和家族关系的特殊信任(李伟民、梁玉成，2002；王绍光、刘欣，2003)。

2. 关系运作与信任的建立

祖克尔(1986)系统地阐明了三种主要的信任产生机制(trust-producing mechanism)：一是由声誉产生信任；二是由社会相似性产生信任；三是由法制产生信任。Limlingan(1986)、Yoshihara(1988)和Whitley(1991)采用了祖克尔的观点来分析华人社会中的信任产生机制发现，华人社会中主要是通过声誉和关系产生信任，而法制化的信任很少。在Whitley(1991)的研究当中，他提出了一种新的建立信任的机制：关系运作，即建立、发展、维持和利用关系的活动。中国社会本身自古以来就是一个注重人际关系的社会，从人际关系中取得对他人的信任是中国文化、社会、历史的延伸。考虑到关系在中国社会中独一无二的重要性，可以认为，关系运作可能是中国人建立信任的主要机制(彭泗清，1999)。

关系是理解中国社会结构和中国人心理与行为的一个核心概念。近年来，中外学者对关系做了很多研究(Jacobs，1980；乔健，1982；Hwang，1987；Kipnis，1991；King，1991；M. F. Yang，1994；Pye，1995；C. F. Yang，1995；Yan，1996；Bian，1997等)。人际关系有两个最基本的成分：既有关系与交往关系。前者是由血缘、地缘、业缘等非个人互动的因素决定的，后者是两人之间实际的交往行为的结果(C. F. Yang，1995)。一个人所拥有的关系资源的多寡及作用大小虽然受到先天的限制，但完全可以经过其关系运作的努力而出现极大的变化。

在对华人社会关系运作方式的研究中，乔健(1982)总结了当代中国人建立和维持关系的六种方法：袭(承袭已有的关系资源)、认(主动与他人确认共同的关系基础)、拉(没有既有关系或既有关系太远时努力拉上，强化关系)、钻(通过各种手段接近权威人物)、套(套交情、套近乎等)和联(扩展关系网)。张和霍尔特(Holt，1991)通过在台湾的访谈发现当地人发展关系的四种方法：利用亲人关系，诉诸以前的联系，使用内群体关联或中间人以及社会交往。杨美蕙（M. F. Yang，1994）通过在北京的访谈发现人们主要采用三种方式来发展关系：请客、送礼、做人情。陈敏郎（1995）指出，台湾企业中的关系运作包括三个阶段：中介、关系建立和关系维持。其中关系建立又分为交际和交情两个阶段。郑伯壎等人（1995，1997）认为台湾企业之间关系的发展遵循“渗透模式”（the Penetration Model）：由客观关系发展到主观关系，由初步的人际信任，发展到生意上的信任，进而发展为很深的人际信任。

上述研究对我们认识华人社会关系运作有着重要的指导作用，但他们较多的关注人际关系的工具性成分，而忽视了情感性成分；并且他们的研究很少涉及关系运作方法的应用范围及各方法之间的联系。彭泗清（1999）认为，关系运作既有工具性成分，又有情感性成分。在长期的交往关系中，请客送礼的作用相当有限，情感性成分可能更加重要。此外，不同的关系运作方法有不同的适用范围。在长期的合作关系中，加深情感的关系运作方法较受重视，而在一次性交往中，利用关系网或利益给予的关系运作方法较受重视。

3. 差序格局和信任格局

有关中国传统文化和社会的众多研究都表明，中国社会是“关系本位”的社会（费孝通，1985/1947；梁漱溟，1963；黄光国，1988；金耀基，1992；杨国枢，1989，1993）。关系建构的核心是家族血缘关系，围绕此核心建立起与家族血缘关系之外其他人的社会联系。虽然人与人之间的血缘关系是先天赋予和无法改变的，但在后天生活中，人们仍然可以通过以上关系运作方式将这种先天注定的血缘关系进一步泛化、扩展和延伸到与没有血缘联系的其他人的交往关系之中，最终形成了费孝通所说的“差序格局”。不同等序之间的界限具有弹性且可以伸缩，即使有明确的边界也是可以改变的。因此，在中国社会中，中国人对自家人和外人的信任既会受人与人之间先天血缘关系的制约，也会受血缘关系泛化后所形成的各种拟亲关系的影响。与之相对应，中国人的信任也呈现出以“亲”为主的格局。按照差序格局的思想，信任程度是随血缘关系的泛化延伸而下降。但彭泗清（1999）的实证研究表明，中国人相互之间信任的程度，并非取决于双方拥有的关系中所包含的先天的联结（如血亲关系）或后天的归属（如同学、同事关系），而主要是取决于两人之间实质关系的好坏。由此可见，“差序格局”论中的“差序”不仅仅局限于“关系的差序”，还应包含“感情的差序”，即人们是依据相互之间的心理情感亲密认同的差序来决定相互之间的交往关系和信任关系——中国人的信任格局（李伟民、梁玉成，2002）。

第三节　信任机制与中小企业互助融资的运行

信任是中小企业互助融资运行的前提，也是其运行的结果，即信任可以在互助合作行为的增强中而得到加强。中小企业互助融资是以“家族血亲关系”为本位的经济行为，其运行首先发生在家族内部，并沿着血缘关系向外延伸扩展。同时，作为一种民间的非正规金融组织形式，它形成并运行于中国的乡土社会，因而又具有浓厚的地缘性。

乡土社会是人们在描述和研究传统中国农村社会时使用最为频繁的一个概念。由于乡土社会的人口相对固定，聚村镇而居，因此，村镇就成为分析中国农村社会的基本单位。乡土社会的特点是，从外部看，由于人口流动水平低，社区之间往来少。而从内部看，人们在这种区域的限制下生于斯、长于斯、死于斯，彼此之间十分熟悉。“乡村里的人口几乎是附着在土地上的，一代一代的下去，不太有变动”（费孝通，2002）。这样的共同体中社会秩序的维持主要依赖人们对非正式制度和规范的内化和遵从。因此，互助会中的信任除了与亲缘性利他密切相关外，更受到特定的乡土社会结构的控制。

一、互助与亲缘性利他

自达尔文以来，人类所有早期社会思想，都呈现出对生物有机体行为与人类行为基本性质之间关系的考虑，人们期望借助对人类生物倾向的思考来理解人类行为。根据达尔文经典进化理论，自然选择的单位是机体自身，因此，生物进化的根本动力自然就是机体间的生存竞争，即机体间的弱肉强食和优胜劣汰。进化论虽然借助生物有机体间的残酷斗争，向普通人灌输了冲突是生活的必然规律的思想，但它却无法解释那些同样存在于生物中的互助合作与自我奉献精神。克鲁泡特金（1997）并不完全否认生物之间存在竞争，但却不同意把“生存竞争”看作是进化的主要因素。他认为只有互助才是一切生物乃至人类进化的真正动因。即使生物之间存在残酷的生存竞争，这种竞争也仅限于群与群之间，而群内的各个生物个体之间只有互助而无竞争。这样就呈现出互助性强的生物群体得以生存并延续，互助性弱的生物群则被淘汰的特征。于是，克氏就提出了和达尔文截然相反的观点：唯有互助才是人类进化的基本法则。①

然而在进化过程中，为了使基因得以保存、复制和增长，生物有机体可能常常会采取攻击性和利他性两种截然不同的策略。它们或是进行殊死的生存竞争，或是与其他有机体互助互利，必要时甚而牺牲自己以求基因在亲属或同种的其他机体身上保存并传播下去。于是在甄别人类行为究竟属于“利己”还是“利他”这一问题上，引起了学界的争论。社会学家默顿指出：“我们一般将利他主义定义为牺牲施助者（benefactor）的利益而有利于他人的行为。”② Nooteboom认为，“利己”和“利他”之间存在着密切的联系。“利他主义”或是基于自身的利益或选择利他行为，或是基于给定的社会规范能获得更多的社会认同。当然，他们也许已经完全内化了那些社会规范和价值，并得到了即使没有他人的认同也将遵守这些规范的程度。社会互惠是利他主义和利己主义的混合体，是遵循社会规范和追求个人利益的混合体，具有“短期的利他”和“长期的利我”相兼容的特征。正像礼物的流动一样，个体对回报一般都存有或多或少的预期，尽管现在他不能对此提出回报的要求，这种预期也许是微弱的，甚而是缺席的，这样互惠就成为纯粹意义上的利他③。基于默顿和Nooteboom的观点，我们把人类的利他行为归为三种：亲缘性利他、互惠性利他和规范性利他④。

据费孝通对民间互助会的记载，互助会的参与者在人际关系上有着自身的特征：

会员的人数从8~14人不等。在村庄里，保持密切关系的亲属圈子有时较小。因此，会员可能扩展至亲戚或朋友。这些人不是凭社会义务召集来的而必须靠互利互惠。如果一个人需要经济上的帮助，但他没有正当的理由来组织互助会，他将参加别人组织的互助会。就这个社区公认为有钱的人，为了表示慷慨或免受公众舆论的指责，他们将相应有正当理由的求援。例如。周加入了十多个互助会，他的声誉也因此有很大提高。

但这种互助会的核心总是亲属关系群体。一个亲戚关系比较广的人，在经

① ［俄］克鲁泡特金著，李平沤译：《互助论——进化的一个要素》，北京：商务印书馆，1997年版，260-265页。

② ［美］罗伯特·K·默顿著，林聚任等译：《社会研究与社会政策》，北京：生活·读书·新知三联书店，2001年版，第126页。

③ Bart Nooteboom，Trust. Edward Eigar Publishing Limited，2002，p.194.

④ 围绕利他行为，理论界认为存在着三种解释：亲族选择（kin selcetion）、互惠（reciprocal）和群体选择（group selection）。（详见于郑也夫：《信任论》，北京：中国广播电视出版社，24-29页。）作者认为这三种解释与本文基本一致。

济困难时，得到帮助的机会也比较多。[①]

可见，亲属关系群体是传统乡土社会互助会的核心。一个亲属关系比较广的人，其可能得到帮助的机会也比较多。互助会成员所具有的亲属关系，使得嵌入于互助会中的人际信任具有了社会生物学中的亲缘性利他特征。

亲缘性利他主要发生于有血缘关系的亲属之间。在威尔逊看来，人类的利他主义行为——以损失个人利益而去帮助他人的行为，跟其他动物一样是亲缘选择的结果，也就是说，是通过基因而得以演变和发展而来。范登伯格视亲缘性利他为社会性背后最古老的机制，“为了最大限度地繁殖，基因规划有机体做两件事：成功地与……携带选择性等位基因的有机体竞争，并成功地与享有相同等位基因的有机体合作。”[②]个体祖护亲属，喜欢亲属甚于非亲属并且近亲甚于远亲，是因为亲属和他们共享基因物质。[③]艾克斯罗德也认为，从生物进化的遗传学观点来看，利他主义能在亲属之间维持。冒着生命危险去抢救下一代的母亲能够增加她的基因拷贝的生存机会，这是遗传亲缘理论的基础。[④]由此可见，由于有先赋性血缘关系和相同基因为“硬核”（hard-core），参与互助会的成员超越了理性和功利的目的。他们之间的合作凭借的是“自家人”之间的一种“义务”。由于亲缘关系自身所具有的天然的“亲和力”，传统社会立基于亲属关系之上的互助不管其实质是为了个体的生存，还是为了家族群体的繁衍，互助会中的利他主义总是有助于家庭确保其成员抵御灾害和其他不测事件，使得处于利他主义家庭中的每一个成员部分地被保险。由于利他主义家庭有更多的保障，他们比利己主义家庭的成员更加愿意采取提高其自身收入可变性的行动，其他所有成员也就被逐步引导到通过从利他主义者那里得来的变化而承担一些负担。总之，如果类似互助会这样发生于亲缘性群体中的互助既不会使生活于其中的个体的生存状况变得更糟，却又使得该群体具有较其他群体更多的生存优势，那么，亲缘性群体内部的“双赢效益”最终使合作行为得以稳定并形成一种“共生关系”。

---

① 费孝通：《江村经济——中国农民的生活》，北京：商务印书馆，2002年版，第224页。

② 转引自［美］乔纳森·特纳著，邱泽奇等译：《社会学理论的结构（上册）》，北京：华夏出版社，2001年版，第129页。

③ 但是，同样是生物学家的爱德华·威尔逊却认为，这种发生于亲族间的利他行为“是与文明为敌的”，因为这种利他的根基是源于生物的本能，源于先天制定的规则而非道德，所以利他行为只能发生在极为狭小的范围内。（［美］E. O. 威尔逊著，林和生等译：《论人的天性》，贵阳：贵州人民出版社，1987年版，149-150页。）

④ ［美］罗伯特·艾克斯罗德著，吴坚忠译：《合作的演进——对策中的制胜之道》，上海：上海人民出版社，1996年版，第103页。

如费孝通所描述的，由于亲属群体的圈子的大小与社会资源的供给存在相关性，当受到亲属群体圈子过小的限制，局限于亲缘性群体中的互助会尚不能满足亲属群体内成员的需求时，亲缘关系就会受"双赢效益"的启发而产生"双赢效应"——互助会的成员结构向同一共同体中的远亲，或没有血缘关系的成员渗透。有时甚至由于村落范围内的资源尚不足以满足群体内成员的需求时，关系偶尔也会扩展到十里八乡的朋友间。于是互惠性利他①得以产生。②与亲缘性利他相比，这种互惠性利他更多地表现为以利己为动机，以小团体的重复交往为前提，以精于计算为基础，属于"软核"(soft-core)利他③。当有机体互相帮助或能够依靠过去的帮助互相报答时，两者基因物质的生存能力就会大大提高。那些能寄居于由交换和互惠关系组织起来的非亲属群体里的基因更可能生存下来。

但随之带来的问题是，由于缺乏"硬核"的保障，这种互惠性利他容易产生欺诈等机会主义行为，并最终导致互惠性利他难以维系。在此情形下，人类社会出现了第三种利他行为——规范性利他。这种利他行为以道德为基础，以自觉的规范为条件，超越了血缘群体的狭小范围。由于注重群体利益的表达，文化作为一种"集体意识"，发挥了整合的功能。于是，"声誉"(reputation)在更广泛的互助会中具有核心地位的作用。其主要表现在，一方面，在一个熟人社会中，个人诚实可靠的名声首先成为他加入互助会的一张入场券，而同时，慷慨的帮助一个经济窘困的人，其所得到的社会报酬是提高个人声誉，免受公众指责(费孝通，2002)。于是，声誉成为一个增值的概念。获得一个好的名声，成为少数有能力资助他人入会的人的重要副产品。

二、熟悉机制与人格信任

费孝通曾经这样描述乡土社会人际关系的特征："每个孩子都是在人家眼中看着长大的，在孩子眼里周围也是从小就看惯的。这是一个'熟悉'的社会，没

① 互惠性利他理论由特里弗斯率先提出(R. Trivers，1971，"The Evolution of Reciprocal Altruism"，Quarterly Review of Biology，46：35-37.)。并且他认为，互惠利他是人类合作的重要基础(R. Trivers，1985，Social Evolution. MenlosPark，Calif：Benjamin/Cummings.)。

② 帕特里克·贝特森(Patrick Bateson)在其《互助与信任的生物进化》中提出的"物种内互助论"指出，两个合作的个体之间不是必须具有亲缘关系，但是如果他们互相帮助，他们都更可能生存和繁殖。转引自郑也夫：《信任：合作关系的建立与破坏》，北京：中国城市出版社，2003年版，第22页。

③ 郑也夫：《信任论》，北京：中国广播电视出版社，2001年版，26-29页。

有陌生人的社会。”[①]在他看来，熟悉是从时间里、多方面、经常地接触中所发生的亲密的感觉。这感觉是无数次的小摩擦里陶炼出来的结果。[②]

在对日常世界的熟悉的基础上，信任主要是指人际信任。至于人际关系为什么会让双方产生信任，卢曼（1979）曾指出“熟悉度”是一个重要影响因素。列维斯和维加尔特（1985）则讨论了理性因素与情感因素的作用。大部分社会心理学家认为两人关系之主要内涵就是亲密度，而亲密度则是基于几个社会心理学原理所形成的，如“相似性”及“相互表露”等。两人生活经验愈重叠或两人对对方的生活经验知道得愈多，关系就愈紧密，双方的信任就愈多（Clark & Mills，1979；Remple，Holmes & Zanna，1985；Duck，1994；McAllister，1995）。

信任和熟悉之间有着密切的关系，信任生成于熟悉。熟悉是信任的前提，只有在熟悉的世界里信任才是可能的，它需要历史作为可靠的背景。没有这种必不可少的基础，没有所有的先前的经验，我们不可能付出信任（卢曼，2005）。关于他人的信息是个体行为受到监督的基础，如果一个人干了坏事很快就被全镇人知道，违约责任就可以迅速转化为一种公共信息。以科尔曼为代表的信任的理性选择理论认为，作为理性人，在决定是否信任他人时的一个主要标准就是视其失信的可能性有多大。在决定是否给予信任时，假定相关制度确定的情况下，“熟人”就成为施与信任的一道底线。这是因为，信任中遇到的最大问题就在于信息不对称。Schofield认为，合作取决于对他人反应的可预测程度。“支撑合作问题的基本理论问题是他们相互获取对方偏好和可能行为信息的方式。既然每个人不仅拥有他人偏好的信息，而且也知道他人拥有对自己的偏好和策略的知识，所以，这是一个共有知识问题。”[③]“囚徒困境”的出现就在于对两个曾经合作的囚徒的隔离，隔离意味着断绝了双方是否合作的信息通路，在彼此无法掌握对方将如何决策的信息的情况下，个人利益的最大化最终导致了合作的破裂。

但是，“熟人的乡土社会”克服了信息通路堵塞的弊端。这种建立在“熟悉”基础上的信任来自两个方面：首先，关于合作伙伴的人品信任。乡土社会中人

① 费孝通：《乡土中国 生育制度》，北京：北京大学出版社，2005年版，第9页。

② 同上，第10页。

③ 转引自［美］乔·史蒂文斯著，杨晓维等译：《集体选择经济学》，上海：上海三联书店，上海人民出版社，1999年版，第128页。

们通常在一个社区生活、劳作，互动频率高，处于这种关系中的成员积累了有关置信对象的足够信息。人际之间的互动是建立在对他人信息相对完备的基础之上的，这种信息的运用以前更多的是取决于个体的相关行为方式的可以被观察。人们总是把个别经验置于先前的脉络中，把它放到预期的体系之中。互助会中的人们之所以愿意与自己熟悉的声誉良好的人打交道，其中的一个原因就在于：个体最信得过自己的亲身经验，凭借对他人人格的认知，通过自身经验或取得关于“他者”最丰富、详尽而准确的信息，来降低对可能的欺诈行为进行甄别的难度，通过归纳出对他人合理行为的预期降低交易过程中的风险。

然而，有能力提供和可能提供并非一回事。实现人格信任的另一个前提还在于对合作者能力的信任。作为理性行动者，在互助会运行当中，无论“会首”抑或“会员”，既要考虑对方的人品和人格，还要考虑对方是否有能力履行承诺；不仅知道参与者是否有遵守相关规则的真诚意愿，而且还有依据可靠信息综合分析他是否能把会维持到终了的能力，这样就大大降低了行动的不确定性。通常，会首往往邀请那些与其互动频繁，经常有来往，彼此非常熟悉的亲属、邻居、密友等属于强关系的人参加。这种“熟悉”，是基于一种“会首”和“会员”之间对彼此人品、能力等的洞察和资格的认定。并且这种认定，是以维持互助会终了为目的，以自愿为原则的，并不会因为一方的不参与而影响双方未来的关系。

三、人情机制与关系运作

林语堂先生曾经说过，“‘近乎人情’是较胜于‘合乎逻辑’的伟大考量，……中国人是把人情放在道理的上面的”[①]。可见中国是一个重视“人情”的国度。自农耕社会以来，中华民族就是一个充满人情的民族，我们至今还是生活在一个人情世界中。一方面，这个人情世界是以血缘家族为根底的情感世界；另一方面，人情世界具体到日常生活个体即是一个由亲及疏、由“熟”及“生”不断展开的以熟人为主的世界。

人情概念强调在差序性结构的社会关系内，维持人际和谐及社会秩序的重要性。也就是说，“人情”不仅是一种用来规范社会交易的准则，也是个体在稳定及结构性社会环境中可以用来争取可用性资源的一种社会机制。为了解释人情机制在中国社会中的作用，首先有必要界定人情在中国语言体系中的内涵。

① 林语堂：《中国人》，上海：学林出版社，1994年版，第86页。

在前人对“人情”的研究中，黄光国（Hwang，1987）①的解释较为全面地反映了这一观念的意义：

第一，“人情”是指个人遇到各种不同生活情境时可能产生的情绪反应。根据《礼记·礼运》记载，“何为人情？喜、怒、哀、惧、爱、恶、欲七者，弗学而能”。用心理学的术语来说，一个通晓人情的人，就是具有“同情心”（empathy）的人。如果他能够了解：别人在生活上遭遇到各种不同情境时可能产生的情绪反应，进而喜其所喜，哀其所哀；甚至投其所好、避其所恶，这个人便是“通情达理”的人。反过来说，如果他对别人的喜、怒、哀、乐无动于衷，见人有喜，既不欣然于色；遇人有难，又不拔刀相助，这个人便是“不通人情”的人。

第二，“人情”是指人与人进行社会交易时，可以用来馈赠对方的一种资源。在中国社会里，别人有喜事，我赠送礼物；别人有急难，我给予实质的帮助。这时，我便是“做人情”给对方。对方接受了我的礼物或帮助，便欠了我的“人情”。此处所谓的人情，指的是一种可以用来交易的“资源”。

第三，人情是指中国社会中人与人应该如何相处的社会规范。人情的社会规范主要包含两大类的社会行为：其一，在平常时候，个人应当用馈赠礼物、互相问候和拜会访问等方式与其关系网内的其他人保持联系和良好的人际关系。“有来有往，亲眷不冷场”，斯之谓也。其二，当关系网内某人遭遇到贫病困厄或生活上的重大难题时，其他人应当有“不忍人之心”，同情他，体谅他，并尽力帮助他，“做人情”给他。“已所不欲，勿施于人”及其蕴涵的“已之所欲，施之于人”，诸如此类儒家所谓的“恕道”，都是这个意思。

在以上三种不同含义的人情概念中，资源含义和规范含义的概念与关于人的社会交往行为的研究有着直接和密切的联系，本文所指的人情就是这两种含义。无沦是作为一种资源，抑或是作为一种行为规范，两者实质上是融为一体的，它们构成中国人社会交往活动的内容和形式的两个方面。资源作为交往活动的内容和实际体现，而规范则是交往中资源互换所遵循依照的形式、法则和程序。因此，人情这一概念在中国人的社会中其实质上是一种关于人们日常社会交往的生活理念，包含有原理、观念性的内容，又与实际生活紧密相连，指导着人们社会交往的实际运作。

---

① Hwang, Kwang-kuo, 1987, “ Face and Favor : the Chinese Power Game”, American Journal of Sociology, Vol. 92, No.4: 944-974.

互助是一种互惠互利的交换过程，它包括“帮助”和“报答”两个方面。“帮助”是给予他人助益的行为，“帮助”的背后隐含着“人情”和“报答”。乡土社会中邻里乡亲之间难免发生各式各样的人情关系，其中互助会的开展就是依靠亲缘、地缘以及宗亲的邻里关系，帮助会首度过困难；在这个过程当中，会员就是在给会首“做人情”[①]，同时，作为“报答”，等其中有会员请会的时候，会首也要积极支持，即“还人情”。如果有谁不通人情而破坏这种关系，谁就有可能陷入孤立和被动，甚至失去生存的外在环境和条件。可见，人情、帮助和报答为村庄互助融资提供了文化基础。

人情是中国人人际互动中一种世俗化的生活理念，它的产生有着深刻的历史文化背景，与中国农业文明及儒家人伦思想密切相关，具体表现为中国人将文化思想中的“义”与现实生活中的“利”加以调和，使之变成一种富于伸缩性的人际互动方式，其着眼点是人与人之间交往互动、建立和发展关系。在中国社会中，个人的社会关系是决定个人社会地位的重要因素之一（Jacobs，1979）。讲究人情法则的社会，必然是个关系取向的社会。人情包含着人与人之间的关系，有时候它也指关系。正如阎云翔（2000）所说的，“在特定的情境中，人情被用作关系的同义词。人们也会讨论他们拥有多少人情，而事实上他们是指他们的关系网的规模。”[②]

互助是以人情为基础的社会交换，它不仅涉及理性计算，还涉及双方的感情和关系。任何互助会都不只是利益团体，它们同时也是关系团体，会首就处于其中心。请会之人因为债务或经营需要等原因而请求帮助，随会者既是其亲友，其行为未尝不具有友爱互助的意味，这时，即使会首得利较多，那也并不意味着会中的利益分配存在失衡，因为得利较多者同时亏欠了较多的人情。从理论上说，这笔人情债迟早将以某种方式来偿还。尽管互助会总是有期限的，处于关系网络中的人却不可能只进行一次“交易”。他们实际上以各种方式长期延续其“交易”，而从长期（甚至不止一代）的观点看，他们应当互不亏欠。

四、面子与声誉

从社会心理学的角度来看，所谓“面子”就是个人在社会上有所成就而

① 中国人对别人“做人情”的主要动机之一，就是他对别人回报的预期。

② 阎云翔：《礼物的流动》，上海：上海人民出版社，2000年版，第132页。

获得的社会地位或声望（Hu，1944），是其社会地位或声望的函数（Hwang，1987）；是个人在某一特定情境中的自我认同，即所谓的"特定情境中的认同（situated identities）"（Alexander & Lauderdale，1977；Alexander & Wiely，1980；Alexander & Rudd，1981），是他在该情境中所意识到的自我形象（Chen，1989）。当个人在某一特定的社会情境和其他人进行互动的时候，他会按照该情境对他的角色要求，将符合其自我形象的一面呈现出来，希望在他人心目中塑造出最有利的形象，这就是他在该社会情境中的"面子"。

而儒家文化对于"面子"的理解就是"依附于社会的自尊"（Ng，2001），它是个人因为受到社会的评估而感受到的自尊的增加或降低。它跟个人对其所处社会情境的认知评估有密切的关联，不仅会影响个人的情绪状态，而且可能促使人采取挽回面子或增加面子的相应行动。生活在不同文化中的人都可能因为受到正面或负面的社会评估，而觉得有面子或没面子（Goffman，1959；Ting-Toomey，1994）。

面子对华人的社会生活却有其特殊的重要性（Hu，1944；Stover，1974；Ho，1976；Hwang，1987）。人类学家胡先缙（Hu，1944）指出，"面子"代表中国社会中广受重视的社会声誉，它是个人在人生历程中借由成就和夸耀所获得的名声，也是个人借由努力和刻意经营所累积起来的声誉。不论在什么时候，自我都必须依赖他所处的外在环境，才能获得这种声誉。在熟人社会中，每个人都处于与自己熟悉的人所形成的网络中心，所有活动几乎都是在"关系"的网络中展开和进行的，与熟人和谐相处，靠的更是人情面子。在这样的场域中，"人情"是人们必须遵守的游戏规则，而人情背后的"无形的手"——面子同样对人的行为具有约束力。彼此越是相互熟悉，他们与之讨论的人越多。一个人面子的得失、人缘的好坏、人情的厚薄，在很大程度上取决于彼此之间是否恪守信诺，专诚如一。因此，"重然诺，轻生死"、"约誓遇事帮助"等等执着于"信"的观念，对于传统有强烈的道德魅力。

面子之所以如此重要，就在于它与个体的名誉密切相关。而名誉的背后，则又潜藏着社会舆论的强大压力。"我的荣誉是我的生命，两者生为一体；拿走我的荣誉，我的生命就会完结。"① 由此可见，社会舆论是社会中普遍存在的心

① 转引自［美］查尔斯·霍顿·库利著，包凡一、王源译：《人类本性与社会秩序》，北京：华夏出版社，1999年版，第170页。

理及社会现象，它对个人的言行会产生很大的影响。当舆论成为“人心所向”时，也就成了人们行动的标准。所谓“千夫所指，无病而死”，“众口铄金，积毁销骨”，可见舆论对面子的影响力之大，对处于同一个共同体中的成员而言，名声所具有的声誉效应，在信任中扮演了一个重要的角色。因为，在一个共同体中，人们缺乏流动的可能，一旦失去声誉要想重新获得机会就非常渺茫。产生的对他人的损害会造成对自己不可逆转的长期损害，丧失好的声誉并非意味着将来就不再拥有声誉，而是自此拥有不好的“名声”，要失去好的声誉并不难，但是要将不好的名声转化成好的声誉则要付出太高的成本。将其丑行公之于众，剥夺其面子，所以一个人的信用的好坏在社区中口耳相传，构成了关于个人声誉的一种抵押品，成为制约少数人实施机会主义的有效机制，因而对网络的稳定具有特殊的意义。

在一个结构封闭的社会中，共同的道德观念是形成非议的土壤。由于道德标准的高度一致，互助会的所有成员都是同一规范的受益者，有着共同的利益。个别成员的不守信行为招来的只能是普遍非议，非议导致了行动的主体在面子——个人声誉上的紧张。在一个封闭的乡镇，消息的传递是不成问题的，“闲言碎语”（gossip）是储存和传播信息的主要手段，对维持信誉机制有关键作用。一个人的内疚会因羞辱而强化，羞辱使违规者难逃丢面子的惩罚。面子成为一种“人质（hostage）”，从这一意义上说，面子的效力并不亚于西方社会中依赖于外在制度的正式的、外在惩罚的效力。在社区中散布对不合作者的不利信息，使其在社区中由于失去面子而孤立。因此，要面子就成为互助会参与者自我约束和履行职责的基础。

五、定栖社会[①]与重复博弈

与现代社会相比，不流动或流动性很低是乡土社会的另一特征。由于小农生产占统治地位，分工不发达，乡土社会人们生活、劳作往往局限于较小的地缘范围内，他们生死于斯。恰如费孝通先生所言：“伺候庄稼的老农也因之像是半身插进了土里”[②]。很多人一生一世都只在一个村、镇里生活。“终老是乡”成

① 在人与空间的位置关系上，农业社会的一个特征在于人们赖以生存的财产——土地具有不可流动的特征，因此，欧内斯特·戈尔尼（Ernest Gellner）称这样的社会为“定栖社会”。转引自：郑也夫：《信任：合作关系的建立与破坏》，北京：中国城市出版社，2003年版，第179页。

② 费孝通：《乡土中国　生育制度》，北京：北京大学出版社，2002年版，第9页。

为其生活的常态。这样，共同体成员处于封闭型地缘关系之中。村、镇也就成为人们维持信任的“稳定的领地”。这种人与空间之间的位置关系，还衍生出其赖以生存的财产——土地、资产等的不可流动。社区封闭的网络特征有利于对合作者实行更大的酬劳，对不合作者实行严重的惩罚。

博弈论告诉我们，博弈的双方要实现合作除了必须尽可能获得有关对方动机和能力的充分信息之外，还在于要把双方置于一个重复博弈的境遇之中。在“囚徒困境”的一次性博弈中，不合作是各个成员独立决策的“支配性策略”。但处于重复博弈情境之中的“一报还一报”（tit for tat）的行事原则，则综合了善良、报复和清晰性的优点。它的善良性在于给对方以“共生”的预期，它的报复性使对方背叛一次后就不敢再背叛，它的清晰性在于对方能从不同的策略中识别，从而使不合作的“支配性策略”退居边缘，引出长期的合作并不断强化。乡土社会的“定栖”特征正好为互助会提供了一个重复博弈的情境。

1. 互惠的预期。在人际之间、人与空间的关系上，互助会的一个共同特征就是入会的成员都生活在村庄、乡镇这样的共同体中。他们活动的半径有限，彼此互动频率很高，即使有十里八乡的外来者，也需要有强关系的亲属或朋友的引见和担保。这样，互助会的成员完全处于一个“重复博弈”的情境之中。Pruitt和Kimmel通过大量的关于“囚徒困境”游戏的著作的研究得出结论认为，如果受试者从长期的未来中看到了交换，相信在实验结束后他们还需要与对方继续接触，那么“囚徒困境”游戏的短暂隔离造成的对合作的影响就显得无足轻重。[①] 鲍曼认为，由于关联群体的成员处在循环往复、持续不断及紧密的人际交往之中，因此，行为者的关联群体对于保证其成员的正直品质非常重要。[②] 这种互惠的预期同样来自避免一次性或单向性利他，获益的双方同处在一个基本稳定的博弈境遇之中，“我为你做这件事，作为回报，你得为我做那件事。”通过不断的“报答”实现互惠的均衡。而当博弈重复进行的时候，就会演化出一个稳定的状态。每个参与人基于他对其他参与人怎样选择行动的经验判断，形成了自身的合理的选择。这样，对处于同一共同体中“熟人”的信任就必然超过对陌生人的信任。不流动带来了稳定的关系，稳定的关系生存了互惠的社会规范，非正式的制度规范产生了对他人行为的可预见性，增强了社会行动者之间的义务

① 郑也夫：《信任：合作关系的建立与破坏》，北京：中国城市出版社，2003年版，第39页。
② ［德］米歇尔·鲍曼著，肖君、黄承业译：《道德的市场》，北京：中国社会科学出版社，2003年版，第415页。

感，从而产生了人际信任。

普特南将互惠与规范、信任视为社会资本的来源，并将互惠分为特殊的互惠（specific reciprocity）和普遍性的互惠（generalized reciprocity）。在一个不流动的社会中，普遍化的互惠表明交换关系是持续进行的，由于它在特定的时间内是无报酬和非均衡的，于是只能使人对未来产生共同的预期。我现在帮你摆脱困境，是期望有朝一日在我遇到困难时你也会帮我的忙，尽管这种预期可能是含糊的、不确定的和未经计算的。一旦人们确定他们的信任会得到回报；而不会被利用，交换就更有可能随之而来。可以说，人们之所以愿意参与互助会，就在于他们预期未来会得到回报。在他们看来，这种具有“零存整取”性质的民间互助会，能在自身突遇不测之时，通过互助会，把“积蓄”在他人那里的“资金”提取出来，以抗御风险，应对急需，保证家庭或家族的延续。

2. 惩罚的压力。惩罚是一种负面强化。社会学家曾经指出，某个社区的成员对罪犯的正当怨恨、谴责和惩罚所引起的行为的讨论，可以被用来团结他们形成共同的意见，并加强他们对于被他违反了的规范标准的责任。[①] 以科尔曼为代表的理性选择理论的核心就在于，作为理性人，置信的关键是视潜在的成本与潜在的收益之比有多大。传统社会不流动性的特征，使得置信对象处于一种自身所无法解除的“嵌入关系”之中，博弈论所研究的就是探询在追求利益最大化的理性人之间人们如何决策。一个策略要是集体稳定的，就必须保护自己不受那些“背叛”策略的侵入。这个群体相互接触就必须持续足够长，使背叛得到的好处与将付出较高的成本在未来的接触中抵消掉。这种习俗的强制力弥漫于整个社会，它们可以突生于由互助会而形成的社会互助的群体之中。“如果某人做了一件损害邻居的坏事；像他对别人所做的事一样，别人也会对他做同样的事；以牙对牙；像他对一个人所做的一件坏事一样，他自己也会受同样的损害。”[②]

对策者缺乏迁移、改变职业、突然去世或破产的可能，社会网络的封闭性特征形成了持续性的关系。传统文化中的“父债子还”的伦理道德观念与定栖社会二位一体，使得互助会不仅是重复博弈，甚至还是永久性博弈。共同体成员参与互助会有着追求长期利益的动机，他们不仅关心自己的未来，也关心后代的福利。因为要实现祖祖辈辈在这个共同体生活下去，要与其他成员进行无数

① ［美］彼得·布劳著，孙非、张黎勤译：《社会生活中的交换与权力》，北京：华夏出版社，1988年版，260-261页。
② 同上，第258页。

次的重复博弈，就一定要讲信誉。否则，哪怕是一次偶然的行为偏离也可能被打上不诚实的烙印。而一旦周围的人对他持有信任行为的暗淡预期，降低了此人可靠性的价值，他就会被贴上“欺诈”的标签，从此陷入不信任的恶性循环之中，即使此后他将试图变得诚实，也可能会被他人视为“伪装”(camouflage)，从而产生“漩涡效应”(whirlpool effect)。这样，在一个缺乏流动的共同体中，丧失信誉就意味着丧失参与有利可图的合作关系的机会，丧失自己社区活动的“入场券”，从而丧失其社会地位。从效用最大化的角度而言，为短期效用而丧失信誉，带来的却可能是整个家庭成员的“生存危机”。对于那些期望借助标会来获得经营的启动资金，实现资本原始积累的企业主而言，互助会中的不履约无异于投资的流产。这样，欺诈者眼前利益的获得带来是在共同体中被永远排除在关系之外的长期损害。互助会中高额的“退出成本”，使得鲜有人敢以此试错。

第四节　社会转型与互助融资运行机制的转变

中小企业互助融资的运作方式和传统的互助会几乎没有任何差别，互助与亲缘性利他、熟悉、人情、面子以及定栖等乡土社会中的信任机制，尽管对互助融资的正常运行有着极其重要的作用，但自从实行改革开放以来，我国社会环境发生了翻天覆地的变化：单一的公有制结构被以公有制为主体、多种所有制并存的格局所代替；城乡二元结构逐渐松动；单位制的壁垒逐渐被打破。所有这些：打破了传统社会血缘、地缘对个人的限制，使人们的流动性增大，个人的自主性、独立性不断增强。人们不必再长期依附于某一个特定的地方，而是可以有所选择，并建立起更广泛的社会联系。因而，人与人之间的交往也越来越繁重和复杂，与陌生人打交道的机会越来越多，流动的频繁性使我们无法建立长久的信任联系。目前由于我国没有一个完善的信用体系，国人之间存在着严重的“杀熟”现象，因此社会转型面临着信任危机的困扰。再加上互助会在我国没有一个明确的法律地位，一直处于地下状态，这也给互助会会员带来心理上的不确定性，从而降低了对会首及其他成员的信任。

传统社会是个“熟人社会”，日常生活都是建立在熟悉的基础上，信任机制暗含的主要是人际信任。人际信任是被用来克服他人行为中的不确定性因素，这一因素被经验为客体的变化的不可预测性，因而作用范围是有限的。当对复杂性的需求增长，其他人作为他我，作为对这一复杂性及其简化负有共同责任的人也牵连进去，信任就必须向制度方面扩展。由此可见，仅仅依靠原有的乡土社会的信任机制很难维持成员相互间权利和义务的平衡，从而影响互助融资的正常运行。因此，随着社会转型，中小企业互助融资的运作机制也发生了相应的转变。

一、契约化和标准化

契约，是双方或多方协议认可及遵守承诺的行动规则，它规定了双方的权利和义务，以及未能履行义务时的惩罚措施，是信任建立的一种法制化手段。它的出现：(1)为信任提供了客观的保障。契约通过对风险的限定而减少了信任建立的不确定性及非理性，使信任的建立获得了普遍的基础和客观的标准。(2)扩大了信任的范围。契约是亲属信任感的代替品，以便于社会中的陌生人也能合伙做生意，或是在市场上顺利交易(福山，1998)。契约打破了血缘、地缘的限制，使得在任何个人、组织、国家之间建立广泛的信任成为可能。(3)简化了信任的建构过程。"认事不认人"的契约作风排除了人情纠葛和人情垄断，简化了信任建立的过程，它可以大跨度地缔结人际关系和组织关系，具有极大的社会整合潜力(陈昌文，1992)。契约通过法律手段，既排除了信任建立的盲目性，又摒弃了拉关系、走后门、找中介、做抵押等繁琐的环节，使信任建构所需要的一系列心理负担转由法律承担。(4)减少了为信任付出的代价。契约通过对违约者的惩罚，来补偿受损失的一方，从而降低了心理损失与物质损失。

早期利用互助会进行融资，通常都是会首和会员之间的口头协议和口头契约，也没有什么明晰的账目。随着中小企业互助融资的盛行，互助会也逐渐出现了标准化和契约化的特征。根据刘民权等人(2006)对台州市三门县的实地调研表明：互助融资逐渐出现了契约化和标准化的特征，具体表现在：(1)每期的融资规模分为5000元、10000元、20000元、30000元、50000元等5个档次。随着经济发展水平提高，大额的融资越来越普遍。(2)利率水平非常统一。(3)互助会会单的条款和格式也十分统一。因此，这些会单可以被视为私人部门发行的标准化金融凭证。此外，他们还发现，在互助会运行当中，会员向会首缴纳份额时，会首需要在会员保存的会单上签字以示确认，会首将会款交付给得会会员时，得会者也需要在会首的会单上签字确认。与传统的互助会相比，中小企业互助融资的契约化与标准化运作，也有助于降低成员违约以及产生纠纷的可能性。

二、运作机制市场化

如前所述，早期互助会的主要目的都不是为了获利，而是为了互相帮助以解决因种种原因而急需用钱的现实困难，如日常消费、治病、婚丧嫁娶、祭祀等等，其主要形式也是摇会或呈会，这两种形式较少涉及利息，即使收取利息，利率也不会太高。但是随着市场经济的发展，人们生活水平的提高，加入互助会的主要目的也开始转向获取扩大生产和创办企业的资金。采取的方式也主要是标会——通过对资金的使用利息进行投标，其过程既突出了利息在民间资金市场的重要性，也充分地体现了互助融资的盈利性特征。因此作者认为，中小企业互助融资运作机制市场化的核心原则是在互助的基础上寻求利益最大化。

作为会员的中小企业主既参加标会的博弈，也参加当地的各种社会交换博弈。特别是在家族色彩较浓并且经济较发达的地域环境中，这两个博弈过程是密不可分。通常，中小企业主参与多次标会博弈的可能策略有两种：合作—还本付息；违约—拒绝还本付息。中小企业互助融资的成员都是经过对收益和成本的具体权衡来决定选择何种策略。首先我们来分析在两种策略下的收益和成本。

（1）合作状态下的成本：未得会会员为C_{it}，i=1,2,3……n-1（C_{it}是指将钱投入标会后的机会成本，t为标会的期数）；得会人为利息支出，记为C_{nt}（假定第n人为得会人）。

（2）合作状态下的总收益：在合作的情况下，不得会的人可以从合作中得到三种收入，即利息收入R_{it}, i=1,2,3……n-1（现值=$\sum\delta^t R_{it}$，其中δ为折现率）、未来标会的预期收入$\mathrm{E}\left[\sum_{t=0}^{\infty}\delta^t M\right]$以及从当地公共福利中取得的其他利益$\int_0^{\infty}\delta^t B_{st}(N)dt$ $\left(R_{it}+\mathrm{E}\left[\sum_{t=0}^{\infty}\delta^t M_t\right]+\int_0^{\infty}\delta^t B_{st}(N_t)dt\right)$；得会人也可以得到三种收入：即来源于使用得会资金的收益R_{nt}以及另外两种与未得会者相同的收益$\left(R_{nt}+\mathrm{E}\left[\sum_{t=0}^{\infty}\delta^t M_t\right]+\int_0^{\infty}\delta^t B_{st}(N_t)dt\right)$。

（3）合作状态下的净收入：得会人为$\amalg_n=\sum\left[\delta^t\left(R_{nt}-C_{nt}\right)\right]+\left\{\mathrm{E}\left[\sum_{t=0}^{\infty}\delta^t M_t\right]+\int_0^{\infty}\delta^t B_{st}\right.$

$(N_t)dt\Big\}$；未得会会员为：$\coprod_i = \sum \delta^t (R_{it} - C_{it}) + \Big\{ \mathrm{E}\Big[\sum_{t=0}^{\infty} \delta^t M_t\Big] + \int_0^{\infty} \delta^t B_{st}(N_t)dt \Big\}$，$i$=1,2,3……$n$–1。

（4）违约情况下的成本：不得会的会员为C_i，i=1,2,3……n–1（X为本金损失）；得会者为$C_n = F + \mathrm{E}\Big[\sum_{t=0}^{\infty} \delta^t M_t\Big] + \int_0^{\infty} \delta^t B_{st}(N_t)dt$（$F$为信誉损失；其他两项为失信后的不可能再得到入会机会的预期收入的损失及因失信后从社区里失去的其他各种社会福利）。

（5）违约情况下的收益：不得会的会员为0；得会者为（n–1）X。

综上所述，中小企业主参与标会博弈，采用合作与违约两种策略的收益矩阵如表4-3所示：

表4-3　标会博弈策略收益矩阵

策略	合作	违约
合作	$\sum(\delta^t R_{it}) - C_i + \mathrm{E}\Big[\sum_{t=0}^{\infty}\delta^t M_t\Big] + \int_0^{\infty}\delta^t B_{st}(N_t)dt$ $\sum \delta^t (R_{nt} - C_{nt}) + \mathrm{E}\Big[\sum_{t=0}^{\infty}\delta^t M_t\Big] + \int_0^{\infty}\delta^t B_{st}(N_t)dt$	$-X_i$， $(n-1)X - \Big\{F + \mathrm{E}\Big[\sum_{t=0}^{\infty}\delta^t M_t\Big] + \int_0^{\infty}\delta^t B_{st}(N_t)dt\Big\}$
违约	$(n-1)X - \Big\{F + \mathrm{E}\Big[\sum_{t=0}^{\infty}\delta^t M_t\Big] + \int_0^{\infty}\delta^t B_{st}(N_t)dt\Big\}$，$-X$	0，0

如果只是一次性博弈，入会者都会选择违约，标会根本就不可能发生；如果仅仅只是单一的标会博弈，而没有社会交换博弈，尽管标会博弈过程是多次的，但由于对违约者的惩罚没有连带性，标会也很难连续不断的运行下去。正是因为存在村庄共同体情况下的无穷多期博弈，对违约者的惩罚$P_n = F_n + \mathrm{E}\Big[\sum_{t=0}^{\infty} \delta^t M_t\Big] + \int_0^{\infty} \delta^t B_{st}(N_t)dt$就不仅仅意味着其短期经济利益的损失，而且更意味着其长期的经济、政治、社会等的全面损失。因此只要P>（n–1）X成立，标会成员就会选择（合作，合作），这是一个纯战略均衡。但当P⩽（n–1）X时，由于预期到可能有人会选择违约，标会也不会发生。因此，当X（标会规模）较小时，P>（n–1）X成立，合作是唯一的纳什均衡。相反，当X越来越大时，违约的概率也随之增加，倒会的几率也随之上升。

三、准法制化

此处的“准法制化”主要是为了表明三点：第一，迄今为止，我国还没有制定相应的法律法规来规范监督互助会并使其合法化，使得互助会只能在地下活动。第二，虽然有关金融的法律法规对互助会做了规定，但存在很多缺陷和问题，具体体现在三个方面：(1)2005年以前，大陆法律法规(如《刑法》、《贷款通则》等)大多视民间地下金融非法，严禁合会、钱庄之类的民间金融组织从事经营活动，而现实中地下金融却依然盛行。这表明国家法制建设与现实经济生活不相适应。(2)现有法律没有明确区分非法吸收公众存款与合法的民间借贷之间的界限。(3)国家提倡发展小额信贷组织的政策[①]与先前严禁民间集资的法律法规相矛盾。第三，随着国家立法机构对于民间金融尤其是互助融资问题的正视，作者预计并相信，在借鉴国外以及台湾地区合会立法的基础上，我国关于互助会的法律法规将会尽快出台。

第五节　本章小结

中小企业互助融资是一种有别于企业与市场的网络组织，同时，该网络组织又是嵌入在当下的社会关系网络之中。因此本章首先提出这样一个观点：中小企业互助融资是一种双重网络组织，是融资网络与关系网络的复合体。结合理论界对于网络组织治理机制的理论假设与实证研究，我们认为，中小企业互助融资的正常运行主要在于信任治理机制的发挥。接着本章对信任理论做了一个全面的回顾，具体包括信任研究的现状、信任的内涵、信任的分类，在此基础上着重对中国人的信任做了一个系统的总结，以期为后续讨论奠定基础。

作为一种民间的非正规金融组织形式，互助会形成并运行于中国的乡土社会，因此，中小企业互助融资的正常运行必然受到特定的乡土社会结构的控制。并且，信任治理机制也会受到相应的影响。基于这个认识，本章从嵌入的视角，具体分析了乡土社会的信任机制如互助与亲缘性利他、熟悉、关系、人情、面子与声誉等对中小企业互助融资运行的作用机理。当然，伴随着社会转型，传统的乡土社会环境已经发生了翻天覆地的变化，中小企业互助融资的运行机制因而也发生了相应的转变，如契约化、标准化、市场化、准法制化等等。

① 2005年1月30日，《中共中央国务院关于进一步加强农村工作提高农业综合生产能力若干政策的意见》规定："有条件的地方，可以探索建立更加贴近农民和农村需要、由自然人或企业发起的小额信贷组织"。这个"小额信贷组织"实际上也包括合会在内。

第五章　中小企业互助融资的风险控制机制

通过第四章的理论分析，我们认为，嵌入乡土社会的中小企业互助融资之所以能够正常运行，完全取决于乡土社会的一系列信任机制。实际情况也表明，依托地缘、亲缘信任机制的互助融资，为我国浙江、福建等地的中小企业提供了一定的资金支持。尽管社会转型带来了中小企业互助融资运行机制的些许转变，但中小企业互助融资的运行仍然主要依靠人际信任得以维持。我们知道，信任与风险密切相关，风险是信任的核心，给予信任就必然意味着承担风险并可能产生新的风险。进而，一个需要特别重视的问题是，互助会通常游离于金融监管当局的控制之外，一旦信任断裂，原有的风险控制机制将不起作用，不仅损害了会员的相关利益，而且还有可能会酿成金融风险并对社会造成巨大的冲击和损失。20世纪80年代福建的平潭①、浙江的温州②以及台湾都曾发生过大范围的"倒会风波"，2004年福建福安再度发生严重倒会③，这些都对当地经济造成了巨大的负面影响。因此，在发挥互助会的比较优势以及积极作用的同时，研究如何控制中小企业互助融资的运行风险，具有重要的现实意义。

第一节　中小企业互助融资的异化及风险

中小企业互助融资的主要形式是标会，起会规模较大，范围较广，会金的用途主要用于生产投资或者投机，利率较高。因而其运行风险较大。国内出现的大面积"倒会风波"，主要都是发生于标会。因此，作者认为有必要具体介绍标会的正常运作概况，以及因标会变异而产生的融资风险。

一、标会的运作概况

标会，是我国一种古老的民间信用互助形式，它是一种成员之间的民间借

---

① 1987年福建平潭倒会，引发打、砸、抢、伤害事件82起，抢夺案件21起，封房事件20起，非法抓扣人质112人次。

② 1987年至1999年间，浙江温州乐清盛行标会，参与人数20万人，涉及金额近4亿元。倒会后造成30人非正常死亡，并发生了大量侵犯住宅、毁坏财物、抢劫、伤害等刑事案件，一名女会头被判处死刑。

③ 1992年福建福安发生第一次崩会。据了解，当时每个会的规模在几十万元之间，最大的也就一百多万元。2004年6月，涉及金额高达25亿元的民间标会的崩盘，直接影响到65万人的日常生活。

贷、资金互助，同时涉及了储蓄和信贷服务的活动。通常建立在亲情、友情等血缘和地缘关系上。与其他形式的互助会相比，标会的运行机制与中小企业的资金需求特征相吻合。因此，中小企业之间的互助融资大多采用标会。

（一）标会的运行机制

我们假定用K表示每次投标的本金，N表示会员的人数，每人一份[①]。会首不参加标会的竞标。标会的频率是每月一次[②]。在标会成立时，所有会员首先向会首支付K，作为参会条件。会首由此获得总额为$N\times K$的无息资金。第一个月，所有会员进行首次投标。愿意投标的会员根据自身的资金需求状况和投标策略提出各自资金的借款利率，这种利率不是以百分比的形式直接表示出来，而是通过另外一种方式来表现的，即获得这笔资金的愿意折扣。谁愿意提供的折扣最大，谁就中标。假设其中某个会员愿意提供的折扣P_1最大，则他将获得其他会员按照P_1的折扣提供给他的资金$(N-1)\times(K-P_1)$，再加上会首的本金K，会款总额为$K+(N-1)\times(K-P_1)$。已中标的会员称为“死会脚”，将不再参与投标。从第二次投标直至最后一次投标，他每次需要支付K来偿还这笔贷款。其他尚未中标的会员称为“活会脚”，有权参与以后的投标。

在第二个月的固定投标时间，由剩下的$(N-1)$个会员竞标，并由愿意提供最大折扣的会员中标。折扣和中标者分别记为P_2和N_2。此时他将获得$2K+(N-2)\times(K-P_2)$。以此类推，在第i个月，有$(i-1)$个人已经成为“死会脚”，由剩余的$(N-i+1)$个“活会脚”进行竞标，愿意提供的最大折扣为P_i，中标者为N_i，获得的资金为$i\times K+(N-i)\times(K-P_i)$。

在最后一个月，只有一个人没有获得过资金，他获得的资金为NK。

由以上分析可以看出，N_1是完全的借入者，N_N是完全的贷出者，其他会脚则是先贷出后借入。按照中标顺序，会脚由完全借入者逐渐变成完全贷出者。在标会中承担什么角色完全由会脚根据自己情况自愿决定。此外，为了保证标会净贷出者的利益，很多标会都规定了最低折扣。

（二）标会的现金流分析

标会竞标的次数总共有$N-1$次，投标时间我们分别记为$t_1,t_2,\cdots t_{N-1}$，标会结

---

① 有的互助会当中，会员参加的份数不止一份，所以份数大于等于参会人数。为了简化分析起见，本文直接作此假定。

② 现实当中还有其他的标会频率，如每月标一次，逢3的倍数月加标一次；每月标一次，逢2的倍数月加标一次；或者每半个月标一次。

束的时间为t_N。现金流用C表示。会头的现金流用C_0表示，会脚M_i的现金流用C_i表示。

1. 会头的现金流分析

会头在第一次聚会时获得$N\times K$的无息资金，在标会过程中不参与竞标活动，没有现金流，在标会结束时，要向最后一个会脚支付$N\times K$。所以，会头的现金流为：

$C_{0,t_1}=N\times K$，$C_{0,t_{n1}}=-N\times K$

因此在标会正常运行的情况下，会头的收益是固定的，即标会总金额在标会持续过程中的时间价值。该时间价值不能简单按照银行定期存款利率计算，而应该按照民间金融中的高利贷利率计算。所以这种时间价值不容忽视，它可以为会头带来很大的收益。[①]

2. 会脚的现金流分析

会脚N_1在获得的现金流为$(N-1)\times(K-P_1)-K$；从t_2开始直到t_{N-1}，需要每期付出K，t_N的现金流为0。

会脚$N_i(i>0)$在t_i之前每期要支付$K-P_j$，$J=1$，2，…，$i-1$，初始资金支付为K。在时刻t_i获得的现金流为$(i-1)\times K+(N-i)\times(K-P_i)$；从$t_{i+1}$到$t_{N-1}$每期支付$K$，时刻$t_N$支付的现金流为0。

所以，会脚$N_i(i<N)$的现金流为：

$$C_{i,t_1}=-2K+P_1,$$

$$C_{i,t_j}=-K+P_j, j=2,3\cdots,t_{i-1}$$

$$C_{i,t_i}=(i-1)\times K+(N-i)\times(K-P_i)$$

$$C_{i,t_k}=-K, k=t_{i+1},\cdots,t_{N-1}$$

$$C_{i,t_N}=0$$

最后一个会脚N_N的现金流为：

$$C_{N,t_1}=-2K+P_1,$$

$$C_{N,t_i}=-K+P_j, i=2,3,\cdots N-1$$

$$C_{N,t_N}=N\times K$$

以上的理论分析可以通过表5-1来具体说明标会的具体运作机制以及现金

① 实际当中，会头用首次得会的资金用于投资，赢得了市场机会，因而其收益应远远大于该笔资金时间价值。

流。我们假定会员10人，每次本金1000元，逐月竞标，会首不参与投标。

表5-1 标会的运作机制及现金流量表　　(单位：元)

标会次序	会员	每次付会金额											付会总额	收会总额
		1	2	3	4	5	6	7	8	9	10	11		
会首	张某	0	1000	1000	1000	1000	1000	1000	1000	1000	1000	1000	10000	10000
1	李某	1000	100*	1000	1000	1000	1000	1000	1000	1000	1000	1000	10000	9100
2	黄某	1000	900	80*	1000	1000	1000	1000	1000	1000	1000	1000	9900	9360
3	王某	1000	900	920	70*	1000	1000	1000	1000	1000	1000	1000	9820	9510
4	张某	1000	900	920	930	90*	1000	1000	1000	1000	1000	1000	9750	9460
5	章某	1000	900	920	930	910	85*	1000	1000	1000	1000	1000	9660	9575
6	廖某	1000	900	920	930	910	915	75*	1000	1000	1000	1000	9575	9700
7	胡某	1000	900	920	930	910	915	925	50*	1000	1000	1000	9500	9850
8	林某	1000	900	920	930	910	915	925	950	60*	1000	1000	9450	9950
9	王某	1000	900	920	930	910	915	925	950	940	50*	1000	9510	10000
10	卢某	1000	900	920	930	910	915	925	950	940	950	0*	9460	10000

注：数字加粗并标有*号的数为会员投标时的意愿折扣。

二、标会的异化及风险

通常，标会在运行过程中可能会遇到两类倒会风险：一类是善意风险。善意风险是指标会在正常运作过程中遇到以下两种情况引发标会提前终止：一是会首或会员由于某些原因不能够按时足额地缴纳份额，使得会员不能够如期得到足额的资金；二是由于某种不可抗力导致标会提前终止运行。另一类是恶意风险。恶意风险具体又分为两种：(1)标会成员(包括会首与会员)在得会之后，在有支付能力的情况下也有意不交纳会金及利息所引发倒会的风险；(2)标会的运行已经违反了它固有的互助本质，沦为投机、赌博的工具，甚至变为一种金钱游戏，因此而引致的倒会风险。善意风险一般能够得到融资成员的谅解，并可以通过完善标会的运作机制来加以避免，因而其影响与危害的范围都很小。在本章当中，我们只讨论标会的恶意风险。

近年来，随着我国经济的迅猛发展，民间资金的需求和供给均呈爆炸式增长，标会的性质也由原来的经济互助普遍转变为以盈利为目的的地下金融交易，甚至成为一些会头诈骗钱财的工具。20世纪80年代福建、浙江以及江苏发生的大范围的“倒会风波”大都是由于标会异化而引发的结果。标会的异化具体表现在以下几个方面：

第一，标会规模的扩大，数目繁多并且密度上升到一定程度。(1)资金规模。标金从20世纪上半叶的几十元至上百元发展到现在的成千上万元，由原来的月会变成了半月会、周会、日日会，甚至一天开几次会，这就使得标会的资金规模在短期内大量积聚。(2)会员规模。标会以熟人为“桥梁”，通过“亲人→朋友→熟人→陌生人”的关系链条扩展会员，规模也由过去的10~20人急剧扩大到50~60人乃至更多。[①] 信任链脆弱性的危机与信任关系的扩展以及信任结构的开放同步增长，增加了标会的不确定性与风险。据统计，1985年浙江温州乐清盛行标会，参与人数20万人，涉及金额近4亿元。1992年，福建福安每个会的规模在几十万元之间，最大的高达100多万元。2004年6月，涉及金额高达25亿元的民间标会的崩盘，直接影响到65万人的日常生活。虽然20世纪上半叶与近十几年的价格水平相差很大，但是那个时期的合会聚集的会金总额一般不会超过人均收入的百倍，而当今的标会聚集的资金不少可以达到人均GDP的1500倍以上(李庚寅、曾林阳，2005)。

第二，会员之间关系发生变化。早期标会的会员之间多是亲朋好友，而20世纪80年代以来，一些陌生人也通过拐弯抹角的关系进入标会，会员之间情感性关系逐渐减弱，工具性的利益关系逐渐增强，这就超越了熟人的社会边界，从而与原本所依赖的熟人社会因素相脱节。这些因素主要包括人缘、地缘、血缘、业缘关系等。此时，原先社会互动所依赖的信号机制失灵，信息不对称程度增加，容易出现欺诈行为或者支付脱节危机。

第三，入会的目标发生异化。最初组建标会多是为了资金互助，会首往往急需一笔资金用于消费(如婚丧嫁娶，购买大件消费品)，或者用于生产投资(如购买原材料，商店进货)，发展到后来，小部分人员往往利用标会来套取资金或者利差，挥霍会款。一些标会资金流入赌场或其他非法金融机构，从而使得标会脱离了实体经济，沦为纯粹的金融投机行为甚至赌博的工具，成为一种金钱

① 从群体规模与信任的关系来看，菲利浦·E·斯莱特发现行动的性质随群体规模而变。他提出了“抑制指数”(index of inhibition)——安全性行动与挑衅性、侵犯性行动比率的概念，认为抑制指数随群体规模增大而减小。(转引自[美]西奥多·M·米尔斯著，温凤龙译:《小群体社会学》，昆明：云南人民出版社，1988年版，第71页。)郑也夫也认为：社会信任系统的规模是影响信任的重要变量。信任系统规模越小，其成员间的信任感就越强烈、越全面；反之，其成员间的信任感就越弱、越单一。(引自郑也夫:《代价论——一个社会学的新视角》，北京：生活·读书·新知三联书店，1995年版，44-45页。)

游戏。

第四，标会组织网络的变异。一是会抬会。从标会的组织网络和操作过程来看，出现了职业会头群体，并形成散户会员、小会头、中会头和大会头等纵向四重架构。他们之间呈现出类似传销过程中上下线之间的关系，其组织结构表现为金字塔形，如图5-1所示。

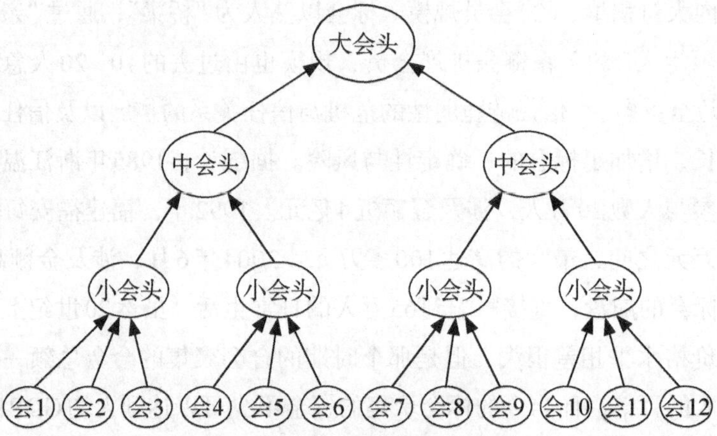

图5-1 标会金字塔形结构示意图

二是会连会。一个互助会的成员往往还是其他互助会的成员，或者一个互助会的成员通过借贷市场与其他互助会的成员发生关联。不同互助会之间通过共同的成员以及成员之间的各种资金联系联结成一张网。如图5-2所示。一旦金字塔中某个层级或者标会网络中资金链因为某种冲击发生断裂，那么一个互助会的倒会就有可能殃及其他互助会，从而引发大面积的倒会风波。

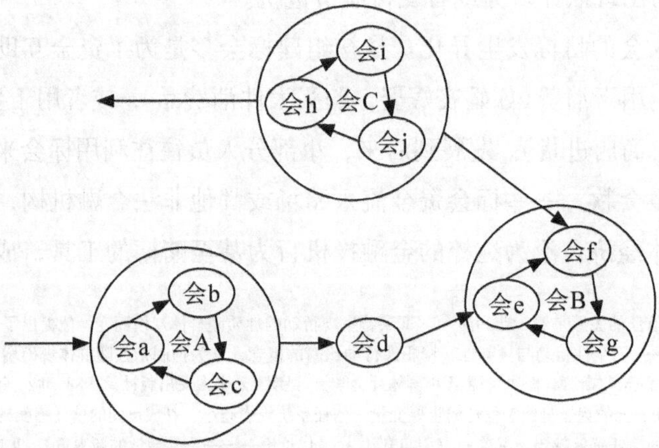

图5-2 会连会结构示意图

第五，还款机制异化。无论所得会款是用于生产还是消费，原来主要依赖于正常收入归还本息。然而随着标会规模发展过大、数目过多之后，则利率超过一定程度，正常用途的使用者不再有能力通过正常收入还款，于是参会者更多依赖抬会即“以会养会”的方式还款。抬会的还款机制与传统的标会运行方式完全不同。比如温州乐清的一个抬会，其运行是：一个会员入会时，先交给会头11600元，从第一个月开始，会头每月支付会员9000元，连续支付12个月，共计10.8万元。从第13个月开始，会员又每月交付会头3000元，连续交付88个月，共计26.4万元。[①] 从该会的机制设计来看，只有永不穷竭的新会员的存在及诚信且有能力履行义务才成为抬会存续的前提条件。这自然是不可能的。因此倒会是必然的。

第二节　中小企业互助融资的风险诱因

标会是中国人的一种忠诚信义、济危救困、友善相亲的伦理文化的产物。通过对民间标会的纵向历时性考察，可以看到长期以来，乡土社会之所以鲜有倒会风波发生，其重要原因就在于互助会的社会结构为人们的诚实守信提供了一个相对稳定的状态。不管是非正式制度的“关系约束”，还是计划经济时代国家的单位组织等一系列正式制度约束，它们都对互助会成员的角色扮演提供了行动选择的环境。文化的稳定性使得“概化的他人”能够指导社会成员的预期，使互助会处于一种低层次的社会不确定性之中。但是转型期市场经济所宣导的人的自利性，导致败德行为与逆向选择行为增多，从而削弱了标会正常运行的信任文化基础。20世纪80年代，我国浙江、福建等地发生的大规模倒会表明中国社会的人际信任正在遭受市场经济的强劲冲击。从某种意义上来说，倒会风波隐含的是信任问题。作为嵌入在社会结构和制度之中的一种功能化的社会机制，信任与社会结构转型、制度变迁存在着密切的互动关联。随着社会发展与变迁，信任问题也随之出现和演化，因此从本质上来说，信任问题也是社会转型问题。

① 张海涛著：《金融背后的风险——关于保证经济安全的报告》，北京：石油工业出版社，1999年版，第121页。

一、传统社会与人际信任

中国传统社会是以血缘关系建构起来的。家庭是这个社会结构的中心，“家”、“扩大的家庭”、“家族”既是一个共同体单位，又是一个彼此承认、接纳的场域，它所呈现的是“差序格局”。福山认为：“家庭联系的力量因社会不同而不同，并且随着其他相关类别的社会义务而变化。在某些情况下，家庭内外的信任和互惠联系之间似乎呈现出某种相反的关系，一种变得十分强大之时，另一种就会变弱。在中国和拉丁美洲，家庭是牢固而又紧密结合在一起的，但却很难信任陌生人，公共生活中的诚实与合作水平也十分低下。”[①]由于中国乡土社会是扎根于自给自足的农业经济之上的，农耕社会有限的资源和血缘家族之间的结合、平衡，产生了乡土结构。在经济上表现为当人们遇到不测之事，或是婚丧嫁娶而又缺乏财力支付时，就会结合传统的手段——互助会来完成。这种互助形式，即使是在计划经济时代，它的传统规则仍然被遵守。由于全部社会资源为国家所控制，在社会主义公有制之外，几乎不存在自由流动资源和自由活动的空间，“单位制”、“公社制”使得几乎所有的社会成员都被国家组织到一个个具体的、实实在在的组织之中，而使个人动荡不得，加之社会意识形态的政治话语氛围，社会的去阶层化，集体主义价值观念的导向，社会的同质性被大大强化，个人缺乏自由活动的空间。因此，即使物质上极为匮乏，但在互助过程中人们仍然恪守游戏规则，互助会也就成为一种良好的民风习俗。

在中国的传统文化中，社会信任关系主要建立在熟人社会关系网络中，因而互助会中人际信任的形成直接与个人在共同体中的互动密切相关。生活在这样一种社会和制度下的个人，不按照这类“规范”行事会相当困难。“规范”产生了对个体行为的内在约束和激励，即“自律”，个人的价值选择体系一旦被有意识地纳入某文化和意识形态体系，行动者便有了行动的标准以及相同的行为模式。[②]乡土社会“不流动”的结构特征为人际关系生产出了重复博弈的环境，而“熟人社会”则又免去了人们在相似的情境下所涉及的信息搜寻和理性计算的负担，大大简化了现实世界的复杂性。人际交往的“关系”特征，“人情”、“面子”、

① [美]弗朗西斯·福山著，彭志华译：《信任——社会美德与创造经济繁荣》，海口：海南出版社，2001年版，第20页。

② 王铭铭认为，习惯法“没有用文字表达出来，有点像文化，实际上习惯法和文化基本上是一样的。是依照习惯的一套风俗来行为，然后这个风俗又规范着人，对人的行动有文化的含义”。参见王铭铭、[英]王斯福：《乡土社会的秩序、公正与权威》，北京：中国政法大学出版社，1997年版，第484页。

“关系”一类观念，以及对回报的高度自我约束等成为对人之行为有着强烈规制作用的东西，由此衍生了“关系约束”。作为人际互动的模式，甚至作为一个基本的社会结构，“关系约束”可以稳定网络成员的行为预期，初步形成个人稳定的行事方式，降低传统互助会的不确定性，为互助会中的信任提供了特有的非正式制度框架，于是许多共同的互惠规范和模式转化为人们的社会资本。

二、社会转型与信任断裂

熟人信任维系了传统中国社会中的人际关系与社会交往合作，使得互助会在一个特定的乡土社会具有正常运行的可能。然而，自从我国实行改革开放以来，中国正经历着一场全面而深刻的社会转型，即“从自给、半自给的产品经济社会向有计划的商品经济社会转型，从农业社会向工业社会转型，从乡村社会向城镇社会转型等等”(李培林，1998)。一方面，社会转型的过程同时也是生产方式、生活方式和价值观念转变的过程，在这一过程中，社会流动与社会交往的频率、强度和范围不断增加和扩大，社会互动的匿名性、短暂性与互动场域也不断扩大，传统乡土社会的熟人信任关系网络作用在现代社会中呈现出逐渐弱化的趋势。无论是社会生产还是社会生活，人们往往要置身于不同的场景，面对各异的人群，而不能固守一隅。虽然社会关系网络仍然是人们社会生活的主要范围和依托，但其边界无疑已经变得模糊并大大扩展了。因而，熟人关系和熟人信任在社会转型中也变得相对淡化，与传统社会相比，它充其量只能是人们社会活动的部分而非全部。另一方面，社会转型导致了社会制度结构呈现出“断裂”的特征：转型社会中文化诱发的过高愿望同阻止这些愿望实现的社会结构性障碍之间的断裂；社会认可的关于成功的文化目标与达到这些目标的合法的制度化手段之间的断裂。[①] 这种断裂使得每个成员对自我利益的追求与群体的利益之间存在着张力，因而也势必对标会的信任机制构成重大的威胁。随着改革的渐趋深入，中国社会在初步搭起了市场经济框架的同时，以诚信互助为主体的传统文化却正遭受“实利精神”的侵蚀。一个被视为在特定群体中具有强信任关系的社会，却面临着“杀熟”的危机，整个社会呈现出信用缺失的道德真空状态。转型期的社会信任问题也成为全社会关注的焦点。

① 孙立平:《断裂——20世纪90年代以来的中国社会》，北京；社会科学文献出版社，2003年版，第106页。

20世纪80~90年代，中国社会处于转型的关键时期，社会相对贫困程度的加剧，消费预期的加大以及投资意识的增强，使得人们对金钱的渴望变成了心头的沉重压力。而当社会成员面对社会转型，既往反复进行的那些人际互动交往尚清晰地留存于人们的记忆之中，使人们感到建立在传统伦理基础之上的交往规则和规范是那样地熟悉、亲近、简洁有效而又可信。互助会作为一种历史、文化、价值观，又重新成为人们生存的家园与依赖，人们似乎获得了一种“本体性安全感”①。这就是处于向现代化迈进的转型社会之中，“互助会”这一传统习俗依然存在的原因。②令人遗憾的是，人们基于对传统的文化信仰而形成的初始信念，却不足以推导出最佳反应，不能为现今的标会提供行动指南。当人们把他们对传统社会互助会的文化信仰投射到现行的标会中，当他们对标会中他人信任行为的预期仍停留在传统的“共同体”中维系信任的模式上时，实际上，他人的行为却已处于急剧变化的转型社会之中。在这样的特殊时期，中国的社会信任发生了“断裂”。

(一)社会转型与双重缺席

一个社会的信任传统是承上起下的，是借助人们的集体记忆，在一定语境中形成的一个文化结构整体。社会的结构特征不仅表现为横向的，而且表现为纵向间的延续，即历史发展过程中不同社会类型的联系。传统中国由于长期面临着人口过剩、资源匮乏的窘境，大多数家庭总是生活在饥饿的边缘。在这样的艰难条件下，自给自足的家庭是庇护和合作的唯一理性选择的场所，牢固的家庭制度也就成为与险恶多变的环境相抗争的一种基本防御机制。作为一种具有原生性、非制度化特征，并长期存留于民间的互助组织，无论是不计息的“摇会”还是计息的“标会”，也就成为抵御各种风险的一种非正式社会保障机制。若从历史文化的角度审视，长期以来，人们互助过程中的“经济冲动力”之所以一直受到遏制，与原初服从于风俗传统，随后又受拘于集权制的“超稳定”结构下的社会信任密切相关。

然而，“人性”本身不是一个固定不变的概念。它不仅会因不同的社会文化传统的塑造而呈现出地域性差异，而且还是由“个体决定和社会决定”的双重决

① [英]安东尼·吉登斯著，赵旭东、方文译:《现代性与自我认同》，北京：生活·读书·新知三联书店，1998年版，第3页。

② 温州地区的互助会更多的是源于村办集体企业、个体工商户等私有企业发达而逐步出现。由于他们难以从正规的金融部门获得所需贷款，因而民间的非正规金融就成为人们获得资金支持的一个重要渠道。

定过程形塑而成的。正如吉登斯所指出的，人们对事物现实感的共享，既坚实也脆弱。其坚实性由社会行动者们处于持续、稳定、频繁的日常社会互动的场域的可信性所传达，并不断进行着信任的生产和再生产。而其脆弱性也会因那些通常能得以成功维持的日常习俗遭到侵扰而孽生。

中国社会目前正处于转型期。作为原初计划经济模式下的社会转型结构——“单位”正受到市场的强劲冲击，单位控制的式微或解构使社会行动者不再具有外在的限制和约束，个体被抛入“社会缺席”状态。同时，社会自身的变迁不仅意味着它的结构要素的变迁，而且还意味着它的超结构因素——集体意识的变化。当经济的发展跃过了初期的“温饱阶段”之后，市场经济条件下“人性”所具有的无限多的可能性与物质生活的意义世界的复杂性相共生。人们不再简单地满足吃穿住行，人们的效用函数不断被放大，人与人之间的社会关系，可以说几乎被物与物的关系所遮蔽，甚至所取代，成了“见物不见人”的金钱关系的世界，所有的仅是个人的偏爱和好恶，以至于自我福利最大化的内在驱力产生了严重的“外部性”。集体意识的衰落使社会陷入道德真空状态，在意识领域内道德到处闲散游荡，变成了毫无控制的非社会存在。个体陷入了“规范缺席”的状态。在“规范缺席”和“社会缺席”双重并存的情况下，“分裂的自我”使传统的信任文化发生了断裂，并最终将社会的信任纽带撕成碎片。

(二)过渡人与双重价值[①]

勒纳提出，在“传统人”与“现代人”之间，或者在“传统——现代的连续体”中存在“过渡人”。“过渡人”既不生活在传统世界里，也不生活在现代的世界里。理斯曼在《孤独的人群》里就提出了当以消费和人际关系为特征的新的社会结构的出现，则必然产生一种新的性格类型。此时，个人并非是其社会角色的复制品，在追求个人成就和社会体制要求之间可能存在着极大的冲突，在冲突中个人不仅不觉得是社会体制的一部分，反而是体制的异化物。因此，他把人的性格分为“传统导向”、“内在导向”和“他人导向”三种类型。[②]由于理斯曼在总体上重视从传统导向到内在导向，再向他人导向的特定历史发展，因此，“过渡人”就是具有“内在导向”性格的人。内在导向的社会为其成员提供了一个在金钱、财产、权力、知识、名誉和利益等方面更广阔的选择空间，并且这

① 本部分借鉴邱建新:《信任文化断裂：对崇川镇民间标会的研究》，北京：社会科学文献出版社，2005年版，23-24页。
② [美]大卫·理斯曼著，王崑、朱虹译:《孤独的人群》，南京：南京大学出版社，2002年版，第5页。

些目标在意识形态上是互相关联的。这种“过渡人”处于“传统”与“现代”之间，由于他生活在“双重价值系统”中，所以常常会遭遇到“价值的困窘”和情感上的冲突。从传统的交往空间到现代的交往空间，个体必然经历一个观念蜕变的过程。这个过程一方面是在进入现代交往空间时不得不抛弃和否定原有的价值观念，另一方面又没有掌握新的价值参照标准，因此表现为某种失落感、漂泊感和无根感。同时在不同的角色扮演上，原来固定的角色行为已经不存在了，角色间的价值要求冲突会造成个体交往心理的紧张状态。对于那些意志薄弱者则会由于对新、旧价值失去信仰，而成为“无所遵循”的人，因此过渡社会常常会出现伪君子和真小人。[①]“过渡人”是我们理解转型期社会中人际互动的一把锁匙。现实中“标会”的诈骗行为之所以能得逞，并非人们的智商不高，也非少数会头有什么超人的骗术，而是他们利用了转型期人们的特有心理和社会制度的空隙，借助传统社会互助的形式来实施诈骗。

（三）信任控制机制缺失

倒会的发生不只缘于标会结构的开放性变异，也不只是人们价值观念的漂泊无根，倒会还是社会转型时期信任控制机制处于真空状态所使然。一个建立在悠久历史和传统社会基础之上的社会信任由于社会的急剧变革而受到侵蚀和损害。存有历史发展烙印的传统社会中的信任规则与现有的制度环境缺乏必要的契合，传统规则所依靠的各种非正式制度控制的手段正在解构。在传统向现代转型的社会中，仅仅依靠内在制度难以排除机会主义行为，其原因就在于人们的价值取向的多元化。社会流动性的增强使得传统的制度在防止机会主义行为上显得苍白无力。于是，这样的社会中更可能出现“囚徒困境”。而要支持合作行为，就必须以正式规则来取代传统规则。现代性是一种后传统秩序，但在这种秩序之下，作为秩序保证的传统和习惯并没有被理性知识的必然性所代替。[②]这种建立在传统社会人际关系基础上的互助会在市场经济条件下既缺乏家庭的结构性约束，又没有国家正式制度的监控，市场经济时代家庭和国家控制的双重解构，而纯粹依靠绝大多数成员的自律来防止崩会已无济于事。在中国传统社会中，确实有许多建立于特殊信任基础上运行良好的非正式制度，但这

① 金耀基:《从传统到现代》，北京：中国人民大学出版社，1999年版，第79页。

② [英]安东尼·吉登斯著，赵旭东、方文译:《现代性与自我认同》，北京：生活·读书·新知三联书店，1998年版，第3页。

并不证明“关系约束”作为“道德律令”，或作为非正式制度能够维持人际之间的持续交往。大量的倒会风波表明：标会——这一在传统社会被人们长期运用和努力保存，经受了时间考验，甚至被西方学者视为一种重要的社会资本的传统习俗，如果面对社会转型的急剧变革和市场经济的激荡却仍被僵硬地、抱残守缺地使用，而缺少法制或组织的监护，那么，传统文化也不会成为一种可以再生的社会资本。

第三节　信任重建与中小企业互助融资的风险控制

倒会风波，表面看起来似乎纯属一种“随机事件”，但却有其社会结构性因素。由于社会转型，伴随着社会的世俗化，经济价值趋于生活的中心，而人际情感则被边缘化，极端化的则表现为拜金主义的盛行。现代化破坏了传统的人际关系、伦理观念和传统控制体系，根植于人性中的同情心、正义感和互助性这些自然秩序中的东西失去了对人的行为的控制作用。它告诉我们，传统社会中建立在血缘、地缘关系基础上的小群体中的爱、团结或利他主义，建立在特殊信任基础上的人际交往关系很难被移植进现代社会。市场经济必然要求人际互动超越先天注定的血缘关系，增加扩展和延伸与没有先赋性关系的其他人的交往。在此情形下，原先依靠“熟人”社会中的传统习俗维系的特殊信任，理应让位于普遍信任。因此，作者认为，从传统向现代社会的转型某种程度上说也是信任的转型。这种信任的变化就是卢曼所提出的由“人际信任”向“制度信任”的转型。

一、信任转型：从“人际信任”走向“制度信任”

传统社会中建立在人际关系基础上的特殊信任天生就有着受到社会结构性制约的智障。这是因为信任作为一种在信息缺失情况下的策略，社会关系固然是构成社会信任的必要条件，但却不是充要条件。关系信任所具有的主观性特征增加了人们行动的不确定性和风险，表明了关系信任的悖论：坚实的信任和可怕的欺诈都来自人际关系。人际关系有利于信任，但另一方面，人际关系，有时甚至是长期关系，往往包含了不可告人的目的。因此，非正式制度难以保证限制机会主义行为，不能有效阻止民间行为人的掠夺。相反，既有人际关系的存在反而给欺诈行为——“杀熟”留下生存的空间。倒会风波表明：获利愈丰的欺诈往往生成于愈是完整的、坚信不疑的人际信任之中。与信任陌生人相比，对熟人的信任在某种程度上更易使置信者受到伤害。当外界的诱惑与道德界限之间形成张力，诱惑的强度会突破道德的底线。唯其如此，当西方社会的学者们一再强调社会资本的作用，并将标会视为典范时，处于社会转型期中国传统的“原始性的社会资本”却与物质资本、人力资本一样，同样面临着被滥用的危险，有的甚至在受到侵蚀。此外，关系信任还天生受到信任范围的局限。“爱和利他主义在小型群体的激励上占有极其重要的地位，但它们在现代大众社会的成员中不起作用；现代大众社会成员互不相识，也不能直接地相互控制。”①许多非正式的社会机制和人际关系促进了小而同质的群体中信任和合作的发展，但在大组织更复杂和社会多样性的环境中却失效了。特殊信任意味着信任范围的狭窄，因为缺乏普遍信任，类似标会这样的民间非正式组织形态的交易最后只有落在家族中。这种非正式制度不具有正式制度所具有的排他性较小的特征，不能普惠市场的所有潜在参与者。群体内的信任和团结削弱了群体成员与非群体成员之间进行合作的能力。这种只关注亲密关系信任的代价是牺牲更广泛的共同体，并因丧失了外部有效行动而带来消极的外部性。特殊关系意味着一个系统只能缩小其规模，甚至会收缩到低于对在一定发展层次上系统自我再生所必需的临界域限，标会中的资金只能在血缘关系共同体成员间“体内”循环。而现代化的大生产和人们社会生活交往方式的变革，却要求扩大组织的规模和交易的范围，否则将会妨碍社会经济的发展。

在科尔曼看来，当把社会资本和法律放在一起讨论时，社会控制的功能就会显得非常有效，在此前提下，他呼吁创造正式的制度来代替那些“原发”制度。②卢曼也指出：“现代社会是一个复杂性不断增强的社会，由同质到异质，由单一的价值认同到多元文化观，再加上社会的分层和分化。而复杂性的增加无疑增加了他人行为的不确定性，因此，确保社会信任的机制也应做出相应的更新。”③因此，信任结构应随着社会转型而发生相应的转变，即：由传统的、关系取向的人际信任逐渐向现代的、制度取向的制度信任转变。如图5-3所示。

---

① ［德］柯武刚、史漫飞著，韩朝华译：《制度经济学——社会秩序与公共政策》，北京：商务印书馆，2002年版，第76页。

② 李惠斌、杨雪冬主编：《社会资本与社会发展》，北京：社会科学文献出版社，2000年版，第130页。

③ Niklas Lumann. Trust and Power. Printed in Great Britain by Pitman Press. Avon，1979，p.13.

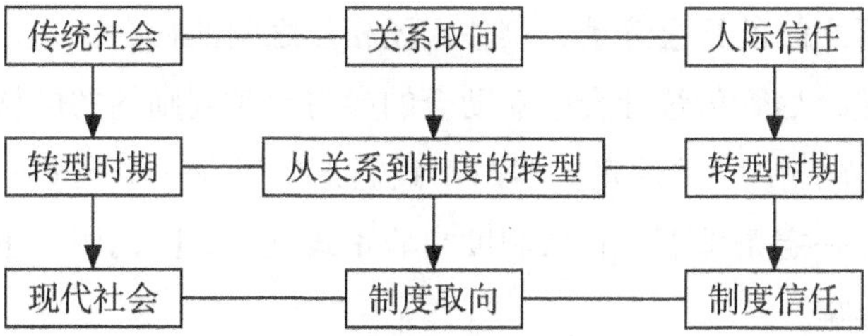

图5-3　转型时期信任变迁结构

二、制度、制度信任及社会功能

制度经济学认为，制度安排就是在解决人与人利益最大化目标的冲突中诞生和发展起来的，人们之所以信任他人，是因为他相信社会制度的有效性，从而不敢做出背信的行为。一些经济学家则把制度主要看作是“博弈的规则”，是集体决策所遵循的程序，是冲突得以表达和解决的舞台。制度的成功意味着，在给定行为者的偏好存在差异的条件下，它使行为者能够尽可能有效地解决他们之间的分歧。柯武刚、史漫飞认为：“人类的相互交往，包括经济生活中的相互交往，都依赖于某种信任。信任以一种秩序为基础。而要维护这种秩序，就要依靠各种禁止不可预见行为和机会主义的规则。我们称这些规则为‘制度’”。①尽管制度有其稳定的一面，但制度也会随着外界情景而发生变迁。新制度经济学派的代表人物诺斯则更是把社会变迁与制度变迁相等同，他认为，“一个社会的变迁其实就是一种正式规则、行为的非正式习俗、惯例和它们实施特征变迁的混合体。”②同样，法国学者布朗把制度与社会结构相联系，他将社会结构定义为：“在由制度即社会上已确立的行为规范或模式规定或支配关系中，人的不断配置组合。”③并认为，是“制度”而不是别的在支配着人与人之间的社会关系。从社会学视角来看，“制度主要是被看作在主流意识形态和价值观念基础上建立起来的、被认可和强制执行的一些相对稳定的行为规范和取向(Schelsky，1970；Lau，1978；Buss，1985；Schuelein，1987；Lepsius，1990；Berger，1992)。”④这种行为规范和取向融化于相应的社会角色和社会地位之中，

---

① ［德］柯武刚、史漫飞著，韩朝华译：《制度经济学——社会秩序与公共政策》，北京：商务印书馆，2002年版，第3页。

② ［美］科斯、诺斯、威廉姆森等著，刘守英等译：《制度、契约与组织——从新制度经济学角度的透视》，北京：经济科学出版社，2003年版，第17页。

③ 转引自夏建中：《文化人类学理论学派》，北京：中国人民大学出版社，1997年版，第123页。

④ 转引自李汉林、渠敬东：《制度规范行为——关于单位的研究与思考》，载于《社会学研究》，2002年第5期，第2页。

用以保证人际之间的社会互动，调整人民相互之间的社会关系，满足人民的社会需求。显然，尽管传统社会中互助会的参与者对规则的共同认可的信念是源于一种“非正规制度”的给定。但由于我们正生活在一个充满变迁的动态世界中，因此，在一定条件下，正式制度与非正式制度之间的张力也会对人们的交往产生重要影响。

最近关于制度分析和制度变迁的研究成果告诉我们，作为社会资本的重要形式，规则体系既是自然演化的又是人们自觉设计的。它有助于个人克服在社会中遇到的各种社会困境和集体行动问题。当个人面对社会困境时，仅有习俗是不够的。如果没有自觉设计的规则、监督机制以及对违约行为的惩罚机制的话，那么，机会主义与道德风险将是难以克服的。倒会风波表明，在传统社会向现代社会转型时期，我们的传统文化、经济及国家的基础结构正受到侵蚀，尽管习俗和人情关系仍在约束着人们的思想和行为，但在更广泛的社会范围内，还需要更多行之有效的制度的建立，还需要一种超越传统社会局限于人际信任的新的更稳定的制度信任机制。

制度信任是建立在制度基础上的信任（Luhmann，1979），它来源于对制度的信赖（Zucker，1986）。这种信任不同于熟人信任那样是在一定区域内的熟人群体间发生的，它以人与人交往中所受到的规范准则、法纪制度的管束制约为基础，而不依赖于某种特殊的习俗或个人意志。制度信任是对社会或专业化领域内公认有效的契约的信任，它通过信任制度来信任个人，能够超越个人和群体的范围，因而更具有普遍性和广泛的约束效力。

社会转型不仅要求制度信任机制的建立，而且要求制度信任社会功能的发挥。制度信任的社会功能具体表现在以下五个方面：（1）制度信任适应了改革开放和市场经济发展的客观要求。在市场经济的条件下，人与人之间交往的匿名性、易变性往往会削弱传统的信任关系，而制度信任恰恰提供了一种制度性的保障。市场经济是法制经济和道德经济，制度信任可以弥补伦理道德在约束人际关系上的缺点，增强市场经济行动的稳定性和有效性。（2）制度信任扩大了社会信任的范围。制度信任不局限于某个人群、地域，不局限在社会生话的某一个方面，它具有广阔的施展空间和广泛的适应领域。制度能打破血缘、地缘、业缘的限制，使任何个人、组织、国家之间建立广泛的信任成为可能。（3）制度信任便于维护社会交往双方或多方的利益，减少为信任付出的代价。由于制度是规范的、成文的和相对稳定的规定，它通过对违犯制度者的惩罚来补偿受害一方的损失，从而减少交往各方的物质损失和心理伤害。所以制度信任是“有法可依”、“违法必究”的信任，使人们即使遭遇失信行为时也可以寻求补偿、减少损失，这是熟人信任所不及的。(4)制度信任强化了信任的简化机制。这种信任“认事不认人”，按规章制度办事。它排斥人情纠葛和人情垄断，摒弃拉关系、走后门等繁琐环节，简化了信任建立的过程，从而可以大跨度地缔结社会信任关系。(5)制度信任能能够降低协调人类活动的成本，抑制机会主义的出现，对于理解人际交往具有重要的价值。它能够超越现有的信息去概括出一些关于他人的行为预期，为社会交往提供一种确定的结构。并且，制度信任降低复杂性的效果可以泛化，它还能给人以一种带有保障性的安全感和舒适感，使人感到自己属于一个有序的、文明的共同体。从这个意义上来说，制度信任已成为诱发归属感和认同感的纽带和桥梁。

三、信任重建：中小企业互助融资风险的控制

中国正从以自然经济为基础的传统社会向以市场经济为基础的现代社会转型，传统社会习俗对人的约束力已经日渐衰微，以家庭、邻里以及单位为代表的旧式的社会控制遭到解构，而市场经济条件下的法律有效控制机制尚未建立。在传统和现代断裂的过程之中，依赖传统的经验路径，沿用旧制度来控制标会中的信任显然已经不合时宜。现代社会中的信任需要的是保持社会诚信的特殊的社会制度及其机构，在此情形下只有在继续发挥传统人际关系信任积极作用的同时，寻求建立一种新的稳定且可预测的社会制度结构——制度信任才能最终修复被毁坏的既有人际关系，并建立新型的适合市场经济的人际关系。罗伯特·默顿认为，诚实守信的重建不能完全寄希望于个人道德的自觉，“用道德观念去医治社会疾病不会像医治身体疾病那样易见成效。道德观念无疑有助于促进变迁，但他们决不能替代无感情色彩的制度性机制……”。[①]福山从另一个角度也表明，“如果一套制度要运作顺畅，还必须配合若干传统的社会习俗与伦理习惯”。因此，倡导制度信任在注重正式制度的同时，又不能忽视非正式制度。

① ［美］罗伯特·K·默顿著，林聚任等译:《社会研究与社会政策》，北京：生活·读书·新知三联书店，2001年版，第303页。

(一)弘扬传统文化，加强诚信教育

儒家文化是中国传统文化的主干，对中华文明的繁荣和发展起了极其重要的作用。“诚信”是儒家伦理思想的基石，是儒家为人处世的一个根本准则。《孟子·离娄上》:“诚者，天之道也；思诚者，人之道也。至诚不动者，未之有也；不诚，未有能动者也”。所谓“诚”也就是“真实无妄之谓”，而“信”是“诚”的具体表现。“信”是儒家道德重要的德目，自汉代列为“五常”之后，便成为最基本的道德规范。[①] 儒家经典对“信”做了大量的论述，如“人而无信，不知其可也”(《论语·为政》);“言忠信，行笃敬，虽蛮貊之邦，行矣”(《论语·卫灵公》)等都强调了“信”的重要性。“信”作为人际交往的规则就是要信守诺言，讲究信誉，诚实不欺。[②] 儒家强调的是单方的自我守信的义务，而非信任他人，或双方的相互信任。[③] 虽然儒家对人性的潜能相当乐观，认为“人皆可为尧舜”，但是，对具体的个人则基本上倡导一种“察其言，观其行”的现实态度，似乎并不鼓励在对他人缺乏了解的情况下，盲目地给予信任。在反对盲信的同时，儒家也反对刻意地追求他人对自己的信任，要求“不患人之不己知”。儒家主张先从自己做起，以诚待人，最终会获得他人的信任，即先“思诚人之道”而后“信则人任焉”(《论语·阳货》)。儒家以对人的潜在美德的道德力量的相信为基本信念，来启动人际交往中相互信任的循环锁链：先由自己诚信来取得对方的信任，然后对方才会以诚信回报，从而自己才产生对对方的信任。虽然这种传统的信任模式是建立在血缘、地缘关系之上，但其内在的，对于人的诚实守信的要求却是一样的，甚至可以说，把“信”植根于自身的品质之中，成为自觉自愿的行动比正式制度的约束更为有效。

通过对中小企业互助融资异化的考察，我们认为倒会风险产生的主要原因就在于当前社会缺乏一种普遍的诚信文化。人与人之间很难建立信任关系，即使在亲朋好友之间，也会因为“杀熟”而对信任产生怀疑，从而也损害了原有的人际信任。因此，在某种程度上也阻碍了中小企业互助融资的运行及发展。

(二)变革现有的金融及管理政策

由于以标会为主要形式的民间借贷自身所固有的内、外在约束机制缺位的

① 唐凯麟、曹刚:《重释传统——儒家思想的现代价值评估》，上海：华东师范大学出版社，2000年版，第104页。

② 唐凯麟、曹刚:《重释传统——儒家思想的现代价值评估》，上海：华东师范大学出版社，2000年版，第214页。

③ 可能的解释就是儒家思想认为如果大家都坚守诚信，那么信任他人则是必然的结果。

弊端，极易引发诚信危机，导致倒会风险。尤其是在传统社会向现代社会转型的过程中，这些缺陷所潜伏的风险更大。但是，台湾民间标会的生存与发展启示我们，民间金融市场不仅是客观存在的，而且与地方中小企业的发展有着良性的互动。从经济功能的角度上说，标会正是弥补了正规金融部门制度供给的不足。

非正式金融组织作为国家正式金融组织的补充，有利于地方在资源不足的情形下融通社会闲散资金，调剂资金余缺，弥补国家银行的供给不足。客观的现实表明，我们既不能对标会采取放任自流的态度，也不能因倒会风波就对其采取断然取缔的立场，而是思考国家应该如何在制度层面承认民间金融机构的合法性，变革国有银行吸纳资金的单一结构，大力发展各种经济成分的银行等金融机构，尤其是发展民间金融机构，加快金融体制改革步伐，丰富贷款的方式和种类，进一步扭转传统国有投资垄断的方式，使非正规金融形成转变为正规金融制度的组成部分。建立和完善金融监管体系，把以多种形式吸收民间资本的活动纳入法制化轨道，纳入国家正规金融制度的管理和监督中，建立起完整的存贷款规范体系。与此同时，开放市场利率，将高利贷行为排挤出市场，提高金融体系的透明度、效率和竞争力，避免由于民间非正规金融自身的弱点而导致的信用危机，使资本市场的开放和金融的自由化逐步稳妥地推进，使其得到规范化管理，使民间资本得到合理有效的利用。这样，不仅可以缓解县域经济发展中资金短缺的矛盾，有效地解决农村金融中所出现的“小钱没法投”的问题，而且可以通过国家金融部门有组织地聚拢城乡居民手头的闲散资金，防止类似标会等民间借贷所带来的金融风险。

（三）实现信任机制与法律的整合

从制度层面来看，标会中的信任，经历了从传统社会规范认同基础上的特殊人际关系约束，到建国后官方意识形态约束的嬗变。尽管在传统社会关系约束下，特殊信任运行成本较低，但却局限于狭小的范围，无法向更广泛的社会交往拓展。而关系约束的弱化，既有的社会信任控制机制已经不能适应现代社会的发展，新的信任控制机制尚未形成及完善，在新旧机制交互发挥作用和衔接中，出现了法律的漏洞，从而使得标会在合法与非法、罪与非罪之间的界限变得模糊。针对目前国家法律对民间互助会与金融欺诈的界定方面存在空白的状况，国家的立法、司法部门应该考虑如何将传统的民间习俗纳入国家法律制度的框架中，使互助会能够在国家的法律正式界定下得到保护，使人们从基于对传统习俗的信念转变为“基于现行的章程，对其合法性的信仰”[①]，把互助会纳入国家法律的强制性“硬控制”。为此，国家应加强外在正式制度与内在演变的非正式制度之间的整合，实现优势互补，加大对金融管理的社会信任机制与法律的整合；尽快制定相关的法律法规，为民间借贷活动正名，明确规定这种民间信用的地位、活动范围、利率及资金的投向等；禁止投机诈骗性质的民间金融活动，对于违反相关法律规定的，要给予严厉的制裁，使民间信用走上法制化的轨道，扬长避短，发挥其应有的功能。

（四）创建重复博弈的制度环境

从互助会的信任机制来看，传统社会的关系约束使得人们在标会这一临时群体内处于一种重复博弈的环境之中。由于传统社会的流动性不大，博弈的参与人之间拥有关于个人理性和行动的共同知识，博弈的重复次数无限，博弈的参与人基本稳定，而且参与人数相对较少，作为理性行动者对对方存在的长期交换关系持有坚定的信心，在这种情况下，以集体生存为目标的共识更容易达成，互助会就有条件不断重复下去。由此可见，传统社会标会的信任机制与行为主体处于重复博弈的环境中可能具有自我实施的能力密切相关。与传统社会不同，在现代社会中，次属关系取代了传统社会中的首属关系[②]。人们的交往较少受地域的限制，交易也并不完全被锁定在特定的社会圈子中。交往和交易场域的扩大，打破了博弈参与人组成的稳定性，而行动者几乎都可采用机会主义方式行事。现代社会复杂且易变的特征使得不再具备传统社会下的重复博弈条件。

随着转型社会异质性增强，工具理性替代了传统理性，利益的最大化偏好支撑着人们的欲望。作为代理人，若采取机会主义的“一锤子买卖”行为而不受惩罚，或者逃避惩罚，那么就可能因利益诱惑而机会主义地行事。而重复博弈者可以通过持续的“一报还一报”的反馈过程吸取教训，通过学习和反思最终实现博弈规则的沟通，从而解决市场失灵问题。因此，重建一个重复博弈的环境

① ［德］马克斯·韦伯著，林荣远译：《经济与社会（上卷）》，北京：商务印书馆，1998年版，第66页。

② 首属关系是一个社会学概念，特指人与人之间在彼此相互了解基础之上建立起来的亲密关系。比如农村中人与人的关系、工作单位小范围内的人际关系、四合院内邻里之间的亲密关系等。与首属关系相对的是次属关系，次属关系则是一种角色与角色之间关系，彼此并不需要过多的了解，比如售货员与顾客之间、列车员与乘客之间的关系。当然，人们在各种行为当中，因彼此接触较多，在个人层面上有了较多的了解和信任，也可以建立起亲密的首属关系。首属关系与次属关系最重要的区别在于是否具有在个人层面上的彼此了解。

对维护现代社会的信任具有特别重要的意义，而这种重复博弈的环境只有借助制度才能实现。制度经济学正是试图借助创设普遍的制度来修正以个人理性实现社会均衡的构想。在诺斯看来，制度代表了在整个时期重复博弈行为人战略互动过程的一种稳定状态。一方面，制度是重复博弈的内生产物，但同时又规制该领域中参与人的互动行为。在传统与现代双重因素交织的社会中，社会流动性的增加，急需一个超越传统社会的非正式的重复博弈制度。通过一个更为普遍而稳定的社会优化的、人际交往更为宽泛的重复博弈的制度环境，建立全体社会公民的信用检测体系和有效的信息传输手段，以降低社会结构的复杂性。

第四节 本章小结

中小企业互助融资采用的主要形式是标会，因此，本章首先从标会的运行机制以及现金流角度对标会的正常运作情况进行了具体介绍。其次，作者界定了本章的研究对象，即中小企业互助融资的恶意风险。在此基础上具体分析了中小企业互助融资的异化以及由此产生的风险。互助融资的异化具体体现在融资规模、会员规模、会员之间的关系、入会的目标、组织网络以及还款机制等。第三，提出中小企业互助融资风险的深层次诱因在于信任的断裂。乡土社会的信任机制维系着传统中国社会中的人际关系和社会交往合作，使得互助融资在一个特定的乡土社会具有正常运行的可能。但在社会转型的特殊时期，人们处于过渡人状态，普遍面临着双重缺席和双重价值，再加上信任控制机制的缺失，因此造成了信任的断裂，从而导致中小企业互助融资面临巨大的风险。基于以上讨论，本章最后提出通过信任转型与信任重建，实现中小企业互助融资风险的规避与控制。具体措施包括：弘扬传统文化，加强诚信教育；变革现有的金融及管理政策；实现信任机制与法律的整合；创建重复博弈的制度环境等。

第六章　中小企业互助融资的实证研究
——对温州苍南的调查

第一节　调查背景与方法说明

温州依靠多种经济形式，特别是个体工商户和私营经济的发展，迅速实现了农村工业化和城镇化。而在此过程中，异常活跃的民间金融起到了不可替代的作用。苍南县是著名的温州模式的发祥地之一。个体工商户、私营企业发达，国有和集体企业很少且规模有限。根据苍南县统计局2003年的一份报告以及冯兴元（2004）对苍南县农村中小企业融资状况的调查表明，企业发展的首要制约因素是资金，并普遍反映难以从正规金融获得信贷支持，而非正规的民间金融却提供了许多与银行和信用社不同的服务，在一定程度上弥补了中小企业的资金缺口。国内学者张仁寿、李红（1990）、王晓毅、朱成堡（1996）、胡必亮（2004）等研究也表明，利用互助会进行融资是苍南县中小企业民间金融的一种主要形式，尤其是农村，几乎每家每户都不同程度的参加互助会。[①] 因此，本文调查目的主要包括两个方面：一是获得目前苍南县中小企业融资状况的整体认识，二是深入调查苍南县中小企业互助融资的形成背景、运行机制以及运行风险的控制。具体操作主要分为三个层次：（1）首先了解苍南县中小企业融资状况，其中包括正规金融与民间金融；（2）其次分析苍南县中小企业互助融资的形成；（3）深入调查中小企业互助融资的运行及风险控制机制。在样本选择方面，作者主要选择了苍南县的灵溪、龙港、钱库、金乡四个经济强镇作为代表；并且对龙港镇新渡村中小企业进行深入调研。作者期望通过实地调查，实现案例研究的主要目的，从而试图验证理论分析的合理性，并补充理论分析的缺陷与不足。

囿于我国经济调查和统计方面的限制，关于温州地区的中小企业互助融资的公开资料既不规范，也比较缺乏，给实际的研究工作造成了极大的困难。为了克服这种资料上的障碍，我们将现有文献（具体包括理论文献和统计数据）、结构性问卷以及非结构性深入访谈三种资料收集和分析方法相结合，以期能从

① 胡必亮（2004）在对苍南县钱库镇项东村的调研表明，以户为单位计算的合会参与率达到82.8%。

足够的广度和深度来把握整个案例发展的概貌。在调研过程中，本文力求处理好以下三个方面的问题：

第一，研究对象的普遍性和特殊性。既要避免过分追求普遍规律的倾向，也要避免个案研究的孤立化；前者因过分追求普遍性而流于空洞的抽象，后者则因割裂地看待社会现象而陷入片面。因此，本文使用结构性问卷资料的主要目的在于：试图通过分析足够多样本的信息来把握互助融资行为的普遍性特征；而非结构性访谈的目的就是为了通过对典型个案的深入了解来分析互助融资行为的特质。

第二，就实际调研工作来看，苍南县中小企业发达，仅灵溪、龙港、钱库、金乡四镇，在册登记的企业(包括个体工商户)就达到37051家[①]，并且在案例研究中我们发现难以识别一个特定的调查对象总体，因而大规模的随机问卷调查方法在此并不适用。我们只能采用非随机样本的问卷调查、深入访谈等现场调查方法获取第一手资料。正如社会学研究者王宁(2002)所言，在研究对象总体范围和边界不甚清晰的前提下，用个案的典型性来替代样本的代表性更具有实际的操作性，通过分析性而非统计性的推理，我们可以直接从个案上升到一般结论。本文的案例研究尽量做到定量和定性资料相互融合，相互补充，定量资料从数量上提供具有普遍意义的证据，定性资料则用来补充定量资料的不足，并强调访谈样本的典型性(具体见表6-1)。

第三，由于企业融资特别是民间融资的数据很难直接获取，因此，我们采用了两个办法来尽量准确地获得这方面的资料：一是通过熟人介绍从个私企业的监管机构以及正规金融机构获取一些企业的部分财务资料；二是通过匿名填写结构问卷的方式。

表6-1　本案例访谈对象情况汇总

编号	被访人	来源地	性别	年龄	身份	机构类型	访谈时间
1	胡某	苍南县	男	36	工作人员	政府机关	2006.11.16
2	翁某	龙港镇	男	72	退休干部	退休人员	2006.11.12
3	孔某	龙港镇	男	65	居民	个体户	2006.11.8
4	陈某	龙港镇	女	51	总经理	私营企业	2006.11.17
5	黄某	龙港镇	男	48	企业主	私营企业	2006.11.21

① 数据来源：苍南县工商行政管理局。

续表

编号	被访人	来源地	性别	年龄	身份	机构类型	访谈时间
6	翁某	龙港镇	男	45	工作人员	工商分局	2006.11.19
7	江某	龙港镇	男	43	工作人员	工商分局	2006.11.16
8	林某	龙港镇	男	40	居民	个体户	2006.11.8
9	陈某	苍南县	男	27	工作人员	农业银行	2006.11.5
10	孔某	新渡村	男	55	村民	个体经商	2006.12.2
11	杨某	龙港镇	男	40	工作人员	政府机关	2006.11.8
12	王某	龙港镇	男	45	企业主	个体户	2006.11.19
13	张某	龙港镇	男	59	居民	个体户	2006.12.8
14	徐某	龙港镇	男	39	分社主任	信用社	2006.11.19
15	叶某	苍南县	男	49	局长	县工商局	2006.11.6
16	王某	新渡村	女	56	村民	家庭作坊	2006.12.6
17	梁某	龙港镇	男	56	工作人员	农业银行	2006.12.10
18	周某	新渡村	男	50	村民	家庭作坊	2006.12.5
19	孔某	新渡村	男	51	村民	个体经商	2006.12.7
20	林某	龙港镇	男	42	工作人员	政府机关	2006.12.9

注：(1)应受访人要求，表中隐去了被访问者的姓名；
(2)编号与文中的访谈记录一一对应；
(3)来源地主要是根据被访人所在地，其中苍南县就是指县城所在地灵溪镇。

第二节 案例概况

一、苍南县概貌

苍南地处浙江南端，东与东南濒临东海，西南毗临福建福鼎市，西临泰顺县，北与平阳县相接。苍南县域内北部为江南和南港平原，东南又有一片马站平原，西部、南部大都是高山和丘陵。远在商周时期便有人类活动。春秋时为东瓯越人地。战国时属越，秦统一中国后，属闽中郡。汉高祖五年（公元前202年）于闽中故地置闽越国，属闽越国。惠帝三年（公元前192年）立驺摇为东海王，都东瓯（今温州），世称东瓯王，为东海辖地。武帝时，东瓯举国内迁江淮间，国除。昭帝始元二年（公元前85年），今苍南地属回浦县。此后历属章安、永宁、罗阳、安阳、安固、始阳、横阳、永嘉、平阳等县。

1981年3月6日，中共平阳县委、平阳县革命委员会向中共浙江省委、浙江省革命委员会提出《关于要求分县问题的报告》。6月18日，国务院给省政府下达批复，批准设立苍南县。将原属平阳的矾山镇以及灵溪、矾山、马站、金乡、钱库、宜山、桥墩等7个区的72个公社划归苍南县管辖，县城设在灵溪镇。县境内有玉苍山和江南、南港两个平原，故取名苍南。同年11月5日，苍南，平阳分署办公。当年工农业总产值2.43亿元，财政收入0.21亿元，农民人均收入69元。1988年被国务院列为沿海对外开放县。1993年，全县总人口110.85万人，少数民族有27个。全县社会总产值44.4334亿元，国内生产总值18.5亿元，工农业总产值37.4139亿元，其中工业总产值30.2609亿元，农业总产值7.153亿元，财政收入1.6799亿元。①10年之后，苍南县国内生产总值达到123亿元，财政总收入9.05亿元，全国县域经济基本竞争力排名第90位。②后经几次行政区划调整，现辖36个乡镇(其中建制镇20个、乡16个)，139个居民区，776个行政村，总人口122.4万。陆域总面积1272平方公里，海岸线长达168.8公里，现有人口122.93万。③2005年，全县实现国内生产总值135.32亿元，同比增长12.1%；人均GDP达11000元，同比增长13.9%，财政总收入10.3亿元，同比增长13.8%。

建县之际，工业基础十分薄弱，全县共计全民所有制工业企业16家，员工人数3942人，工业总产值1809万元，占全县工业总产值的18.49%；集体工业企业471家，员工总数为24042人，年工业总产值5151万元，占全县工业总产值的52.3%。④1981年，全县家庭工业总产值4308万元，占全县工业总产值的43.7%。⑤经过20多年的改革开放，苍南县家庭工业获得了迅猛发展，并且使苍南经济结构发生了巨大的变化。从家庭工业到股份合作企业，全县工业的生产规模、技术设备、生产力程度、工业产值提高到一个新的水平，形成了苍南特色的现代工业体系。工业生产已经占据苍南农村经济的重要地位。

苍南人依靠党的改革开放政策，走出了一条自我积累、自求发展的市场经济之路。家庭工业的兴起与兴旺发达，为发展市场经济积累了资本；专业市场

① 转引自王晓毅、朱成堡:《中国乡村的民营企业与家族经济——浙江省苍南县项东村调查》，太原：山西经济出版社，1996年版，第21页。

② 《2004温州年鉴》，温州市地方志编纂委员会、温州年鉴编辑部编，北京：中华书局，2004年版。

③ 数据来源：苍南县人民政府官方网站http://www.cncn.gov.cn/indexmanage/index.jsp以及《2005温州年鉴》，温州市地方志编纂委员会、温州年鉴编辑部编，北京：中华书局，2005年版。

④ 数据来源：王汝亮主编:《温州苍南改革开放纪事》，北京：新华出版社，1996年版，第61页。

⑤ 同上，第3页。

的创办与繁荣，对小商品生产的发展起到了重要的催化作用，成为苍南经济的强有力的依托；数万购销大军的创造性劳动，搞活了物资流通，传递了市场信息，使苍南的小商品与全国的大市场联结起来。三者之间的相互依存与相互促进，使苍南的市场经济不断向前推进。近年来，工业成为苍南县的主导产业，业已形成印刷、塑编、纺织、商务礼品、仪器仪表为主导的工业经济体系。不锈钢、陶瓷、包装材料等行业加快发展，获得“中国印刷城”、“中国塑编之都”、“中国礼品城”称号。第三产业发展水平不断提升，商贸经济非常活跃。目前已有水产品、副食品、商务礼品等80多个专业市场辐射浙南闽北地区，年成交金额80多亿元。

二、苍南县中小企业融资状况

本文主要选择苍南县的灵溪镇、龙港镇、钱库镇、金乡镇的中小企业作为问卷调查的对象，由于中等规模企业相对于小企业来说，获得正规金融机构贷款相对容易，因此小企业就成为本调查对象的重点，考虑到互助融资的规模有限，灵活性较大，比较适合微型企业的资金需求特征，因而个体工商户也被列入调查范围。

(一)被调查企业的基本情况

本调查是在随机抽样的基础上，通过当地工商行政管理部门，在苍南县四镇共发放问卷200份，收回问卷185份，有效问卷168份。回收率及有效率分别达到92.5%和84.0%。在这168家中小企业当中，最早的一家是在1985年成立，最晚的是在2006年9月成立。

1. 企业类型、行业分布、员工数量、注册资金及现有资产规模

从企业注册登记的类型来看，在所抽查的168家企业当中，没有一家是外商独资企业和国有独资或控股企业，其中，股份合作制企业68家，私营有限责任公司36家，个人独资企业24家，合伙企业20家，其他有限责任公司10家，集体所有制企业与中外合资企业分别为8家和2家(见图6-1)。集体所有制企业其实也是属于私人所有，所以这些企业都是符合国际通行口径的私营企业。

从行业分布来看，印刷企业36家，塑料制品生产企业20家，造纸类企业18家，普通机械制造与加工企业12家，轻工纺织业21家，化工原料与制品企业15家，礼品加工业21家，商标标识企业11家，食品加工业6家，建材业、陶瓷业、

皮革业等其他企业为8家。所调查企业基本为苍南县的支柱产业，同时新兴产业也涵盖其中，不过比例较小，所占比重不到5%。

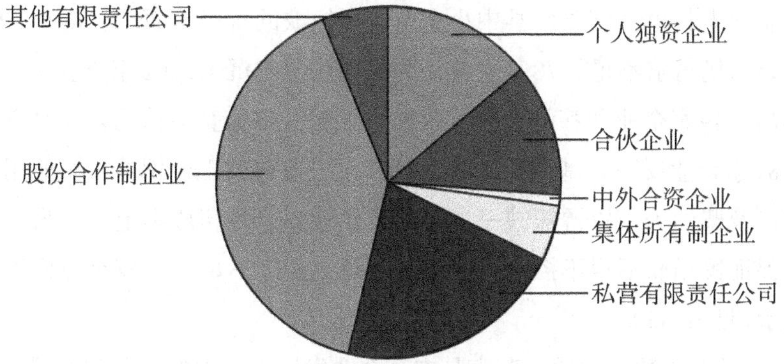

图6-1　企业类型、数量及所占比重分布

从各企业员工数量来看，员工人数在100人以内的企业有92家，占比54.8%；员工人数处于100人到500人之间的企业有62家，占比36.9%；员工人数在500人以上的企业有14家，所占比重为8.3%。可见，所调查企业的员工数量规模较小，小企业所占比重较高。

在所调查企业中，企业注册资金在10万元以下的企业有27家，10万元到50万元之间的企业有43家，50万～100万元之间的企业有18家，100万～500万元之间的企业有71家，500万元以上的企业有9家，所占比重分别为16.1%、25.6%、10.7%、42.3%、5.3%。36家企业现有资产规模在100万元以内，45家企业现有资产规模在100万～500万元之间，34家企业现有资产规模在500万～1000万元之间，31家企业现有资产规模在1000万～3000万元之间，还有22家企业现有资产规模在3000万元之上，所占比重分别为21.4%、26.8%、20.2%、18.5%、13.1%(见表6-2)。

表6-2　企业注册资金及现有资产规模（N=168）

企业注册资金	企业数（家）	所占比重（%）	现有资产规模	企业数（家）	所占比重（%）
10万元以下	27	16.1	100万元以下	36	21.4
10万～50万元	43	25.6	100万～500万元	45	26.8
50万～100万元	18	10.7	500万～1000万元	34	20.2
100万～500万元	71	42.3	1000万～3000万元	31	18.5
500万元以上	9	5.3	3000万元以上	22	13.1

2. 影响企业发展的主要制约因素

在问及“影响企业发展的主要制约因素”时，137家企业认为是资金短缺，其中有企业老板也谈到苍南县中小企业资金短缺的特点是面广、量小。96家企业认为是市场需求不足，78家企业认为是税收负担沉重，62家企业认为是技术水平不高，49家企业回答是政府行政干预限制，53家企业认为是自身管理能力有限，81家企业反映是基础资源缺乏，其中主要包括工业用电、工业用地、工业用水以及柴油等。资源短缺一方面导致企业生产经营成本上升，另一方面政府为了保证民用而不得不控制工业使用，导致开工不足。15家企业回答是一些其他因素(见表6-3)。

表6-3的调查数据表明，苍南县中小企业发展过程中的主要制约因素依次是资金短缺(81.5%)、市场需求不足(57.1%)、基础资源缺乏(48.2%)、税收负担重(46.4%)、技术水平不高(36.9%)、自身管理能力约束(31.5%)、政府行政干预限制(29.2%)以及其他制约因素(8.9%)。作者在与当地企业老板访谈的时候，就制约企业发展问题上，他们讲的较多的也是资金紧张，市场疲软、产品难销，缺电缺地等，并且，市场疲软、产品难销必然带来货款回笼慢，从而影响资金周转，加剧了资金短缺的困境。可见，调查数据反映的情况与现实基本一致。[①]

表6-3 影响企业发展的主要制约因素(N=168)

企业发展的首要制约因素(可以多项选择)	企业数(家)	所占比重(%)
资金短缺	137	81.5
市场需求不足	96	57.1
税收负担重	78	46.4
技术水平不高	62	36.9
政府行政干预限制	49	29.2
管理能力约束	53	31.5
基础资源缺乏	81	48.2
其他因素	15	8.9

注：基础资源主要是指电力、土地、水、柴油等。

① 1998年人民银行苍南县支行对苍南207家中小企业调查表明，企业发展面临的主要困境依次为：市场营销难、货款回笼慢、资金短缺、税收征管严、土地供给少、产品档次低、员工素质差、电价偏高、技术力量单薄、外来干扰多。资料来源：张步湘：《中小企业发展面临的主要困难是什么》，载于《浙江金融》，1998年第8期。

(二)企业的初始资金规模与资金来源

1. 企业初始投资规模与企业初始资金比例

在所调查的企业中，初始投资规模在50万元以下的有47家，处于 50万到100万元之间的有72家，处于100万到300万元之间的有29家，处于300万到500万元之间的有13家，在500万元以上的有7家。依次所占比重为28.0%、42.8%、17.3%、7.7%、4.2%(见图6-2)。

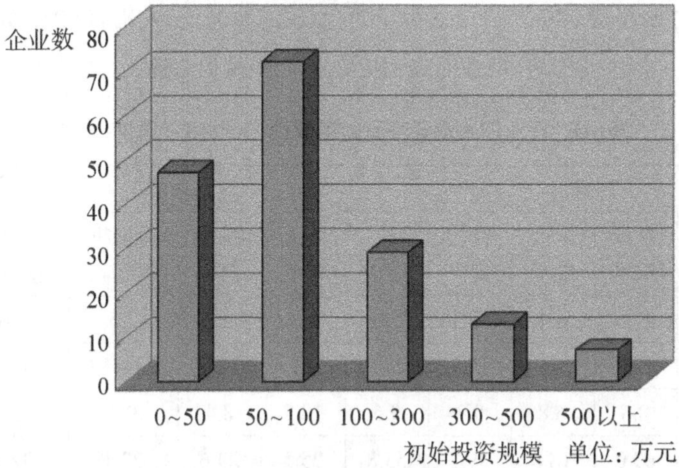

图6-2　企业初始投资规模

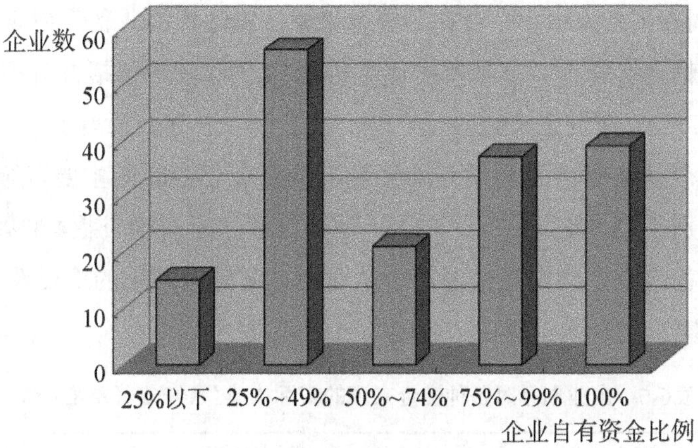

图6-3　企业初始自有资金比例

图6-3反映了中小企业初始资金所占比例，其中，有15家企业的自有资金比例为25%以下，56家为25%~49%，21家为50%~74%，37家为75%~99%，39家为100%。数据表明，中小企业在创办时更多的是依靠自有资金。

企业初始投资的自有资金占比与总投资规模有关，规模小，自有资金占比达到100%的企业数量较多，总投资规模超过一定限度后，企业投资如自有资金不足，在不能获得银行信贷的情况下就要诉诸于亲友借贷或民间信贷。

2. 企业初始资金来源及实际构成

在问及“企业初始资金各种来源的重要性”时，调查数据（表6-4）表明企业自身积累（69.0%）是企业初始资金最重要的来源，其他依次为亲友借贷（53.8%）、合伙集资（39.7%）、民间互助会（32.4%）、私人借贷（25.5%）、商业信用（23.6%）、金融机构贷款（22.1%）以及家产继承（18.8%）。

表6-4 企业初始资金来源的重要性（N=168）（单位：%）

资金来源	内源融资		外源融资						
	自身积累	家产继承	合伙集资	亲友借贷	私人借贷	商业信用	金融机构贷款	民间互助会	其他
首要来源	47.6	6.4	12.1	19.8	4.9	2.7	2.5	3.6	0.4
次要来源	12.8	5.6	18.3	24.5	7.9	12.5	10.4	6.2	1.8
第三来源	8.6	6.8	9.3	9.5	12.7	8.4	9.2	22.6	12.9
合计	69.0	18.8	39.7	53.8	25.5	23.6	22.1	32.4	15.1
排序	1	8	3	2	5	6	7	4	9

表6-5调查了苍南中小企业初始资金来源的实际构成，私营企业创办时在很大程度上依赖自有资金，实际所占比重达到51.9%(其中包括自身积累48.2%与家产继承3.7%)，在资金来源的重要性上排名第一；在外源融资上，亲友借贷、亲友之间的合伙集资以及利用互助会是当地企业创办时的主要资金筹集方式，所占比重分别为13.8%、8.5%、8.1%，明显高于金融机构贷款4.3%的水平。一方面反映了苍南地区的民间金融对于企业创办时资金短缺的重要性，另一方面也意味着国家正式金融机构在企业创办时的缺位。

表6-5 企业创办时各种资金来源的实际构成（N=168）（单位：%）

资金来源		所占比重	标准差
内源融资	自身积累	48.2	16.36
	家产继承	3.7	3.42

续表

资金来源		所占比重	标准差
外源融资	合伙集资	8.5	6.98
	亲友借贷	13.8	11.37
	私人借贷	6.2	8.54
	商业信用	5.4	6.88
	金融机构贷款	4.3	5.63
	民间互助会	8.1	7.32
其 他		1.8	2.26

（三）正规金融机构的信贷可获得性

苍南县正规金融机构主要包括中国工商银行、中国农业银行、中国银行、中国建设银行、中国农业发展银行以及苍南县农村信用合作联社。

1. 正规金融机构信贷的获得

在问及“公司目前在资金使用方面是否紧张”时，97家企业认为非常紧张，34家企业认为紧张，19家企业反应一般，15家企业认为不紧张，3家不能确定；当进一步追问“企业获得金融机构贷款的难易程度”时，112家企业认为非常困难，27家认为困难，15家反应一般，10家认为不困难，4家认为不能确定。

正规金融机构信贷可获得性的衡量指标是企业实际获得贷款与企业对贷款的需求额的比例。根据正规金融机构贷款需求调查结果，企业信贷获得程度在25%以下的有94家，处于25%~49%之间的有38家，在50%~74%之间的有23家，在75%~99%之间的有11家，完全满足的有2家(见表6-6)。可见，除了极少数中等规模企业之外，小企业贷款难问题确实严重。

表6-6　正规金融机构的信贷可获得性（N=168）（单位：%）

资金紧张程度	所占比重	贷款获得难易程度	所占比重	信贷获得程度	所占比重
非常紧张	57.7(97)	非常困难	66.6(112)	25%以下	56.0(94)
紧张	20.2(34)	困难	16.1(27)	25%~49%	22.6(38)
一般	11.3(19)	一般	8.9（15）	50%~74%	13.7(23)
不紧张	8.9（15）	不困难	6.0（10）	75%~99%	6.5(11)
不能确定	1.9（3）	不能确定	2.4（4）	100%	1.2(2)

注：括号中数字表示企业数。

2. 企业难以获得正规金融机构贷款的原因

在问及“企业难以获得正规金融机构贷款的原因”时，有12家企业由于没有向银行贷款而未作回答，其余156家企业作了答复。如果按照影响信贷获得因素的重要性来排序，根据企业的作答，其中最重要的影响因素是缺乏合格的抵押资产（117家，75.0%），其次是企业资信状况不符合银行要求（79家，50.6%），第三是国家信贷政策限制（63家，40.4%），其他依次是企业规模因素（60家，38.5%）、所有制因素（48家，30.8%）、融资成本较高（45家，28.8%）、难以获得第三方担保（36家，23.1%）、手续繁琐、效率太低（34家，21.8%）以及其他因素（13家，8.3%）。具体见表6-7。

表6-7 企业难以获得正规金融机构贷款的原因（N=156）

原因种类（可选择多项）	企业数（家）	所占比重（%）	重要性排序
所有制因素	48	30.8	5
企业规模因素	60	38.5	4
融资成本较高	45	28.8	6
国家信贷政策限制	63	40.4	3
缺乏合格抵押资产	117	75.0	1
企业资信状况不符合银行要求	79	50.6	2
难以获得第三方担保	36	23.1	7
手续烦琐、效率太低	34	21.8	8
其他因素	13	8.3	9

（四）中小企业的民间融资情况

以上调查表明，中小企业在创办时以及运行过程中面临着正规金融信贷难以获得的困境，因而必然产生对民间借贷的巨大需求。苍南县民间借贷历史悠久，民间资金充裕，对中小企业融资作用很大。2002年，苍南县人行支行调查表明，苍南的工业企业流动资金来源结构为：民间借贷占45%左右，自有资金占35%左右，银行贷款占20%左右。[①] 在资金紧缺而银行信贷无法满足的情况下，民间金融的作用就得以体现。调查问及“在银行贷款无法满足企业资金需求时，是否会进行民间借贷”时，95.2%（160家）的企业都选择进行民间借贷，剩下的4.8%（8家）选择了不确定。由于民间借贷目前还处于一个不明确的地位，因此被访人在回答问卷时有所顾忌，实际中民间借贷比例可能会更高。

① 冯兴元：《温州市苍南县农村中小企业融资调查报告》，载于《管理世界》，2004年第9期，第63页。

1. 民间融资的主要形式及重要性

根据张仁寿、李红（1990）等人对温州民间金融的研究以及作者的实地调查，苍南县中小企业民间融资的形式目前主要有民间直接借贷（包括亲友借贷和私人借贷）、商业信用、民间互助会、私人钱庄、“资金公司”[①]、银背（民间金融中介）、民间票据贴现以及社会集资等。当问及“企业民间融资各种来源的重要性”时，调查数据（表6-8）表明民间直接借贷（100.6%）是企业获得资金的最重要来源，商业信用（66.9%）名列第二，民间互助会（62.9%）排名第三。

表6-8　企业民间融资形式的重要性（N=168）（单位：%）

资金来源	民间直接借贷	商业信用	私人钱庄	民间互助会	资金公司	银背	社会集资	民间票据贴现	其他
首要来源	42.6	21.8	3.3	16.3	2.4	5.0	1.2	4.5	2.9
次要来源	33.2	28.6	1.5	18.4	5.8	1.7	2.3	6.1	2.4
第三来源	24.8	16.5	3.0	28.2	6.3	4.8	2.5	11.6	2.3
合 计	100.6	66.9	7.8	62.9	14.5	11.5	6.0	22.2	7.6
排 序	1	2	7	3	5	6	9	4	8

2. 民间融资利息情况

从民间融资利息的调查情况来看，虽然绝大多数亲友借贷是无息或低息（尤其是在企业创办时更是如此），但收取利息是比较常见的现象。民间借贷的利率通常较高，其利率的确定以金融机构利率为基准，采取风险加成的方法。[②] 同时，民间融资利率也具有相当大的灵活性。民间借贷市场利率决定于市场资金的供求力量对比，因资金供求关系变动而灵活调整，并与银行法定利率、社会物价指数具有相关性。因此，民间融资利率不一定高于一般银行利率，也有等于银行利率的情况。

在问及目前民间融资利息情况时，无息和月息在4分以上的企业很少，合计占比不到10%，一般利息水平都在月息0.1～2分之间，所占比重为76.8%（见

① “资金公司”是一些非金融机构从事借贷业务的别称，具体包括金融担保公司、各类涉及开展借贷活动的服务公司、财务公司等，这些公司一般账目齐全，手续简化，并配有专职的会计、出纳，有公款审批制度和各种比较齐全的借款契据等。其融资的资金来源有五个方面：社会游资（包括企业结算前的闲歇资金和社会居民存款）、行社储蓄存款、行社贷款、集体积累及集资以及主管部门拨款与借款。引自张仁寿、李红：《温州模式研究》，北京：中国社会科学出版社，1990年版，132-133页。

② Prabhu Ghate（1992）指出非正规金融利率主要由机会成本、风险贴水与交易费用构成，Ray（1998）将非正式融资的高利率归因为两个方面，即贷款者风险和贷款者在特定地区内的排他性市场势力。

表6-9)。

表6-9 企业民间融资利息情况(N=168) (单位:‰)

利息水平	无息	1~10	11~20	21~30	31~40	40以上	合计
企业数(家)	10	38	91	14	9	6	168
所占比重(%)	6.0	22.6	54.2	8.3	5.3	3.6	100.0

民间融资的利率水平大约为15.7‰,年利率约为18.9%。与近年来温州民间借贷市场平均利率水平相比(见图6-4),虽然整体要高出8个百分点,但利息水平主要分布在月息0.1~2分之间。

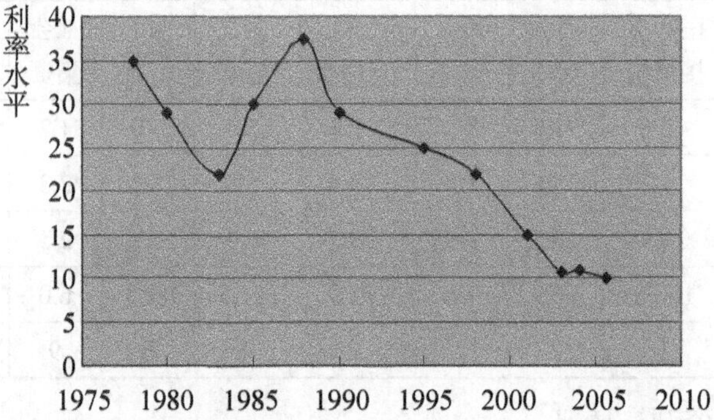

图6-4 1978~2005年温州民间借贷市场平均利率水平

注:数据来源于相关资料整理。

3. 企业参加互助会情况

(1)入会概况。实地调查表明,苍南县互助会比较活跃,当地广泛存在着"摇会"、"标会"、"轮会"等形式的互助会。当问及"贵公司是否加入过互助会(合会、摇会、轮会、标会、友谊会等)"时,116家企业回答加入过,52家企业回答没有。参与率达到69.0%。从实际情况来看,小企业以及个体工商户入会的比率会更高。而当进一步追问"贵公司如果参加过互助会,一年内同时入会情况"时,回答是"1~2个"和"2~3个"的合计有97家企业,占比为83.6%,而回答是"3个以上"的企业就很少。考虑到大多数会的期限都是一年以上,所以就有企业同时加入两个或两个以上互助会的情况。这与胡必亮(2004)在项东村的调查结果基本一致。

(2)单会入会规模。入会规模主要是指会员人数以及会金总额。调查数据显示(表6-10),目前中小企业入会的融资规模处于5万以上的有79家,所占比重达到68.1%。相比早期的互助会，融资规模有了较大增长。这与互助融资的目的一致。早期主要用于生活耐用品或大件消费，而企业互助融资主要是用于生产投资等。入会人数主要控制在10~20人之间（80.2%），30人以上的会就很少（1.7%）。入会人数与融资金额密切相关。一般融资金额越大，所需人数就越多。

表6-10　企业互助会融资规模情况（N=116）

会金总额	企业数（家）	所占比重（%）	入会人数	企业数（家）	所占比重（%）
1~2万	8	6.9	10~20人	93	80.2
2~5万	29	25.0	20~30人	21	18.1
5~10万	66	56.9	30~40人	2	1.7
10万以上	13	11.2	40人以上	0	0.0
合计	116	100.0	合计	116	100.0

（3）入会融资利息。表6-11的数据表明，利息通常在"月息1-2分之间"，所占比例为64.6%，"月息1分以下"的次之，占比为23.3%，"无息"以及"月息3分以上"都很少，占比分别为0.0%和2.6%。

表6-11　企业互助会融资利息情况（N=116）（单位：‰）

利息水平	无息	1~10	11~20	21~30	30以上	合计
企业数（家）	0	27	75	11	3	116
所占比重（%）	0.0	23.3	64.6	9.5	2.6	100.0

三、小结

调查结果表明，苍南县中小企业普遍面临着正规金融的信贷困境，尤其是小企业、个体工商户以及家庭作坊。企业自有资金比例过高以及金融机构贷款比例偏低都表明正规金融在企业初创时期的缺位，并且企业在运行过程当中，同样面临着信贷难以获得的苦恼。近年来苍南县正规金融存贷比接近80%。2003年11月底，各项存款余额为81.4亿元，各县贷款余额为65.0亿元，存贷差164亿元，这部分资金大部分估计通过国有商业银行、央行和其他系统流出本辖区。几年来，邮政储蓄存款数目越来越大，2003年11月底达2.36亿元，这部分资金全部转存到人民银行，形成了造成资金外流的一个较大的"抽水机"。只有不到3000万元资金通过农业发展银行回流到苍南县。企业存款占总存款的比例为27.5%左右。2003年11月底，企业贷款（含基本建设贷款）占总贷款的比例为34%。2003年11月底企业贷款（含基本建设贷款）与企业存款余额的比例为100%。[①]这一比例说明了信贷机构基本上只把企业存款总额用在了企业贷款，没有把更多的资金投入到企业融资当中，从而加深了中小企业融资的困难，并把企业融资推向了民间金融市场。这是当地民间金融兴盛的一个前提条件，即存在民间资金的大量需求；与此同时，苍南县雄厚的民间资金是民间金融繁荣的另一个前提条件，即为当地企业提供了大量的资金供给。民间金融尽管在特定的时期出现过问题，给经济秩序带来负面影响，但总体来说，民间金融对正规金融缺位的弥补是其存在的根源。苍南县人民政府在官方正式层面虽然对民间金融实行打压政策，但在实际操作中则基本采取默许甚至支持的态度。这为民间金融的生存与发展提供了一个良好的外部政策环境。

互助会作为民间金融的一种形式仍然广泛存在且相当活跃，在企业初始资金来源以及企业通过民间借贷融资时分别排名第四（32.4%）和第三（62.9%）。经过20世纪80~90年代的倒会风波之后，人们对加入各种互助会已经十分谨慎。但目前企业入会的比例还是很高，达到69.0%。企业入会的资金规模虽然有了较大增长，但通常控制在10万元以内；会员人数大多在10到20人之间，并且利息比较稳定，“月息两分以下”占到87.9%。由此可见，苍南县中小企业互助融资已经开始从盲目的感性回归理性。

第三节　苍南县中小企业互助融资的形成

通过对苍南县中小企业融资状况的调查，我们发现，当地中小企业由于普遍面临正规金融的信贷困境，因而导致民间金融的兴盛与繁荣，其中互助融资占据着一定的份额。在本节我们将进一步分析哪些因素促成了苍南县中小企业互助融资的形成。鉴于资料收集的困难，我们将把相关文献、历史资料、深度访谈三种方法综合运用。

一、互助融资的历史传统

互助会作为农耕为主社会中建立在血缘关系基础上的非正规的小规模互助

① 冯兴元：《温州市苍南县农村中小企业融资调查报告》，载于《管理世界》，2004年第9期，第61页。

合作金融组织，在近代农村不仅非常流行，而且地域分布非常广泛。因而吸引了众多学者的关注。人类学家费孝通、台湾学者冯和法等在他们的著作中都有关于互助会的相关描述和记载。

在苍南实地调查时，作者发现1982年出版的《苍南县志》中也有关于民间借贷——互助会的记载：

请会俗称呈会，是由一个债务人向多个债权人，低息零借整还或零出整收的经济互助活动。往往由某一经济窘迫、急需一定资金之人出面洽谈邀请，凑足10人（请会人除外），由请会人收首会，以后会友间互为债务人和债权人，定期集会，按一定数额资金和方法，人人出会10次，收会一次。这种会是出会人对请会人的支持，必须讲信用，大多在亲友间进行。呈会资金数额可多可少，多则千元，少则几十元。周期长的一年轮会一次，十年结束；短的一月一次，一年结束。利息的高低则因地因时约定俗成。呈会方法主要有两种：一种方法称为摇会。在聚会时，会员们除向请会者每人平均出会份若干外，只论定聚会的时间和利息额，以后每次聚会时，会员们拿出会金和利息，由请会者收齐，然后当场用骰子摇出本次收会人，由收会人捧着骤得之巨款欢喜而归。另一种方法称为轮会，即先议定会份的比例，再确定顺序，轮流收会。轮会在聚会时，会员们先共同议定各次收会人每次出会金的比例，确定会份后，由请会人收首会，然后会员们再用摇骰子比点数大小的方法确定从一会到底会收会人的顺序。摇会因未收会者人人均有成为此轮收会人的可能，所以具有刺激性，因而较轮会更为盛行。行摇会采用增额法，即未收会者只出会份，已收会者除会份外加一定利息。

呈会大多出于对请会人的支持，因此，请会人收首会后，以后每会一般不出利息，仅出会份。请会人为表示对会友支持的感谢，在每次行会时都备酒菜相待。除此外，请会人还负有重大责任，未呈会前自称纠会人，发贴邀满会友，呈会后每次行会改称首会人，负责请齐会友，收齐会款。集会地点，大多设在请会人家中，届时由主人升起会旗，燃放鞭炮，请吃会酒，别有一番热闹气氛。

尽管地方志中也有关于标会的记载，但实际运行当中，民间互助会主要是以摇会和轮会为主，标会很少。作者认为，这可能与传统社会中呈会的目的在于互帮互助，互助的成分占据上风，会友之间对于经济利益看得相对较轻有关。而标会在旧社会由于利息较高，与高利贷近似，因此被人仇恨。

互助会的历史资料虽然向我们展示了早期互助会的运行规则，但其仅仅是对互助会运作的一个简单描述，对于我们深入研究中小企业互助融资的形成还有一定的距离。因此，作者期望通过深入访谈的方法，借助访谈对象的亲身经历，一方面可以使我们脱离历史文献的束缚得以接触更丰富、更生动的社会事实，以此反映我们所相信的历史，另一方面还可以延续、补充、深化甚而修正文献所呈现给人们面前的历史事实。

我们这里的互助会历史悠久。最早出现的叫做“干会”。产生的原因通常是有的人家遇到天灾人祸，周围的邻居，亲戚朋友同情他，“有钱的出钱，有力的出力”，一同帮助他们渡过难关。这些都是不需要偿还的。但在这里人情味很浓，我们帮助了他们，他们就觉得欠了我们“人情”，因而当别的人家出现困难时，他们也会出面帮忙。慢慢地互助会就这样发展起来了。现在我们镇比较穷的村庄还存在“干会”。后来才出现了摇会和轮会。轮会和摇会通常在圆会时就决定了收会顺序，收会的人都要宴请大家吃会酒，在那个年代吃得比较简单。互助会主要是凭着大家讲信用，如果正常运作，确实能解决很多问题。农村中婚丧嫁娶以及大额生活消费都可以使用。再到后来就出现了标会。随着生活水平的提高，家里的闲钱也增多了。存到银行利息也不是很多，为了获取较多的利息，就把钱投入标会。那时标会利率很高，基本和高利贷没有什么差别，所以当时有很多有钱人也参加入会，目的在于两个方面，一方面是吃利息，另一方面是进行生产投资或经商出现资金短缺，利用标会获取资金。

（访谈记录：3）

新中国成立以前，我们这里人多地少，生活很苦，没得饭吃，特别是在青黄不接的日子。所以那时大家要过日子，特别是要办人生三大事，盖房、娶媳妇、生子，还有农村的白喜事，这些都需要一笔很大的开销。但也没有钱，所以只好请会。一般都是10个人左右，主要是呈会，通常不计利息或者计息很低。请会的人就是会头，在请会那天要办一顿薄酒，以表示谢意，以后轮到谁收会，谁就办酒。由于大家都很穷，所以那时吃得很简单。由于手头基本没有什么余钱，请会一般也都是以实物来替代，比如说大米、棉花等等。

（访谈记录：2）

从社会记忆分析传统社会的互助会，我们所能看到的就是产生这些历史记忆的社会情境——处于乡村共同体中的成员以患难相恤、资源共享的互帮互助来应对现实的生活困境，切身体会到传统社会中某个成员一旦在生活上或者生产投资上遇有困难，家人、亲戚、邻居以及好友就会承担起救助和化解风险的功能。可见，互助会在当地已经成为一种传统习俗，它规范着人们的行为和决策。只要某成员面临较大的资金开支，就会想到利用互助会进行融资。而在如今市场经济条件下，中小企业普遍面临较大的资金需求，互助会的历史传统也使得企业主选择通过互助会进行融资。

此外，从请会要宴请会员吃酒也可以看出，互助会与唐宋时期的“会”、“社”是一脉相承的，从某种程度上也体现了历史传统的演变继承。并且，干会、摇会、轮会、标会的发展路径表明互助会的是个动态的发展过程，中小企业利用标会融资之所以盛行，一方面表明了标会比较适合中小企业的融资需求特征，另一方面也表明了只有盈利性的事物才适合市场经济发展的要求。

二、互助融资中的文化规范

第四章我们已经分析了影响中小企业互助融资形成的文化价值观在于家族主义、集体主义、特殊主义与四因素模式、人情与面子模式等。并且进一步从中观嵌入的角度分析地域文化对中小企业互助融资形成的作用。在此我们主要调查促进苍南县中小企业互助融资形成的文化因素。

(一)人口构成及移民文化

温州原为东瓯王属地。旧县志《风土志·民族》载，“瓯越民族自汉悉徙江淮，其地虚矣。自是，居者已非旧族。……五季朱褒、卢约迭据永嘉，朝夕反复，卒归钱氏；平阳又与闽接壤，闽越交争，锋镝所及，流移必多。故吾平民间族谱多言唐季避王曦乱，自赤岸来徙。赤岸者，占长溪地，今福鼎县也。明时，倭寇之扰平阳，被害最剧。清顺康间，郑成功之难，沿海徙界，民族变迁，此时尤甚。”根据《苍南县志·人口志(初稿)》上记载，“本县最先居民为何，已难查考，各姓人口，原来均先后从外地迁入。……就时代言，早而可考者为唐末、五代，其次为宋末、明末，……晚者为清康熙九年(1670年)以后。”《温州市志》上也有记载，温州人大多数是从各地迁移而来。正是这些千千万万全国各地迁入人口的后裔，构成了温州居民的多群体格局。田野调查也表明，苍南现有居民多为明清两代陆续从外地迁入者后裔。本文所调研的龙港镇新渡村就是孔子的第61代子孙移民而来。

我们这里人口主要由汉族和少数民族构成。少数民族主要包括畲族、土家族、苗族、回族、侗族、布依族、壮族等。……据苍南县志记载，在唐、宋、明、清都有外地人口迁入我们苍南境地。并且很多是整个家族、整个群体都迁往此地。每个朝代人口大量迁徙都有各自的原因，通过我对历史上几次较大规模的迁移的了解，主要是由于以下原因：一是较好的居住环境，我们这里处于平原地带，土地原来就地广人稀，加上气候温和，比较适宜居住；二是躲避战乱而迁入此地；三是因为自然灾害而移民补籍；四是武官守卫边疆定居于此。

（访谈记录：1）

群体移民的人口构成是苍南人吃苦耐劳、拼搏进取、竞争意识的人文积淀，形成了苍南人民特有的既共同生存，又互相竞争、互相促进的人文环境，造就了当地特殊的移民文化品格。这些移民刚来时居无定所，到处游荡漂移，生存条件较差，大部分移民都住在山区和半山区，在这种环境恶劣的情况下，他们意识到必须依靠相互帮助、相互扶持才能生存和发展下去。另外，苍南的移民是多个群体的移民，由于资源有限，后来的移民相当于要分享或占用先来移民群体的资源，因此移民群体之间存在互相制约和互相排斥的心理，所以竞争的意识特别强烈。从这一方面又增强了单个移民群体内部的凝聚力和团结，从而更增强了群体内部的互助精神。

（访谈记录：20）

不同时代、不同地区、不同文化背景的移民，积淀于今苍南境内，经长期繁衍生息及社会交往，形成了相互区隔的移民文化。移民文化一方面培养了苍南人民互助的精神，同时也培养了互相竞争的意识。而竞争意识反过来又促进了群体内部互助意识的增强。移民群体内部是一个高度凝聚力的群体，他们在生活上、生产上相互帮助，相互支援，对中小企业互助融资的形成具有很大的影响作用。

（二）语系差异

传统移民文化之间最显而易辨的差别就是方言语系。民国修《平阳县志》称，“今以言语分别，约有五派。曰瓯语，曰闽语，曰土语（俗称蛮语），曰金乡语，曰畲民语。大别区之，县治及万全区（今属平阳县）纯粹瓯语，小南（平阳境内）则闽语十一；江南则闽语、土语与贩语参半；金乡语唯旧卫所而已；北港（今属平阳县）则闽语六，瓯语四；南港、蒲门则闽语七八，瓯语二三焉。”这其中，江南、旧卫所、南港、蒲门均在今苍南境内。苍南县志注称，“瓯语本为瓯族，闽语来自闽族”；“惟土语江南一区有之，其称瓯语为后生语，则似海滨土著本作是语，后盖化为瓯语也；金乡卫，前明指挥部属居焉，初自用其乡之语，后与土语相杂成金乡语；若畲语则散居南北港、蒲门各山岙，其语亦属少数。”也就是说，一县之中，竟有5种不同方言在发挥交际功能，语系差异由此可见一斑（见表6-12）。[①]

如今宜山范围以瓯语为主，夹杂闽语、蛮话。金乡镇以金乡话为主，夹杂闽语、蛮话。钱库镇则以蛮话为主，夹杂闽语。龙港镇作为以上三镇的移民城镇，四种方言并存，但所在地原通行瓯语。今便以瓯语为骨干语言。闽语是闽南方言，但与今闽南语腔调上略有差别。瓯语为温州话，但与市区的也有微小的差异。金乡语是明抗倭驻兵（金乡镇原为金乡卫）的乡语和当地语言杂交而成的新语种，全国仅此一地有之。以上四种方言自成体系，有如异国语言，外人无法听懂。作者在苍南县新渡村调研过程中，有的村民（尤其是老年人）不能听懂普通话，只能由陪同人员代为翻译。并且也发现，当地人只要是讲同一种方言语系的，交谈时就不会讲普通话，即使作者身在其间。因此，语系众多、方言难懂对苍南的实地调查带来了些许困难。

表6-12 苍南县方言分布状况

地区	拥有乡镇数	流通某种方言的乡镇数				
		闽语	蛮话	瓯语	金乡话	畲语
江南	30	8	20	9	1	—
南港	22	21	—	4	—	3
蒲门	23	21	—	1	—	5
合计	75	50	20	14	1	8

资料来源：温瑞政《苍南方言志》，语文出版社，1991年版，9-12页。

江南片众多的独特方言并存，形成了当地独特的亚文化。由方言异同引起认同感而形成社会中的非正式组织，如民间互助会，在江南片乃至苍南县普遍存在，并在社会中发挥着一定的积极功能。长期以来，温州一直都是任何一个王朝江山的偏僻一隅，它对外界的向往注定是无奈的。温州话的“自足性”（自

① 应该说，苍南县志上记载的只是当地语言的主体。根据作者在苍南的实地调查，被访人告诉我“苍南的方言远不止这5种，应该有更多”，“不同城镇之间就存在语言差异，有的甚至在同一个镇都存在好几种方言”。由此可见，移民人口的众多差异带来了语系的复杂性。

己听得懂，别人听不懂）所带来的封闭、谨小慎微的自我保护能力，使得与外界社会或地理上存在一定程度的隔离，从而满足了安德森等人（Anderson，1966；Biggart，2000）提出的互助融资形成的一个前提条件。此外，温州人由于受制于自我的文化素质，及长期对外界的闭塞和盲目，他们到新地方与人交流的隔膜太多，温州方言这种温情脉脉、乡土化的属性，正好就是"可遁入的语言保护层"。王春光（2000）从社会网络的流动性视角研究巴黎的温州人的行动行为，文中提到身在异国他乡的温州人利用互助会进行融资，一方面表明了社会网络在流动中仍然有效，另一方面也表明温州方言具有一种其他乡土俚语所不具备的本土文化的亲和力与和谐美。

（三）诚信文化

诚信文化作为道德修养与行为规范，是中华传统道德的支柱。回顾历史，我们就可发现，温州工商业之所以繁荣发达，其中商家讲究信誉，讲究诚信起到了很重要的作用。与此同时，永嘉学派倡导的诚信理念有其独特的区域特点，主张"以义取利"、"事功致用"。给温州人经商打上了"取利有道"的烙印。可见，具有经商传统的温州人，血液中总是携带着这一文化因子。这种积极向上的诚信文化影响千百年，直至如今成了现代温州人的精神。在和当地企业主以及居民进行访谈时，他们都认为中小企业互助融资的形成都与诚信密切相关。

互助融资之所以能形成，我想主要在于以下几个方面：一是请会之人是否有诚信，人品怎么样。我们这里互助会都是由请会的人去凑齐会脚，如果请会的人不讲诚信，他是无论如何也请不了会的。二是请会人的实力。主要看他有没有这个能力把这个会进行下去。……五是大家得利。请会和入会大家都有好处，特别是小企业，资金总会出现周转不灵的时候。我在创业时就入过几个会。

（访谈记录：4）

诚信是互助会得以形成的一个重要前提条件，即使请会的人实力再强，如果不讲诚信，人品不好，他也是请不了会的。另外，我们这里请会的人如果因为特殊情况，比方讲做生意赔了或者因为天灾人祸，使得互助会无法进行下去出现倒会的情况，他也会和会脚说明清楚，并打上欠条，日后再把钱还上。当然也有一些人恶意倒会或者倒会之后不还钱的，但相对较少。何况，我们这里基本上每家每户都在做些生意，如果不讲究诚信，生意也没法做。

（访谈记录：12）

由此可见，互助会实为一种民间的信用借贷，而诚信是互助会得以形成的先决条件。它尤其注重对个人(会首或会员)信用的衡量，需以信义而起，以信义而守，以信义而终，此所谓“谨以义起，冀以义终”[①]。苍南县中小企业互助融资之所以形成及盛行，一方面在于当地普遍诚信的文化氛围，另一方面，在于传统社会中以地缘、血缘、亲缘为基础的信任秩序。

(四)地方习俗

1. 人情社会

作者在苍南调研时了解到，当地人情之风盛行，主要是红白喜事，红喜事如定亲、嫁娶、小孩满月、周岁以及平常生日、老人做寿、建房上梁、乔迁新居、门面开张、考上大学等等，白喜事主要是老人过世和安葬等。此外还有同事旧谊、春节拜年等。这些人情往来都要彼此送礼金、礼品，接受宴请等。日常遇事讲究互帮互助、彼此关照。人情交往网络不断外化巩固，形成认同感较强的非正式组织，按成因分类，大致有地缘型、亲缘型、宗族型、方言型等等。那么，人情盛行对互助会的形成是否有积极作用呢?

……三是人情。请会人与会脚通常都是亲朋好友、熟人关系，所以一般都会有人情往来。如果不参加，就有可能影响到彼此的关系。所以有时候也是没有办法。四是面子。他来请我入会，说明我有面子，如果我答应了，就相当于给他面子。今后我请会他也会参加。……

(访谈记录：4)

互助会在当地也有叫人情会的。人情往来虽然加重了负担，但其积极的一面就是增加了大家见面交往的机会，加强了彼此的感情。所以一旦哪家有经济困难想请会，亲戚朋友一般都会入会。另外，人情往来就是要经常交往，如果平时不交往，等到碰到麻烦才求人，就不是很好，感觉就是有事的时候才想起你，因此通常会引起人家的反感。

(访谈记录：6)

……互助会的利率通常要比银行的利率要高，在做人情的同时，还能获得较高的收益。……并且，互助会还可以维持人情往来，相当于一项长期投资，可

① 当然，实际当中互助会并非完全出于对个人的诚信，往往同时也需要信用担保。比如广东标会“凡得会者，必须觅一有信用之人或殷实之商店作保证，以负完全责任”。在某些地区轮会也需要附加信用担保，另外在某些地方会脚得会后也需提供担保，交出相当于所得的文契(如田契之类)，由未得会者管理。

以获得长远的收益。

（访谈记录：11）

人情是中国人人际互动中一种世俗化的生活理念，它的产生有着深刻的历史文化背景，与中国农业文明及儒家人伦思想密切相关，具体表现为中国人将文化思想中的“义”与现实生活中的“利”加以调和，使之变成一种富于伸缩性的人际互动方式，其着眼点是人与人之间交往互动，建立和发展互助互惠关系。苍南当地人社会交往频繁，人情味很浓，为乡土社会开展互助会提供了文化基础。作者认为，互助会从某种程度上来说就是民间社会的一种人情往来关系。

2. 盟兄弟、盟姐妹[①]

在苍南县的江南片，社会中还有一种从人们年幼时便形成的独特的社会关系，即盟兄弟。男子中十有八九会有结拜的盟兄弟，女性结拜的相对较少，但也有少数的妇女结拜成盟姐妹。过去所结拜的盟兄弟，尚九，多是9个人结拜成盟兄弟。现在的盟兄弟的人数不等。盟兄弟有制度化和非制度化的不同作用。制度化的作用主要体现在喜事和丧事上。一个人结婚时，他的盟兄弟是一定要参加的，并且是主要的劳动力。在结婚宴客上，盟兄弟要承担在宴客时所有各项杂活。在宴席上，诸位盟兄弟单独坐在一桌上。他们认为，之所以要9个人结拜盟兄弟，就是因为一个人结婚时，另外的8个人正好坐一桌。若家中有人去世，特别是父母亲去世时，盟兄弟的作用是很重要的。因为当地的风俗，家中有了丧事，外来的人只是被请吃酒，不能干活，而在操办丧事时，各种杂事很多，这就需要盟兄弟出面帮忙做各种事情。此外，小孩的满月酒，盟兄弟是一定要喝的。

男孩在很小的时候就结拜盟兄弟，大家年龄相仿，一般在10岁上下，有的在8~9岁，有的迟至14~15岁，很少顾及姓氏，甚至在同姓之中也不考虑辈分。结拜的仪式一般是比较正式的。所有参加结拜的人要聚在一起，尽管他们结拜时年龄都还不大，但家长也要为他们准备酒，大家一起喝酒，表示结拜。在以后，盟兄弟每年都要至少一次的聚会，一起喝酒，保持感情。据估计，过去的人几乎是100%有盟兄弟的，现在的年轻人中少了一些，大约在50%。

江某是龙港镇工商分局下派到新渡村的工作人员，为该村的有关工作进行指导。在与他就互助会的形成进行交谈的时候，他专门提到了盟兄弟在其中起

① 此处参考夏小军（2002）和王晓毅、朱成堡（1996）。

到的作用。

盟兄弟是我们这里独有的。有点类似于国内其他地方的结拜兄弟、干兄弟，男性基本上都有盟兄弟……盟兄弟之间是有义务相互帮助、相互扶持。当一个兄弟有困难时，我们都会帮忙，何况他请会，我们更会积极主动地应会。早期有的兄弟家里很穷，我们大家都会给钱给物，在我们这里叫“干会”，不用还的。

（访谈记录：7）

可见，当地这种盟兄弟对于密切成员之间的关系，增进他们之间的交往与合作有着重要的作用。随着经济的发展，人口的流动，人们之间的关系尽管也在发生改变，但他们的兄弟观念（类亲缘观念）仍然存在。只要有人出现经营资金困难，准备请会，其盟兄弟就有义务入会。当然盟兄弟之间开展互助融资并不是一种完全的义务互助，除了依赖情感之外，还要实现彼此之间的互惠互利。

3. 通婚习惯

陈某是通过一个熟人介绍才认识的，他在苍南县一家银行工作，刚到苍南就是他接待了我。在见面之前，我就通过电话说明了来意，所以他是做了一些准备。严格意义上来说，我们之间的谈话并不算正式的访谈，但他确实给我提供了一些有价值的信息。

……另外，我们这里主要分为江南和江北两块，两地方言差异很大，江南片主要讲闽南话，江北主要讲的是温州话。由于语言之间的差异，两地之间很少通婚。江南的姑娘很少嫁给江北的小伙子，江北的姑娘也很少嫁给江南的小伙子。讲闽南话的看不起讲温州话的，彼此之间存在鄙视心理。彼此不通婚将进一步加强地域的封闭性，我想这可能对互助会的形成有影响。

（访谈记录：9）

从表面看来，通婚习惯与互助融资并没有什么关联，但由于方言差异导致的南北不婚嫁表明当地还是比较封闭的，造成了乡土社会内部一定程度的隔离，从而在某种程度上有利于中小企业互助融资的形成。

三、互助融资的社会网络

（一）宗族组织

早在宋元时期，平苍一带的世家巨族即已有了较完备的宗族组织。晚清以降，一般乡民也有了宗族组织，他们各自供奉一个明确的始迁祖；定期祭祀、展墓、修谱。宗族集团内部互动频繁，人们在生产和生活上，借助宗族组织之处所在多多；任何个人和家庭都难以置宗族利益于不顾。历史上形成的聚族而居也一直延续下来。苍南县的宗族文化色彩十分浓重，其频繁的宗族活动及由此引发的正面与负面功能是温州地区显著的亚文化之一。在当地，作为宗族组织赖以维系宗族成员的主要手段的祠堂和族谱普遍存在。据苍南县公安部门估计，江南区域内，现存祠堂达1000多处。根据“国情调查——苍南卷课题组”的抽样调查资料，江南片3个乡8个行政村的25个姓氏，2789户，有祠堂和族谱的有17姓，2619户，分别占总数的68%和94%。调查所及的行政村中，首位姓均有祠堂和族谱，而自述族中没有祠堂和族谱的8个姓氏中，有7个姓氏的户数占其行政村总户数不足8%。其中没有祠堂和族谱的8姓中，有7姓为户数不足所在行政村总户数8%的小姓。何况，其中部分姓是出于种种考虑，将有祠堂和族谱说成无祠堂、族谱的。[①] 实地调查也表明，迄今人们仍然借助宗族组织解决生活和生产问题。

随着人口增长、迁徙和社会经济地位变动等等，一些大的宗族集团又往往分化为不同的支、房。一些支、房还自建供奉本支、本房祖先的支祠，修纂支谱；他们已具有相对独立性。近年来，江南片又兴起联宗联谱活动，即同姓之人认作同族，若干同姓宗族联为同宗并连修联环谱。江南片的宗族以陈、杨两姓为最大集团，势力最强，其他许多姓攀附他们成为其“相好姓”。联宗使宗族组织规模向巨型化发展。由于吴语、闽语中黄、王不分，因此黄、王两姓也往往视为同姓。县人又多为不同历史时期闽中移民后裔，而闽中又有“八姓一家”的传说，林、黄、陈、郑等姓有时也相互引为同族；再上溯殷周时代，现有各姓多源于传说中的子姓封国和姬姓封国，今虽姓异，然追根溯源则为一，联宗和结“相好姓”的活动愈益膨胀。由是，宗族组织已发展成为层次丰富、结构复杂的组织系统。

按照刘小京（1993）的解释，宗族一般是指以血缘关系为纽带，以同一父系的男性后代为主要成分组成的同姓的社会集团。此外，龚佩华（1997）认为宗族不仅仅是血缘关系，它还包括等级隶属关系，君臣父子兄弟叔伯，既使是家庭关系，也含有隶属控制之意，即宗法关系。它影响着中国传统社会的政权形式。

① 转引自王晓毅、朱成堡：《中国乡村的民营企业与家族经济——浙江省苍南县项东村调查》，太原：山西经济出版社，1996年版，第31页。

中国的宗法家族制通过儒家学说，使国家与宗法制家庭高度统一、协调一致，所谓“欲治其国者，先齐其家”[①]、“天下之本在国，国之本在家”[②]。

中国的宗法家族制提倡同族讲信修睦、同族相亲。以血缘维系家族，以家族庇护子孙、个人。在家庭中是以父子为轴心的、父权的、父子传承的关系，敬祖宗、重宗长，长幼有序，男尊女卑，并以大家庭为基础的家族制度。而父权的确立和巩固必须以“孝道”为前提，延伸到社会上则为“忠君”，君者，即“君父”，臣者，则为“臣子”，这是人人必须遵守的社会法则。宗族上层通常需要依靠宗族扩展自己的势力，一般家族成员也需要依靠宗族家族组织求得庇护。因此，从某种程度上来讲，宗族就是一个扩大的家族，而宗族文化也是家族文化的体现。在宗族文化下，当宗族利益和个人利益发生冲突时，个人必须忠于宗族，努力达成宗族的要求，必要时甚至可以牺牲自己利益，以成全宗族利益。基于这种集体主义思想，如果族人中有困难需要帮助时，其他成员将会毫不犹豫地伸出支援之手，从而形成宗族内部互助的文化氛围，由此论证了互助融资形成的一大前提条件——集体义务（Bascom，1952；Biggart，2000）。与此同时，互助也是根据成员关系的亲近疏远来决定是否进行以及帮助的程度，反映的是一种特殊主义的社会文化价值。这一点和本文第三章的理论分析相一致。

……请会之人以及会员大家都很熟悉，要不是亲戚，要不就是朋友，还有就是兄弟，大家都知根知底，每个家里的基本情况大家都很清楚。所以这个人人品怎样，讲不讲信用，大家都很清楚。当然，有时会里也有不认识的，但只要和会头关系很好，大家也就不会担心。毕竟我们这里是个小地方，稍微有些波动，大家都会很快知道。

（访谈记录：12）

……另一方面，历史上形成的聚族而居也一直延续下来。我们这里的村庄都是集聚在一起，不会像在南港片的山区那样比较散落。平原地带有一个很大的好处就是群居，早期互助会需要定期聚会，每次聚会都会在收会的会脚家里交纳会份并吃酒，如果在山区就很难集中，成员之间的交流也相对较少，彼此之间的信息不易流通，因此平原地带及聚族而居的习惯有利于互助会的形成。

（访谈记录：8）

---

① 参见《礼记·大学》。

② 参见《孟子》，转引自（周易述）卷二十。

苍南县宗族组织的存在及盛行为当地的中小企业进行互助融资提供了良好的外部条件：一方面加强了宗族内部成员之间的联系，不仅增强了凝聚力，而且促进了信息传递，减少了成员之间的信息不对称，从而有利于互助融资的形成。二是宗族之间的联宗联谱为族人提供了更大的关系网络空间，带来的是更大的社会资本。当本宗族内部不能或不足以形成互助会时，可以向联宗的成员发出邀请。

(二)村庄

中国社会是以乡村为基础的，并以乡村为主体的；所以文化，多半是从乡村而来，又为乡村而设，法制、礼俗、工商业等莫不如是(梁漱溟，1992)。也就是说，村庄是中国文化与中国社会的根基。无论是作为个体的人，还是作为因不同目的而创立的组织与机构，根据格兰诺威特的理论，如果嵌入到一种具体的社会关系与社会结构中，就会产生对于相互之间的信任，并彼此间和睦相处(Granovetter，1985)。这一点对于互助会而言，也是如此。作为一种民间的互助组织，它内生并嵌入到中国的村庄之中，所以，无论是互助会组织本身，还是参与其间的村民，都因此而成为值得信任的组织和个人。

此外，宗族组织也是嵌入到村庄之中的。苍南县下辖村庄有的其实就是一个规模庞大的宗族组织。在村庄与宗族双重网络组织之中，由于习俗、社区规范制约所形成的信息共享机制与社区互助精神的存在，以及受地方传统影响所拥有的商业文化等因素的共同作用，再加上村庄的市场化程度与社会开放程度不高，因此，信任就容易在这样的环境中生存与发展(胡必亮，2004，2006)。由此，在这种环境之下，基于地缘、亲缘、血缘基础之上的信任就更加容易促进中小企业互助融资的形成。

四、互助融资的经济基础

(一)江南片的地理优势与资源禀赋

苍南县的地理习惯上分为南港和江南两片，两片的经济、文化和社会特征有一些差异。南港片以山区为主，交通不便，经济相对落后。而且紧靠福建省，操闽南方言，带有较多的福建地域文化特征。江南片因位于鳌江以南而得名，它以平原为主，除一些浅丘以外，地势颇为平坦，水网密布，公路运输与水上机船运输有机地联为一体，交通十分便捷，经济基础也相对较好，农村经济总收入在全县居于首位。本文侧重调研的龙港、金乡、钱库都属于江南片。

我们龙港这里处于苍南县的江南片，以平原为主，经济基础也相对较好，农村经济总收入在全县居于首位。这对互助会的形成提供了一定的经济基础。……

（访谈记录：8）

苍南经济在历史上是以农业为主，因此，最重要的生产资源就是土地。但史书记载温州暨平苍一带受土地资源限制而推动的农业生产集约化由来已久。[①]清嘉庆25年（1820年）以来，温州市人口增长率长期居高不下，平苍一带人口增长率更高。[②]然而，耕地后备资源有限，人口增长意味着人均耕地占有量的减少。1944年，原平阳县人均耕地（水田旱地合计）1.32亩，到1978年已减至0.62亩。[③]但由于苍南地处亚热带绿阔叶林地带，纬度偏南，靠山面海，气候温暖湿润，适宜茶树等多种经济作物生长，且颇具渔盐之利；何况，蒲门地区的明矾总储藏量高达1.57亿吨，居全国首位；南港地区（今灵溪）的碗窑，陶土资源也颇易开采。[④]由此可见，江南片的地理优势与资源禀赋为当地居民开展互助融资提供了一定的经济基础条件。

（二）非农产业与经商打工

人多地少导致平苍居民与土谋食异常艰难，但资源禀赋的优势可以使得苍南人转向非农产业，由此形成极具地方特色的兼业生产模式。其中，最具代表性的就是农户兼营家庭棉纺织业、矾矿开采和茶叶生产。除此之外，江南、蒲门沿海的制盐业，南港桥墩区的制陶业和烟草加工业等也都颇具规模。农业生产之余，苍南百姓或在闽浙边界地带做小本生意，或南下闽南，北上沪杭，求职、打工、做生意，有的甚至飘洋过海到日本、东南亚、欧洲诸国经商谋生。费孝通先生曾经说过温州地区的历史传统是“八仙过海”：石刻、竹编、弹棉、箍桶、裁缝、理发、厨师等百工手艺人和挑担卖糖、卖小百货生意郎周游各地，养家立业。兼业生产和经商打工的传统为当地人的创业和进一步发展奠定了经济基

① 根据明万历年间纂修的《温州府志》中记载，温州“土薄难艺”、“民以力胜”、“能握微资以自营殖”。乾隆《温州府志》进一步称“民勤于力以胜地”。

② 1932年，温州市有234.1万人，1982年已增至526.0万人，增长率达到124.7%，与此同时，1980年，平苍一带人口达到159.2万人，比1932年增长142.0%。

③ 胡焕庸、张善余编：《中国人口地理（下）》，上海：华东师范大学出版社，1986年版，第136页。

④ 转引自刘小京：《地方社会经济发展的历史前提——以浙江苍南县为个案》，载于《社会学研究》，1994年第6期，第84页。

础。作者在对苍南四镇的问卷调查表明，调查数据表明，57.7%的中小企业在创办时依靠50%以上自有资金。由此也可以看出苍南的民间资金非常雄厚。

(三)资金供求的平衡

苍南人四海为家，喜欢闯荡的个性，逐渐培养了敢于拼搏、敢于冒险、敢于创新的企业家精神，造就了“宁为鸡头，不为凤尾”的价值观念。现如今，苍南的私营企业、个体工商户以及家庭作坊的大量存在和早期的经商传统文化无不存在密切关系。张仁寿(1995)指出，在温州，重商主义的商业文化传统奇妙地一直得以延续并广泛地深入民间，构成了温州人特有的文化“遗传基因”。根据苍南县工商局的企业统计资料，99%以上是中小企业，并且其中小企业以及个体工商户占据绝大多数。在与苍南县工商局长等人交谈时，他们也谈到民间金融比较适合小规模企业特别是个体工商户的资金需求。

……苍南这里的企业主要都是建立在家庭经营基础上的农村工业和商业，最显著的特点就是“低、小、散”，目前的经营很活跃，但是比较混乱、无序，难以管理。……当地农民创建民营中小企业初期，利用自己的房屋，或搭建简易的小厂房，购置一台机器设备就可以组织小商品的生产，或者从事商品经销和流通，经营规模都比较小，需要的资本数额也不是很大，所以小规模的民间自由借贷基本能够满足他们创业的资金需求，二者在低资金规模条件下实现了一定的资金供求均衡。

(访谈记录：15)

最主要的还是民间存在大量的资金需求和供给。我们这里个私营企业发达，规模都不是很大，自身条件不足以从银行获得贷款，所以资金紧张。同时，经商打工的传统为当地人积累了比较雄厚的民间资金。在银行存款利率多次下跌之后，存在银行所获取的利息越来越低，因此必然有部分资金投向民间金融。

(访谈记录：11)

小企业的民间资金需求以及企业内部资金流动的特征为互助融资的盛行提供了生存的土壤。由于自有资金的缺乏，农民通常选择请会的方式，作为会首首先获取资金进行投资，但其后的聚会他都要交纳份额，因而他只能选择设备少、投资小、上马快、易扩散、投资回收期短的“短平快”投资项目，从而保证会金的及时交纳。苍南县“小商品、大市场”的经营模式为当地小企业、个体工商户以及家庭作坊提供了稳定的收入来源，使得企业主在社会和经济上具有相当的稳定性，Cope和Kurtz(1980)以及Biggart(2000)关于互助会何以形成的观点在此得到验证。

五、互助融资的政策环境

互助融资的政策环境主要是指地方政府以及当地正规金融机构对互助融资的态度及规定。由于没有正式的文件及相关资料，在这里，我们只得通过与当地政府、金融机构的工作人员以及入会企业老板的访谈，来验证当地的政策环境是否与互助融资的形成密切相关。

这是一个比较敏感的话题。应该说，我们镇政府一直都是采取一种求真务实的工作态度。互助会作为民间金融的一种形式，对民营经济的发展的确起到了一定的作用。它可以解决个私企业在创建期以及流动资金短缺的问题，有利于企业的健康成长，政府的财政收入因此也得到增加。从这个层面上来讲，互助会具有积极作用，应当支持。但互助会在20世纪80年代出现过问题，带来了很大的负面影响，当时还成立了清会办，处理倒会的遗留问题。对此政府部门仍然心有余悸。目前互助会还没有相关的法律，我们也不好轻易地做出什么规定。目前我们对于互助会主要有两点认识：一是对于正常运行的互助会，我们采取默认和支持的态度；二是对于以互助会为借口，变相集资诈骗的“抬会”就坚决打击，决不手软。

（访谈记录：11）

政府对我们这个互助会基本上睁一只眼，闭一只眼。都知道民间互助会很盛行，只要不出大问题，政府都不会过问。前些年我们苍南这里倒会很厉害，不少人入会后被套住，最后弄得家破人亡。当时是由乐清“抬会”引起的，牵涉苍南、瑞安、平阳等县，影响面很大。这个“抬会”就是会中有会，小会抬大会，我们当时都感觉要出问题，就是不知道来得那么快。那时政府专门成立清会办，解决倒会风波的遗留问题。自从出事之后，大家对入会也谨慎起来，规模也不是很大，所以没有出现什么问题，对企业融资又发挥了原有的互助作用，这一点政府是默认和支持的，但政府对以互助会为名变相集资是坚决打击的。现在我们这里“抬会”基本是没有了。

（访谈记录：5）

通过他们的谈话，我们可以发现，民间互助会内生于民营经济，它是适应民营经济的需求而产生的，与此同时，务实敢为的龙港镇政府既为中小企业的形成提供了良好的经济制度，同时也默许和支持了互助会的开展。并且，对于利用互助会进行集资或者变相诈骗的行为实施坚决打击的政策，给中小企业利用非正规的民间金融，开展互助融资提供了政策保障。

我们银行对小企业贷款有以下规定：(1)信用额度在200万元(含)以下的，注册资本须在50万元以上，原则上房地产抵押或质押率在90%以上；信用额度在200万元以上500万元以下的，注册资本必须在100万元以上，原则上房地产抵押或质押率在70%以上；信用额度更高，条件也越苛刻。(2)信用等级A+级及以上。(3)有固定经营场所，对经营场所采用租赁方式的小企业要提供租赁合同。(4)在我行开立基本结算账户或存款账户，具有稳定现金流量。(5)能落实足值，有效担保。(6)信用记录良好，无不良贷款和欠息；企业主要投资人和管理人遵纪守法、信誉良好。虽然对于具有全额房地产抵押的小企业，可以不受前面两个基本条件的限制，但由于贷款条件对小企业来讲，门槛很高，因此很难从我们银行获得贷款。

小企业以及个体工商户从银行贷不到款，只能通过民间金融获取资金支持。互助会作为民间金融的一种形式，在我们这里相当普遍。它的确满足了一部分民间的小额资金需求，对当地的民营经济发展还是起到了一定的作用。虽然互助会的利率比银行高，可能使得银行存款部分外流，但规模不大，因而对商业银行一般没有什么太大影响。何况我们苍南这里民间资金雄厚，具体数目无法肯定，据说可能超过银行及信用社的资金规模。我想这也是民间互助会盛行的一个重要原因。

(访谈记录：9)

我们分社主要是两项业务：一是农业贷款，二是针对个体工商户贷款。对于企业贷款，由于贷款条件比较高，如要有房产抵押、周转资金要求要快等等，小企业一般也达不到，所以我们分社基本没有这方面的业务。

……互助会在我们这里的确很普遍，我老婆就在做会，也经常入会。她们主要就是贴补家用，用于消费等。由于互助会的规模都不是很大，所以对当地的商业银行和信用社都没有什么冲击。不过，自从信用社实行浮动利率以来，向企业供应的资金明显增多，民间借贷的资金也开始减少，最近我们总社好像要出台一项政策，主要针对小、微型企业贷款的，在资本金150万元以下优先扶持。这可能对小企业是个好消息。我想信用社以及正规金融的体制改革将会对民间互助会以及其他的民间金融组织有所影响。

（访谈记录：14）

当地正规金融机构对于小企业的贷款条件比较苛刻，门槛较高，一般中小企业都无法达到银行的政策要求。这是民间互助会得以形成的一个重要原因。虽然正规金融机构推行了一系列的金融体制改革，某种程度上有利于缓解中小企业的资金紧张程度，同时对民间金融也有所冲击，但企业还是存在很大的资金缺口，民间互助会仍然盛行。虽然二者的谈话都没有提及但已表明，当地的正规金融机构企图通过金融改革来达到消除民间金融的努力已经遭到破灭。正规金融与民间金融将会在当地并行不悖地存在与发展下去。

第四节　中小企业互助融资的运行及风险控制

民间金融具有较多的乡土社会特征。无论是民间的金融机构，还是非机构性的民间借贷，乡土社会的亲戚朋友以及社会关系网络都起着重要的作用。村庄的各种互助会也都主要是建立在熟人之间，依靠乡土亲情和社会信誉来进行。目前学术界也都以村庄或者乡镇为例，来研究民间金融以及各种互助会。作为民间金融盛行地区之一的温州，往往成为国内学者关注的焦点(王晓毅，1999；郭斌、刘蔓路，2002；胡必亮，2004；冯兴元，2004；张军，1997，2005；张翔，2006等)。但是，随着农村工业化、城镇化的进行以及民间金融组织化、制度化的发展，乡土社会的特征也逐渐弱化。因此，本文选择龙港镇新渡村作为调查对象，对中小企业互助融资的运行及风险控制机制做一深入调查。

一、新渡村概况

本文所选择的新渡村隶属于苍南县龙港镇，是著名的“中国第一座农民城”的重要组成部分。新渡村位于龙港镇城区北端(属于龙港镇中心地带)，濒临鳌江。所以，水陆交通比较方便，地理优势明显。新渡村的村民大部分姓孔。根据孔氏族谱记载，“温州永嘉场孔氏是瑞安大月孔氏第五十九世孙彦爽公偕胞弟彦磬公，于明正统二年(公元1424年)去永嘉场华蓋四甲经商谋生，在当地传元后的帮助下，即在该地定居，彦爽公是四甲的始祖。新渡孔氏始祖又是永嘉场四甲乔徙过来，他是孔氏第61代世孙宏爱公，至今已有近500年了，在此繁衍17代，人丁计一千八百多员”。

与苍南县其他村庄一样，新渡村人均耕地只有0.36亩，户均1.49亩，属于比较典型的人多地少型村庄。正因为如此，该村自从1984年建镇以来，就一直很重视村办工业的发展，农户主要从事商业和手工业以及副业生产。1985年，第一个集体企业——龙港建材批发市场建立。1987年，工业纺织品市场也随之建立。经过22年的努力，目前新渡村业已形成工业纺织品市场、旧铁市场、毛毯加工区、仓储、搬运站（市场搬运站，工业品市场搬运站）、木材市场等8个大型的专业市场。现辖陆域总面积500多亩，全村现有335户，人口1387人，其中中共党员44人。村办集体企业8家，总资产3650万元，年集体经济收入360万元，农民人均收入8008元。[①]近年来，新渡村先后荣获温州市政府授予的“小康百强村”、县政府颁发的“村民自治模范村”，连续三年被评为“村级集体经济强村”、“文明村”以及“龙港镇集体经济十强村”等荣誉。[②]

二、中小企业互助融资的发展脉络及运行机制

叶大兵（2002）指出，温州民间“呈会”习俗的形成和发展，大致经历了三个阶段，分别为：纯属民间互助阶段、互助和计息相结合阶段以及社会集资型阶段。虽然这一观点得到国内学术界的赞同，但对于具体的地点和社会背景，我们应该区别对待。本文鉴于叶大兵的三阶段理论，在对龙港镇新渡村实地调研的基础上，从时间角度把新渡村的互助融资分为四个发展阶段（如图6-5），并深入分析其中所隐含的运行机制。

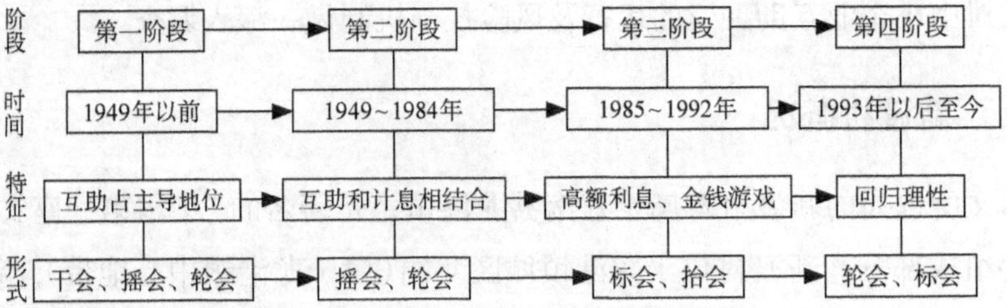

图6-5 新渡村中小企业互助融资的发展脉络

① 资料来源：苍南县龙港镇新渡村申报创建文明村材料。
② 资料来源：龙港镇新渡村村民委员会。

（一）1949年以前：互助占主导地位阶段

现有历史资料表明，1949年以前，互助会仍为中国农村融通资金的较好形式（实业部中央农业实验所，1934；冯和法，1935；吕平登，1936等）。在这个时期，互助会的主要目的在于生活互助，基本不涉及生产投资。通过实地调研和访谈，我们了解到新渡村当时互助会的主要形式有干会、摇会和轮会。干会是一种纯属互助性质的会。这种会刚开始则是由于意外情况发生，亲戚、朋友、邻里①自发地帮助行为，没有利息。后来则发展为摇会的一种具体形式，一般由会首和会员事先商定，如会员10人，每人10元，即100元。第一次会金由会首收取，其后通过摇骰子，谁的点数最大就由谁收会，依次类推，到最后一个人收会为止。轮会是按照预先排定的次序轮流收取会金，因此在当地也叫做“坐会”。摇会在当地也有不同的名称，有“父母会”、“月月红”等。“父母会”，是专为父母治丧费用所拼凑的会。②一般由邻居或亲朋聚在一起。每当与会者的父母逝世时，每个会员付固定的钱款给父母逝世的与会者，以供办理丧事费用。以每个会员的父母丧事办完为一周期。这种形式大都是贫苦的农民或渔民中举办。“月月红”也叫“花儿会”，是一种数额较小的轮会形式，第一次会金由发起人收起，以后按事先商量排定次序，由会首定期陆续还清，不付利息。民间俗规，只是还钱时加送一刀肉，作为酬谢。此外，有的农户很穷，家里没有余钱，就只能利用实物如大米、稻谷入会，在当地也叫做“米会”或者“稻谷会”。“米会”是一种民间实物互助的金融形式，一般会员大约有10~20人，每月、每两个月或者每季度聚会一次，每个会员每次出30~50斤大米，入会者按照事先商定的顺序轮流收入所有会员的大米。其运作方式与轮会一样，只是入会交纳会金的形式不同。以上互助会的几种主要形式，都充分体现村民团结互助的传统美德。

表6-13　会单（单位：元）

序号	姓名	与会首关系	收会日期	本金收入
0	A	会首本人	1936年7月	150
1	B	邻里	1936年9月	150
2	C	妯娌	1936年11月	150

① 这里的邻里有部分就是本家族或宗族成员。

② 父母会在河南等地也称为老人会、天伦会、亡人会、殡葬社、灯笼会、丧亲会、丧亡社、助丧会、架子社、杆子社、乾抬会等名称。20世纪30年代这种形式更为普遍，在有些地方也称为穷人会。参见郑起东：《转轨期的华北农村社会》，上海：上海书店出版社，2004年版，135-136页。

续表

序号	姓名	与会首关系	收会日期	本金收入
3	D	邻里	1937年1月	150
4	E	邻里	1937年3月	150
5	F	亲戚	1937年5月	150
6	G	兄弟	1937年7月	150
7	H	邻里	1937年9月	150
8	I	亲戚	1937年11月	150
9	J	邻里	1938年1月	150
10	K	兄弟	1938年3月	150

说明：(1)会钱以1936年7月起至1938年3月止；

(2)收会时间为每月20日，望大家遵守。

表6-13为一份互助会的模拟会单，原始会单已经丢失，此会单经过受访人孔某口述作者整理而成。通过访谈我们发现，互助会主要由亲戚、盟兄弟、邻里构成，会金规模很小，人数也在10人左右。会首与会员非常熟悉，成员也大都局限于一个村庄内部，因此，比较封闭(如图6-6)。成员之间会金的交纳没有任何凭证，完全依靠人格担保。当问及“这种运作是否安全”时，孔某认为，“成员之间基本都是亲朋好友，要么就是同一个家族的，要么就是从小玩到大的，彼此之间都有很深的感情。谁也不会故意违约，所以基本没有风险，也很少倒会。那个时候如果要写凭证之类的，反而把彼此之间的感情搞淡化了。人们之间划得越清说明感情越淡，中国人就讲究这个。”

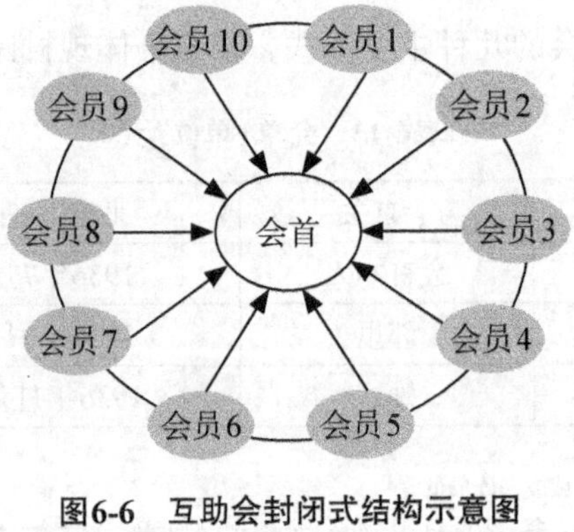

图6-6 互助会封闭式结构示意图

由此可见，在这个时期，互助融资主要是以亲缘关系、类亲缘关系以及邻里关系为基础的生活互助行为，规模很小，基本没有风险。虽然论述中没有提及，但在村庄共同体内部，人情、面子以及定栖社会的重复博弈机制等依然维持着互助融资的运行。

（二）1949~1984年：互助和计息相结合阶段

建国以后，新渡村的经济仍然落后，人民生活水平还很低，但平原地带以及资源禀赋的优势，再加上勤劳智慧的农民，给当地带来了快速发展的机会。由于人多地少，大部分村民在农事之余，就外出打工、做小本买卖，或者在家从事手工业、副业生产。虽然改革开放之前，互助会组织的发展受到抑制，但当地农业向工商业的转移使得互助融资仍然存在，某些类型的组织甚至异常活跃。1978年农村实行家庭联产承包责任制等一系列的农村经济体制改革，使得民间信贷日趋活跃。随着家庭手工业和小商品经济蓬勃发展，互助会不仅保留了原有的互助功能，而且逐步发展成为社会生产资金的一种补充，用来解决中小企业资金困难的问题，于是互助会开始从互助阶段发展到互助和计息相结合的阶段。为了更加详细地了解这个时期互助会的发展情况，作者到新渡村专门就民间金融互助会问题进行了问卷调查。

1. 村民入会概况

虽然新渡村名为农村，但已基本实现农村工业化和城镇化，是“中国第一农民城”的重要组成部分。除了8大集体企业之外，其余大部分皆为家庭作坊和个体工商户，上规模的企业很少。作者调查时，样本的选择主要是针对建镇以前的农户。由于很多户主都不在家，因此只能采取一种很特别的随机抽样方式，逐家访问，凡是家中有主人在家的，并且能够接受问卷调查的就算一个样本。这样，作者一共获得了43个样本，其中有37户参与了互助会，以户为单位计算的互助会参与率为86.0%。37个调查样本当中，大多数农户都是入会1~2个，占比83.7%，考虑到当时经济状况较差，很少有农户入会2个以上。如果按照从村庄调查中所得到的数据做一初步估算的话，86.0%的互助会参与率意味着建镇之前全村278户中约有239户参与了互助会。并且，农户参加最多的是摇会和轮会，二者占70%以上，实物会也占到12.2%，标会很少（表6-14）。由此可见，这个时期互助会具有明显的互助合作性，而不是主要以盈利为目的。

表6-14 农户参与互助会的形式(N=37)(单位：%)

摇会	轮会	实物会	标会	其他	合计
39.6	36.5	12.2	4.9	6.8	100.0

表6-15表明这些参与者之间的绝大部分为亲友关系(占59.4%)，如果将盟兄弟、盟姐妹也算作亲戚的话，那么所占比例将会达到70%以上。其次是邻里关系(18.9%)，这可能印证了现有文献当中一直提及的观点，即互助会是为了亲友之间的资金融通之用。从表6-16也可以看出，超过一半(51.4%)的户主参加互助会的原因是为了亲朋好友之间的互助。

表6-15 互助会会首与会员之间的关系(N=37)(单位：%)

邻居	亲戚	朋友	盟亲	其他	合计
18.9	43.2	16.2	13.6	8.1	100.0

注：盟亲指的是盟兄弟与盟姐妹。

表6-16 户主参与互助会的原因(N=37)(单位：%)

亲朋好友间的互助活动	生意资金周转	资金融通方便	利息高	其他	合计
51.4	21.6	13.5	10.8	2.7	100.0

当问及“互助会的融资金额”时，83.8%的农户反映是1000元以下，只有16.2%的农户反映是1000~2000元之间，2000元以上的没有。表6-17反映了互助融资的利息情况，无息以及月息1分以下占62.2%，月息在1~3分之间的占32.4%。由于融资的用途开始由生活消费转向生意投资，因而在强调互助的同时，也开始因为利息较高而入会(10.8%)，从而实现了互助和计息的结合。

表6-17 互助会利息情况(N=37)(单位：%)

无息	月息1分以下	月息1~2分之间	月息2~3分之间	月息3分以上	合计
13.5	48.7	25.1	7.3	5.4	100.0

2. 互助会的运行机制

作为一种比较典型的非正规金融制度，互助会在新渡村的经济与社会发展当中起到了非常重要的作用。而且，该村的实践证明，1949年到1984期间互助会通常都能正常运行，倒会次数很少，因而风险也很小。那么为什么这样一种传统的民间金融制度在当地运行如此有效？其背后隐含什么样的机制？国内学者胡必亮（2004）对此构建了一个“村庄信任”的理论框架，对钱库镇项东村的标会运行进行了初步地解释。不过他提出的仅仅是一个理论框架，还没有指出具体的运作机制。并且他探讨的是近几年的互助会运行情况，由于社会背景存在巨大差异，其结论不一定与本文的这个时期相一致。因此，作者基于村庄信任的理论框架，在实地调研的基础上，从乡村信任机制的角度对这个时期做进一步考察。

（1）亲缘利他和关系本位

在中国的传统社会中，社会结构是建立在血缘关系和地缘关系基础上的。前者是以家庭为核心的亲属网络，后者则是以村庄、集镇等为单位的社会共同体。在一个狭小的区域范围，血缘和地缘密不可分。互助会尽管有其极为重要的经济功能，但作为一种社会文化传统，它实际上更多地体现了表达性目的而非工具性目的。

互助会这一民间习俗[①]可以说是深深地嵌入在社会结构之中。建国以来，温州一直没有得到国家的资金支持，由于资源贫乏，社会资源总量不能从整体上为其成员提供必要的生存和发展资源，甚至不能为其绝大部分成员提供必要的生存和发展资源，而要社会成员依靠自己的群体来获得必要的资源。在这种态势下，家族及共同体便成为成员不从社会整体获取资源的替代手段。资源总量匮乏使人们不得不依靠家族与共同体来获得生存资源，离开了家族，离开了共同体，人们便难以生存，人们的发展也就缺乏了社会的支撑。几千年来，中国就是一个以农业立国的社会。农民在自给自足的同时，为了生存下去，有守望相助的传统。新渡村以孔姓为主，大部分村民都有着或多或少的宗族关系，即存在一定的血缘和亲缘关系。因此形成了家族观念浓厚，乡党亲友之间关系密切，有无相济，习以为常的人际关系。在这个村庄共同体当中，互助会参与者之间多为亲戚关系（43.2%），体现的是一种亲缘利他的互助关系，对于利息的多少和得失一般不会斤斤计较。作者在访谈中了解到，有些比较特别的互助会其成员全都是自家兄弟以及亲戚，在这样的互助会中，通常没有利息，即使有利息也不会太高，与同期互助会相比，利息要低很多。这表明，亲属关系越亲近的互助会，资金使用的利率就越低，其互助合作性也就越强。这与胡必亮

① 《浙江风俗简志》（1986）一书从风俗的角度对浙江各地流行的互助会特别是各种钱会作了系统的介绍。

（2004）在项东村调查得出的观点相一致。

中国是一个公认的“关系本位”的社会。互助会中的亲缘利他也在一定程度上表明成员都是以彼此之间的关系为基础来确定是否入会。如果存在亲缘、血缘或者地缘关系，就有可能参加互助会。按照费孝通“差序格局”的思想，关系越亲近，就越有可能成为互助会的成员，并且入会的概率随着关系的泛化延伸而下降。格兰诺威特因故称互助会为“社会关系内部的经济交易”①。新渡村村民孔某的访谈也体现了互助融资中的关系本位和“差序格局”的思想。

大概每年我都会参加互助会，会在我们村很普遍。遇到资金紧张时我也请会。……根据资金紧缺情况而定，一般在我们这里都是10人左右。那时主要是用于大件消费或者小本生意投资，所需资金不会太多。……首先肯定是找自己的兄弟姐妹，然后找叔、姑、舅、姨等重要亲戚。在人还不够的时候，再从家族中找，比如讲找堂叔、堂兄弟。再就是找关系比较好的邻居和朋友。

（访谈记录：10）

由此可见，个体只有在一定的关系网络中才能获得各种援助并获得生存资源的机会，家族和亲属组织也就成为处于饥荒或社会压力中的人们对付困境的重要机构。利用关系网来寻求自身的社会保障，而社会保障的获得又进一步强化和巩固了既有的关系网，从而成为一种“生存理性”。互助会便成为人们所能依赖的一种重要的社会资本。

（2）人情和面子

在调查中我们发现，由于收入不稳定，村民在入会以后经常会出现无钱应会的情况，发生的概率为62.8%（表6-18），在这种情况下，有72.5%的村民将借钱去应会，13.6%的村民会请会筹资（表6-19），这里就会出现一个有趣的问题，如果参加互助会的利息率比实际的利率低（实际中民间借贷的利率高于互助会利率），那么人们为什么要借钱去应会呢？调研中当地村民告诉作者，这主要是亲戚朋友之间碍于人情、照顾面子。

表6-18 参与者无钱应会的发生率（N=37）（单位：%）

有	无	合计
62.8	37.2	100.0

① 转引自［美］詹姆斯·S·科尔曼著，邓方译：《社会理论的基础》，北京：社会科学文献出版社，1999年版，第353页。

表6-19　参与者无钱应会时的反应（N=37）（单位：%）

借钱应会	让会首垫付	自己请会酬资	其他	合计
72.5	5.7	13.6	8.2	100.0

注重关系的社会必定是个讲求人情的社会。没有血缘、亲缘关系的存在，就不存在什么人情往来。中国是个关系本位的社会，同时也是一个注重人情的国度。人情在中国人的社会中其实质上是一种关于人们日常社会交往的生活理念，包含有原理、观念性的内容，又与实际生活紧密相连，指导着人们社会交往的实际运作。人情对新渡村互助会的形成及运行起着重要作用，而人情背后的“无形的手”——面子同样对人的行为具有约束力。

那个时期大家条件都不是很好，虽然会的规模不大，每个人交纳的份钱也不是很多，但如果家里出现什么特殊情况，比方讲生病、生意不好的时候，钱就会紧张，到交份钱的时候交不上。怎么办呢，都是自己的亲戚请会，不是姑妈就是姨父，要不就是关系比较好的邻居跟朋友，哪个也不能慢待。如果因为我交不了钱导致倒会，别人就会说我不讲人情，请会的人没有面子，我脸上也无光彩。所以一般不是什么大不了的事，我就去找朋友借点钱去应会，关系一般的通常要付利息，通常高于互助会的利息，关系好的一般都不要利息，但人情往来还是要的，在还钱的时候总不能空着手吧，特别是人家有老有小的。如果碰到天灾人祸之类的，请会的人也会体谅，并且还会提供一些帮助，毕竟是亲朋好友之间。

（访谈记录：18）

从谈话中我们可以发现，人情强调在差序性结构的社会关系内，维持人际和谐及社会秩序的重要性。也就是说，“人情”不仅是一种用来规范社会交易的准则，也是个体在稳定及结构性社会环境中可以用来争取可用性资源的一种社会机制。当然，中国人的人情与面子也仅仅只是存在于亲情、友情之内，即使在同一个村庄，没有任何关系的村民之间是没有人情和面子可讲的。

（3）熟悉与熟人社会

尽管互助会的组织及会金的分配等存在诸多不合理与不公平之处，但与城市陌生人社会相比，农村“熟人社会的特征”为互助会的人际信任提供了保证。龙港建镇以前，新渡村耕地面积不足500亩，绝大部分村民都是孔氏子孙，彼此都存在或近或远的亲缘和血缘关系，平时大家在一起聚居生活、劳作，互动频率很高。在这种关系下，互助会的成员因有一个长时间的相互熟识且频繁的互动过程，从而积累了有关置信对象的足够信息，具体包括请会的用途、经济实力、还款能力、人品人格、是否诚信等等。通过对请会人以及会员的充分了解，才能降低互助融资过程中的倒会风险。访谈当中提到的互助会成员往往“都是住在一个村里，大家非常了解，只有关系非常好的人才能请到会。不和关系一般或者不熟悉的人，特别是那些从没有打过交道的人的入会。很少和邻村的村民入会，除非是亲戚关系”。可见，这个时期新渡村是一个小型且比较传统封闭的乡村社会。在这样的社会里，道德和民间习俗对于人们的制约是比较强的，再加上传统宗族和家族的力量以及非正式化的制度，使得互助会得以正常运行。从经济发展的角度来看，互助会本身就是一种在一个村庄内起作用的村庄规则，它主要依靠村庄里的村民以及各个互助会的成员自己指定的仅供自己使用的内部规则实施(胡必亮，2004)。不论是作为个体的人，还是作为因不同目的而创立的组织与机构，如果嵌入到一种具体的社会关系或社会结构中，就会产生对于相互之间的信任，并彼此间和睦相处(Granovetter，1985)。正因为互助会这种组织及其会员融入到了这样一个村庄共同体当中，所以无论是互助会本身，抑或参与其间的村民，都因此而成为值得信任的组织和个人。

3. 简短的结论

通过对新渡村互助会的问卷调查以及访谈，我们发现这个时期互助会的组织网络与建国之前基本一致，仍然是比较封闭的，互助会的成员主要由家族成员、亲戚朋友构成，关系一般的熟人很少，基本没有，也就是说目前互助会的成员主要由1和2两个层次构成(见图6-7)。融资的规模有限，利息较低，虽然会金的交纳与给付还没有正规化，但由于亲缘利他、关系本位、人情与面子以及熟人社会等机制的存在，使得互助会融资的风险很低，倒会的次数很少。

(三)1985~1992年：高额利息与金钱游戏阶段

1. 制度背景

为了促进港区经济的发展，苍南县委向浙江省政府申报批准成立龙港镇，省政府于1983年批准设立龙港镇，苍南县委、县政府赋予龙港相当县一级的管理权限。并于1984年3月召开现场办公会议，要求周边的金乡、钱库、宜山等区为龙港建设献计献策。在龙港设镇之前，为了发挥鳌江港的作用，当时县委设立了龙江港区指挥部，具体负责港区工作。由于权力和条件的限制，加上按照计划经济的路子，完全依靠国家投资，“巧妇难为无米之炊”，工作一直进展很慢，没见什么成效。[①] 当时，钱库区委书记陈定模毛遂自荐到龙港任书记，由于龙港发展的主要问题在于两点，一是缺人，二是缺钱。为了解决这两个主要矛盾，陈定模率先冲破禁区，实行土地有偿使用和人口梯度转移，聚集人才和资金，仅用了7年的时间，就奇迹般地在一片荒滩上矗立起全国闻名的“第一农民城”。经国家统计局等部门评估，1991年龙港的综合经济实力，在全国数万个乡镇中排名第17位，与1984年相比，差不多每年产值翻一番。

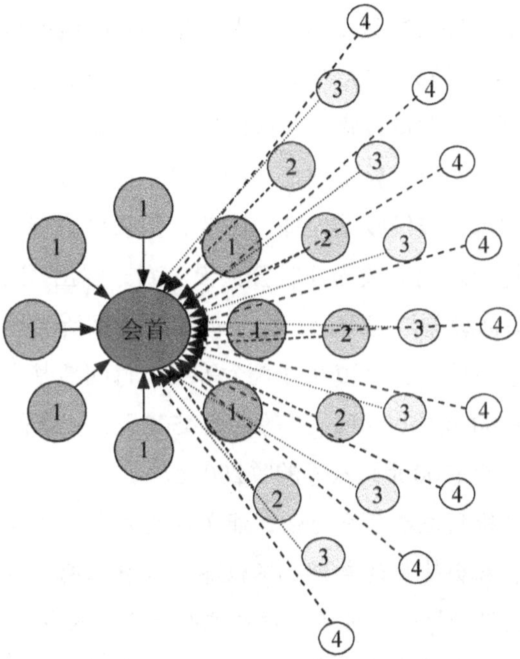

图6-7　互助会开放式结构示意图

注：1类会员表示与会首关系最亲密，是家族成员；2类会员表示与会首关系亲密程度较好，属于亲戚朋友；3类会员与会首关系较弱，是熟人关系；4类最弱，是陌生人。

2. 大规模标会以及抬会的形成原因

改革开放以来，随着以家庭经营为基础的生产与交换的发展，资金需求量日益扩大，民间信贷更是蓬勃发展。于是，农村互助合作性质的互助会规模也不断壮大，资金运用也从为生活服务为主转向生产服务为主，目前互助会已经成为个体工商企业、家庭工业调节资金余缺的主要渠道。在龙港建镇以后的一

① 到1984年5月止，仅修泥石施工道路3条共1200多米，竣工两个饭店，还有十几个商业公司大楼和两个码头在动工兴建。以此速度发展，到2000年也难以形成规模。1984年建镇时龙港还是一个沟壑纵横，一片荒凉的港湾以及几个“灯不明、水不清、路不平”的自然村。当时人口只有6039人，产值不足400万元。

段时间即20世纪80年代中期到90年代初，标会以及抬会在当地得以出现且相当盛行，通过实地调研以及大量访谈，我们发现以下几个方面是大规模标会以及抬会形成的主要原因。

(1)人口梯度转移与土地的有偿使用

建镇之初，镇领导经过一个月的调查和讨论，最终达成共识，龙港建设首先需要解决的是人的问题。我国长期实行的城乡隔离二元结构以及严格的户籍管理制度对人口引进带来了极大的阻力。镇领导本着改革与发展的原则，以国家红头文件为佐证，冲破禁区实行了“人口从平原向城镇转移、从山区向平原转移、从山上向山脚转移”的人口梯度转移政策。其次是资金问题。当时的情形国家是根本不可能给龙港投资。苍南的财政也仅够吃饭，县领导心有余而力不足。当时龙港唯一的财富就是土地。国家对土地具有终极所有权，不符合国家规定的土地使用都会被没收及处理。因此，镇领导只有冒着风险，对现有的政策进行变通，把土地出让改为征收公共设施费，提出“谁建设、谁投资、谁收益”的政策。根据级差地租理论，把龙港镇建成区所要投资的总额，按不同地段向投资者征收设施费，全镇共分六个等级，每间地基占地42平方米(长12米，宽3.5米)，一等的收5000元，二等的收4500元，三等的收3500元，四等的收2700元，五等的收1700元，六等的收200元。

……人们都以能到龙港落户为荣，能不能进龙港，成为周边地区衡量一个人的能力和财富、社会地位的象征。不仅苍南和平阳两个县，周边的文成、泰顺、瑞安等县市也很受影响，很多人口在这个时候迁入我们镇。……我们村位于龙港的北边，属于龙港的中心地带。所以有很多金乡、钱库、宜山等地的人迁入。他们经济条件都很好，大部分都是小老板，要不就是有一技之长，……这三个地方都是手工业比较发达的地方，印刷、塑料、徽标等都是他们的特长。我们龙港人后来做的印刷都是从他们那里学来的。应该说，他们的到来对我们镇的贡献是很大的。当地老百姓也受到好处，外来人口增加，家庭副业、服务行业、食品业就会兴旺，给当地的人民收入增加很多。

(访谈记录：19)

会在我们这里一直是个传统习惯，主要是以互助为主，规模也不是很大。随着人们收入的增加，生活的改善，档次也就提高了。入会的会金也越来越高，当时万元会也是比较多的。很多人入会和请会的目的就是做生意、投资等，这样，原来的摇会就不能满足入会人员的要求，小企业经常会出现流动资金紧张，也不知道什么时候需要钱，所以标会就成为人们的最好选择。何况，有时新来人请会，人头不够，所以利息也比较高，如果有熟人介绍也都愿意参加。主要是为了获取高额利息，没有其他。

（访谈记录：16）

土地的商品化以及人口的梯度转移给龙港带来了人员和资金，外来精英人口的进入给当地带来了经济的发展，人民收入的增加，也为当地人民入会提供了资金供给，同时，企业、个体工商业以及家庭作坊的快速发展也需要大量的资金需求，这都给大规模的标会形成提供了充分的条件。

（2）旧房拆迁与新城建设

城镇建设最棘手的问题，就是旧房拆迁以及安置问题。据龙港镇政府工作人员透露，当时在很短的时间里拆迁了1100余间旧房。虽然比较顺利但在这个过程中也面临着很大的阻力。在与王某的谈话中，她提到旧房拆迁以及安置也是当时标会与抬会形成的原因之一。

我们这里一直就有做会的传统，但过去也只是小打小闹，人数也不是很多，10个人左右，主要用于日常生活消费以及小本生意买卖。即使标会，标金也非常有限。而真正发展到大规模做会，会金和会脚也开始直线上升，大概是在1986年以后开始的新城建设。龙港建镇时一穷二白，国家没有财政拨款，上级政府也无投资，由于镇政府财力有限，因此，为了新城建设，采取了政府安置以及群众自己拿一部分的政策，虽然当时每亩地有5000元的劳力安置费，但这在某种程度上加重了当地居民的经济负担。与此同时，旧房拆迁以及外地移民的进入，带来了住家户的地域流动，拓宽了人们交往的范围。刚开始的时候都是一些会头请会，范围也局限于村庄内部，但随着外来人口的影响，特别是看到很多会头由于请会发财致富的表面现象之后，很多当地的村民都开始请会，只要有人入会，也不管是否熟悉，只要交钱就行。这样规模就越来越大。到后来，会份也由1000元增加到5000元，甚至达到10000元，标底很高，有时甚至超出本金。

（访谈记录：16）

从王某的谈话中我们可以发现，旧房拆迁和新城建设增加了当地老百姓的经济负担，与此同时，请会之人向他们展示了通过请会或者入会可以致富的美好前景，二者给抬会的形成起到了推波助澜的功效。

（3）国家利率政策的调整

1979年1月以来到1996年8月，在这前后长达17年当中，国家银行的利率调整共计15次。其中，从1979年1月1日到1989年2月1日共调整了6次，利率的调整呈现逐年整体上升趋势，并于1989年升到该时期的历史最高点。活期储蓄利率由1979年的2.15%升至1989年的2.88%；一年期零存整取由3.50%升至9.54%；一年期的整存整取利率由3.96%上升到11.34%。从1990年4月15日起开始下滑。按照正常情况来讲，银行利率变动对农村老百姓是没有任何影响的。何况在这个时期，大家银行存款并不多。但脱贫与快速致富是每个老百姓的梦想。国家银行个人存款利率的下跌，加上民间标会利率的节节攀升，导致当地百姓把积蓄多年的闲散资金毫不犹豫地投入到标会之中，期望"以钱生钱"，获取高额回报。

我们农行支行成立于1985年，主要服务对象是本镇的零散小户以及农业贷款。……1979年以来，国家银行利率一直处于调整之中。对于一般居民而言，把钱存在银行只是出于安全考虑，以及为今后的开销做点储蓄……同时，我们这里的老百姓都很有经商头脑，精于算计，也很现实。既然银行存款利率波动性较大，就给当地居民造成一种不确定的心理。并且死期存在银行不知道什么时候才能兑现，未来还是个未知数，干脆把钱取出来入会，利息更高，兑现更快。此外，由于标会的高额回报远远高于国家金融机构的个人贷款利率，就有一些会头先后通过各种途径从银行获取贷款参与标会。存款的提出以及贷款的放出导致正规金融的资金大量被抽走，相当大的资金流入到标会与抬会的金钱游戏当中，给后来的倒会风波引发大量的社会问题埋下了隐患。

（访谈记录：17）

（4）政府控制的缺位

互助会对个私企业融资、发展民营经济有着重要的作用，这在当地政府已经得到共识。在默认其积极作用的同时却忽视了其存在的潜在风险。所以民间标会规模的不断扩大以及会抬会的出现，政府都没有提醒入会会员注意，也没有制定什么政策去防止风险的发生。因此，政府控制的缺位促成了大规模标会的形成。

……互助会是我们温州这里的一个民间习俗，它对当地的个私企业、家庭作坊等发展都起到了很重要的作用，从某种程度上来说，它是有利于龙港镇经济发展的。并且，当时有很多外来人口都在做会，规模也都不小，政府考虑到以前都是主要用于生产投资，何况当时还要给他们很多的优惠政策，依靠自己互助解决资金问题而不给政府添麻烦，所以就采取不闻不问的态度。直到90年代初期，邻近县市如瑞安、乐清、平阳等地由于标会的倒会引起大范围的倒会风波，并引发了很多社会问题，比方讲跳楼自杀、抢东西、私自绑架等。镇政府这才意识到互助会也有负面影响，并迅速成立清会办，查清情况，解决标会的遗留问题。应该说，倒会风波虽然不是由龙港当地引起，但对于刚刚起步的龙港经济以及当地居民的生活有了严重的影响。

（访谈记录：20）

3. 运作概况及风险

作者在龙港调研时了解到，20世纪80年代中下旬到90年代初期的抬会首先是由温州乐清市引起，当时龙港镇的民间互助会运行正常，即使是标会，规模也不是很大，标底与标息也属于正常范围，会金主要用于生产投资。会首与会员之间基本都是亲朋好友，如果不是也需要熟人担保才能入会。随着乐清抬会的进入，民间互助会开始发生异化，互助功能弱化，投机功能显化。

那个时候我们镇有很多外地人口进来，我们本地人有的由于旧房拆迁也要搬迁，所以大家流动性比较大，但刚开始互助会还是在亲戚、家族之间进行，随着乐清抬会的进入，我们这里就出现了大规模的标会。抬会也叫排会、会抬会，其特点是会中有会，它由大会头、中会头、小会头和会脚组成，会脚的钱存在小会头那里，小会头的钱存在中会头那里，中会头又把钱存到大会头那里，一级一级往上发展，会脚也有可能变成会头。如果小会头给会脚的利息是4分，当他把钱送到中会头时利息就为5~6分，中间可以吃到1~2分的利息差。很多人就请会或者入会，通过竞标尽快获取会金，然后再入更高层次的会，从而获取更多的利息。到最后，标底都超过标金了。

（访谈记录：13）

根据会脚第一次支付数额的不同，抬会的形式也很多。我记得有一种是这样操作的：假如一个会脚入会的时候，先交给会头11600元，从第一个月开始，会头每月支付会脚9000元，连续支付12个月，共计10.8万元。从第13个月开始，会员又每月交付会头3000元，连续交付88个月，共计26.4万元。按照这样的运行法则，只有后面有很多新的会脚加入才能保证这个会进行下去。现在看来，抬会其实都是在玩金钱游戏。即使把钱投资到暴利行业，也根本不可能弥补其付出的利息。何况很多会头把钱不当回事，天天吃喝玩乐，把钱用于盖豪华住宅，或者去豪赌等。

（访谈记录：19）

乐清出事之后，很快就扩散开来，倒会一个接着一个。由于很多钱都被会头挥霍掉，所以肯定不能填补会脚的资金空缺。当时有很多会脚绑架会头，还有的到会头家抢东西，好多中会头不敢呆在家里，纷纷出走。还有的会头还不上钱，感觉愧对亲戚朋友，无奈之下上吊自杀。很多家庭辛辛苦苦积攒的几万块就不见了。……倒会之后，我们这里经济受很大影响，发展缓慢。

（访谈记录：13）

乐清出事之后，龙港镇政府以及公安机关也开始介入此事，并且成立了清会办。一方面对抬会进行取缔，另一方面要安抚群众，防止暴力事件发生，保障会头的安全。当时收回的资金已经不能完全补偿受害村民，镇里是没有资金的，所以很多会员也只是得到了部分补偿。

（访谈记录：20）

4. 简短的结论

由于旧房拆迁给当地居民带来了沉重的经济负担，人们渴望脱离苦海并快速致富，与此同时，国家银行利率的下调以及标会利率的提高给当地居民提供了一个机遇。在这个时期，随着人口流动性的增强，当地村民之间的交往范围也得到拓宽。互助会的成员已经不仅仅局限于村庄内亲朋好友，而是已经通过熟人向陌生人延伸。成员的网络已经发展到图6-7中的第四个层次。作者在苍南时也有企业的老板认为，“只要有陌生人入会，就可能会出现问题”。这表明互助融资只能局限于一定的范围，“熟人”是个分界限，如果会员是在熟人之内的三个层次，一般不会出现什么问题，但超过“熟人”，就可能存在倒会风险。倒会风波破坏了当前的经济运行态势，也破坏了传统社会伦理和社会信任。从这个角度来看，政府对正常运行的互助会应该给予支持，而对存在隐患的大规模标会和抬会要坚决取缔。

（四）1993年以后至今：回归理性阶段

经过倒会风波之后，当地村民对加入各种互助会已经十分谨慎，彼此之间要求相互了解和信任。从20世纪90年代中期开始，以“会”为资本形成中心而盛行的个体创业开始向合伙投资(血亲、姻亲和盟兄弟是主要的合伙人对象)的合作股份制发展，当公司发展需要每个合伙投资人增加资金投入时，他们会通过互助会或民间直接借贷来筹集资金。从这时开始，当地民间金融与产业资本结合或向产业资本转化有了新的特征，真正开始了它的企业制度创新和发展之路，企业规模和产业结构均上了一个新的台阶。

1. 金融活动的构成

20世纪90年代以后，随着经济的快速发展，金融活动也更加活跃，各种金融机构也迅速增加，现在，新渡村金融活动主要由三个部分构成：一是国有商业银行和农村信用合作联社(以下简称农村信用社)；二是民营金融机构；三是企业和农民的社会借贷。

表6-20列出了新渡村现有的各类金融活动，四大国有商业银行都在当地建立了分理处，作为国有商业银行的分支机构，由于信誉好，异地结算方便，因而吸引了许多中小企业开设账户。成立于1987年苍南县农村信用联社历经改制，现更名为苍南县农村信用合作联社，由农民、农村工商户和各类经济组织出资入股组建(统一法人)，成为一家股份合作制金融机构。现下辖1个营业部，9个信用社，56个营业网点，营业机构遍布全县20多个乡镇，是县内网点最多、服务范围最广的金融机构。目前在龙港镇就有1个信用社营业部以及12个分社。

伴随着金融体制的改革，在龙港镇也产生了诸多民营金融机构，其中龙港城市信用社是钱库镇城市信用社的分社，规模最大，它主要由一些银行的退休人员创办，存贷规模仅次于农村信用社。另外两家担保公司和金融服务社是由县体改委批准建立的，都是由股东持股的股份制金融机构，服务对象主要为个私企业以及当地村民。融资租赁公司不能从事存贷款业务，严格意义上来说并不是金融机构，但它们的经营与金融活动有类似的地方，如通过吸收预付金的方式吸纳资金，通过租赁设备的方式变相向企业贷款，它不是短期出租设备，而是将设备交由企业使用，分期回收本金和利息。在某种程度上可以说它们类似于一种准金融机构。

表6-20 新渡村金融活动的构成 （单位：万元）

金融机构类别	名称	资产状况	建立时间
国有商业银行	中国银行	——	1989年
	建设银行	——	1990年
	工商银行	13600	1990年
	农业银行	16800	1988年
	农村信用社（13家）	——	1987年
民营金融机构	龙港城市信用社	15800	1988年
	金鑫担保公司	——	2005年
	钱兴担保公司	——	2006年
	江南金融服务社	——	——
	融资租赁公司（2家）	——	——
企业与农民社会借贷	企业社会借贷	——	——
	民间个人借贷	——	——
	各种互助会	——	——

注：(1)资料来源于实地调查与访问；(2)未填表格的数据无法获得。

虽然新渡村的商业银行、农村信用社以及民营金融机构广泛存在，但问卷调查表明，企业与农民很难获得商业银行贷款，这给当地的私人借贷以及各种互助会的社会借贷留下广阔的空间（表6-21）。

表6-21 农户借款情况（N=43）（单位：%）

借款对象	私人	农业银行	农村信用社	其他商业银行	民营金融机构	各种互助会
提出申请	42	15	11	7	10	39
实际获得	40	1	9	0	6	39
所占比重	95.2	6.7	81.8	0.0	60.0	100.0

作为一种非机构性的民间金融活动，它在民间经济发展中一直起着重要的作用。在股份制企业中，股东的资金往往只能满足固定资产的投资，企业的流动资金主要依靠社会借贷。并且实际情况表明很多股东在入股的时候就已经利

用社会借贷。私营企业、个体工商户以及家庭作坊更是如此。

2. 村民入会概况

在这个时期，43个样本户当中有33户回答参与了互助会，以户为单位计算的互助会参与率达到76.7%。如果按照从村庄调查中所得到的数据做一初步估算的话，76.7%的互助会参与率意味着全村278户中约有213户参与了互助会（目前有农户335家，为了与前面保持一致，此处仍然将政策性移民家庭剔除）。与第二个阶段相比，参与率有所下降，作者认为这可能与倒会风波有关，村民入会比以前更加谨慎和理性。

33个调查样本当中（表6-22），农户入会1~2个占比36.4%，入会2~3个占比39.4%，入会3~4个占比21.2%，入会5个以上的基本没有，考虑到大多数互助会的运行周期一般都要长达一年以上，再加上个私企业流动资金的需要，所以有大多农户入会2个以上（63.6%）。

表6-22　农户参与互助会的数量（N=33）（单位：%）

1~2个	2~3个	3~4个	4~5个	5个以上	合计
36.4	39.4	21.2	3.0	0.0	100.0

随着村民收入的提高以及生活的改善，互助会的融资金额有了较大幅度的增长，调查数据（表6-23）表明融资额度在5万元到10万元之间的占绝大部分（63.6%），在10万元以上的也占到15.2%。但入会人数仍然是控制在10~20人之间（75.8%），20~30人之间的占24.2%，30人以上的互助会很少。

表6-23　互助会融资规模情况（N=33）（单位：%）

会金总额	农户数	所占比重	入会人数	农户数	所占比重
1~2万	0	0.0	10~20人	25	75.8
3~5万	7	21.2	20~30人	8	24.2
5~10万	21	63.6	30~40人	0	0.0
10万以上	5	15.2	40人以上	0	0.0
合计	33	100.0	合计	33	100.0

经过倒会风波之后，入会成员又不得不退回到以前的关系网络。会首与会员之间的绝大部分仍然为亲友关系（占57.6%），其次是邻里关系（27.3%）（表6-24），从表6-25可以看出，农户参加互助会的原因依次为生意资金周转

（36.5%）、利息收入较高（24.2%）、亲朋好友之间的互助（21.2%）以及资金融通方便（15.1%）。

表6-24　互助会会首与会员之间的关系　　（单位：%）

邻居	亲戚	朋友	盟亲	其他	合计
27.3	39.4	18.2	6.1	9.1	100.0

注：盟亲指的是盟兄弟与盟姐妹。

表6-25　农户参与互助会的原因（单位：%）

亲朋好友间的互助活动	生意资金周转	资金融通方便	利息高	其他	合计
21.2	36.5	15.1	24.2	3.0	100.0

表6-26反映了互助融资的利息情况，月息主要在1~2分之间（78.8%），无息以及月息3分以上的没有，可见在这个时期，由于融资的用途主要用于生意投资，因而农户在强调互助的同时也收取相当的利息，这也是符合市场经济规律的。

表6-26　互助会利息情况（单位：%）

无息	月息1分以下	月息1~2分之间	月息2~3分之间	月息3分以上	合计
0.0	9.1	78.8	12.1	0.0	100.0

3. 互助会的具体运行

（1）主要形式

现阶段我们发现村民主要采取轮会和标会两种形式，二者占比高达84.8%，实物会基本没有，摇会很少（见表6-27）。其中，摇会和轮会的利息都是事先确定，而标会的利息是在聚会时投标决定，当然主要是根据会员自身资金需求情况以及当时的利率水平。作者在实地调研时也收集了不少互助会的原始会单，在此以轮会和标会做一具体说明。

表6-27　村民参与互助会的形式（N=33）（单位：%）

摇会	轮会	标会	实物会	其他	合计
9.1	33.3	51.5	0.0	6.1	100.0

由表6-28可知，在当地一个典型的轮会一般由1名会首和10名会员构成，会员收会的次序是事先确定的。每个成员每期所需交纳的资金数额如表中的第三栏所示，这一数额主要由会首与会员事先协商而定。这是一个典型的50000元轮会，目前仍在运行当中。“应付金额”是每月2500元，两个月交纳一次，每次实际交纳会金5000元。该栏合计金额55000元（2500×2×11）。会首一般最先得到资金，并在11期中所交纳的资金总额等于其在第一期收到的资金数额，这意味着会首可以无偿使用轮会资金，这是作为会首的收益。但轮会需要会首收取会金交给收会人，如果出现个别会员无法支付的现象，会首要垫付，因此会首责任重大。陈乐辉第二个收会，获得会金50000元，但在后面的聚会中，他在支付5000元的会份之后必须每次多付利息700元，直到终止。贷款利率相当于月息1分4厘。随后，收会人员依次都会多收取700元的利息。最后一名会员收会时获得56300元，他获得的利息为6300元。不过在这个会中，第四个收会的和最后一个为同一会员，也就是说，他一人入会两份，充当了存款和借款两种角色，按照运行规则，他最终获得了4200元的利息收入。

表6-28　轮会的原始会单（金额单位：元）

序号	姓名	应付金额	时间	应收金额	签名
会首	刘雪燕	2500	2006年5~6月	50000	
1	陈乐辉	2500	7~8月	50000	
2	林巧玲	2500	9~10月	50700	
3	卓延群	2500	11~12月	51400	
4	朱成健	2500	2007年1~2月	52100	
5	有辉、道国	2500	3~4月	52800	
6	笑秋、小金	2500	5~6月	53500	
7	强弟、陈玉	2500	7~8月	54200	
8	张雪燕	2500	9~10月	54900	
9	张雪霞	2500	11~12月	55600	
10	朱成健	2500	2008年1~2月	56300	
备注：（1）会钱以2006年5月起至2008年2月止； （2）会钱不包括本会收50000元，收后每月多付350元利息； （3）收会时间为每月20~25日，望大家遵守。					

注：龙港镇村民提供的原始会单。

表6-29是作者在新渡村一个农户家收集到的标会会单。他本人是经营一个礼品包装的个体工商户，在这个会中，他是其中的一名会员。应被访人要求，姓名以英文字母代替。这个标会的会员基本上都是姓孔的村民，他们之间大多是兄弟、堂亲、叔侄以及亲戚关系，其他的就是关系很好的邻居以及生意上的伙伴。建立这个标会的直接原因是会首要添加一抬机器设备，用于扩大再生产之用。除了第6期和第13期的会脚由两个人合股入会以外，其他皆为1人入会。标息基本上处于月息1分到1分5厘之间，从融资风险角度来看属于正常范围之内。

表6-29　标会的原始会单（金额单位：元）

得标序号	姓名	得标时间	标息	得会金额	中标者签名
会首	A	2004.1.10	0	80000	
1	B	2004.3.10	1180	80000	
2	C	2004.5.10	1100	81180	
3	D	2004.7.10	1160	82280	
4	E	2004.9.10	1120	83440	
5	F	2004.11.10	1080	84560	
6	G、H	2005.1.10	1040	85640	
7	I	2005.3.10	1000	86680	
8	J	2005.5.10	1020	87680	
9	K	2005.7.10	960	88700	
10	L	2005.9.10	950	89660	
11	M	2005.11.10	980	90610	
12	N	2006.1.10	900	91590	
13	O、P	2006.3.10	860	92490	
14	Q	2006.5.10	620	93350	
15	R	2006.7.10	500	93970	
16	S	2006.9.10	0	94470	
说明：（1）本会从2004年1月10日开始，每两个月标一次； （2）会首拥有第一次得会的权利，且不需要支付利息； （3）标会时间为到期当天的下午1点钟，准时开标，标会地点在会首家中； （4）希望投标者准时到会，不得拖延，谢谢合作。					

注：龙港镇新渡村民提供。

（2）自身运行机制的改善

作者在实地调研时问到“现阶段是否出现过倒会现象”时，31个样本回答“没有出现”，这表明当地互助会的违约率是相当低的，仅为6.1%。对此，我们做了进一步的调研发现，互助会的正常运行与其自身运行机制改善有关，具体包括以下几个方面：

第一，会首全权负责制。主要是指会首从对会员入会审查开始到运行过程中出现的所有问题负全责。对于轮会，会首有责任在规定时间内收齐所有会款，并交给得会会员，如出现个别会员违约，一切责任由会首负责。而对于标会，会首有责任和义务召集会员进行投标，并保证标底合理和正常。因此，会首对互助会的稳定运行有着重要的影响。会首通常由那些具有足够经济能力以及在村庄中享有一定声望的人士担任。一方面，对经济能力的要求使得会首在个别会员出现延迟支付或不足额支付的时候能够垫付资金；另一方面，对声望的要求实质上是提供了一种“声誉机制”（reputation mechanism），促使会首努力维持会的稳定运行。从这里也可以看出，不是所有的人都能够请会。

第二，退会与顶会。当会员因为经济紧张或者其他原因无法继续参加互助会时，可以找其他人来顶替自己的位置或退会，但是这要经会首同意。在顶会后，新的会员承担原会员在互助会中的权利和义务。如果退会的情况发生，会首将承担退会会员未尽的义务和相应的权利，而该会员与会首之间将形成一定的债权债务关系。其他会员的应会和得会不受退会或顶会的影响。

第三，契约化和标准化。随着互助融资的盛行，互助会也逐渐出现了标准化和契约化的特征。在互助会运行过程中，会员向会首缴纳份额时，会首需要在会员保存的会单上签字以示确认，会首将会款交付给得会会员时，得会者也需要在会首的会单上签字确认。这一点可以从以上两张原始会单中（表6-28和表6-29）得到验证。

第四，信息机制。互助会的会员通常都居住在本村或者临近的村庄，彼此之间对信用状况、个人品质、经营能力、财产情况等信息都比较了解。因此，在选择哪些人参与互助会时，能够把那些最有可能违约的人排除在外，这是一种事前的选择机制（Van den Brink & Chavas，1997）；在加入互助会后，会首与会员、会员与会员之间需要且能够定期定点接触，因此，成员之间能够彼此了解最新的状况，以做出适当的安排，降低出现违约的可能性，这是一种事后的控制机制。当前新渡村互助会的会员规模普遍较小，很少超过20人，并且大多都居住在一起，因此，也大大减少了一个会员获得其他成员信息的难度。

第五，社会抵押机制。许多研究者认为，社会抵押机制是维持互助会正常运转的重要机制（Fernando，1986；Tsai，1998等）。在新渡村，互助会的成员大多是比较熟悉、关系较好的亲戚、邻里、生意伙伴和朋友。成员之间除了通过互助会来调剂资金余缺之外，还有很多经济和社会上的频繁接触。这些其他方面利益的存在使得成员不敢轻易违约，从而起到一种抵押的作用。假如互助会出现倒会，对于是经济困难和家庭变故而导致的倒会，一般都能够得到会员的谅解，而得会会员在前期交纳的资金会作为对会首和得会会员的债权处理，由会头和得会会员在日后偿还。因会首个人品质原因造成的倒会极大地恶化了该会首在社区中的形象以及社区关系，该会首在社区交际中会受到会员的严厉排斥。

第六，融资规模及资金使用的严格控制。正如刘民权等人（2003）所指出的，互助会的会员需要在违约收益和成本之间进行权衡，如果每期互助会的融资金额很高，则相应的违约收益也就越大，从而刺激成员的违约冲动。根据我们在新渡村的实地调研，融资规模基本在5万元到10万元之间，当然也有15.2%的融资规模在10万元以上，但倒会次数很少。作者认为主要原因在于两个方面，一是融资规模的扩大是与当地个私企业发展密切相关的，并且这些规模也在入会者有能力承担的范围之内；二是该资金主要用于短期的、临时性的生意资金周转，而不是为入会者的投机提供平台。因此我们认为，只要严格控制融资规模和资金使用的方向，就能大大降低互助会的运行风险。

第七，利率以及期限的控制。对于先得会的会员来说，利率水平越高，意味着履行应会的义务的成本也越高，这会助长会员的违约冲动，从而可能诱发道德风险问题。此外，正如斯蒂格利茨和韦斯所指出的，当利率水平越高时，就越有可能诱致成员选择更具风险的投资项目，进而导致更高的互助会运行风险，客观上也会影响互助会运行的稳定性（Stiglitz & Weiss，1981）。从宁波、温州、福建等地互助会的实际操作情况来看，高利率的互助会引致的逆向选择和道德风险问题是造成互助会倒会的重要原因。[①] 在新渡村所调查的互助会中，互助会的月息一般都在1分到1分5厘之间，这在一定程度上起到了信贷配给作

① 从上述地区倒会的情况来看，互助会到最后其本身已经偏离了为实体经济融资的轨道，已经纯粹变成了一种金钱游戏。在抬会和标会中赚取利息已经成为参加互助会的唯一目的。

用，从而降低互助会产生运行风险的可能性。此外，当地互助会会期间隔时间2个月，这为会员面临经济冲击时进行调整和融资提供了充分的时间，从而保证互助会运转的顺利进行。

新渡村目前已经基本实现了工业化和城镇化，村民之间的流动性也更加频繁，接触的范围也更加广泛，尽管这些对于互助会的运作有影响，但从现有的村民入会情况以及运行机制来看，原有的依托亲缘、血缘、地缘的村庄信任仍然存在并有效运行，不过在互助的基础上增加了更多的利益成分。

4. 国有金融改革对当地民间金融的影响

在龙港，国有金融与民间金融共存于此，在过去的20多年中，它们之间相互影响，相互竞争，并在竞争中得到共同发展。从某种意义上来说，国有金融的改革源于民间金融的推动，与此同时，国有金融改革对当地的民间金融以及互助融资也有着重大影响。

（1）政策转移。随着城镇化水平的提高，经济活动越来越向城镇集中，国有商业银行和农村信用社也开始向城镇聚集。这是必然趋势。并且国有商业银行的服务方向开始逐渐转向大企业、大项目。银行的资金规模一般比较大，他们往往注重于大型企业和大型项目的开发，如工商银行一直以扶持国营企业作为自己的重点，尽管近年来因为竞争日趋激烈，工商银行也开始向个体和私营企业发放贷款，但规模很小。农业银行也推出了黄金客户战略，重点支持大型企业。在苍南县，对黄金客户的规定是，工业企业的年销售额必须在1000万元以上，商业企业的年销售额必须在3000万元以上。1997年，苍南县的34家黄金客户企业的贷款额占农业银行贷款总额的40%，共计贷款3.4亿元。1998年新增贷款额的60%投向了黄金客户。[①]随着国有商业银行的对象向大型企业和项目的转移，中小企业，特别是小企业的资金就越来越依赖于民间金融来解决。在这方面，农村信用社也同民营金融机构一样，承担了向中小企业，特别是小企业的金融服务。

当地的经济发展主要依赖于个体私营和股份制企业，到目前为止，大型企业无论从数量上和质量上都还远远没有形成规模。此外，尽管有越来越多的企业迁移到城镇，但在农村地区仍然有很多企业，以及其他的经济活动，这些经济活动同样需要金融的支持，在它们无法得到银行及信用社资金支持时，民间

① 转引自王晓毅：《农村工业化过程中的农村民间金融》，载于《中国农村观察》，1999年第1期，第55页。

金融就成为他们的资金来源。随着各种金融结构向城镇集中趋势的发生，民间借贷及各种互助会就成为了农村金融活动的主要依靠对象。

金融机构把它们的服务集中于城镇的工商业，特别是大型的工商业时，它们所订立的措施也把许多需要贷款的小企业和农户排除在它们的服务之外。如在龙港起主要作用的房产抵押制度。随着城镇化的发展，城镇的房屋成为城镇居民的最主要财产，金融机构以房地产作为抵押可以大大提高金融机构的资产质量，这是因为，第一，房产抵押必须具备土地使用证和房产证明，这可以保证房产的产权明晰以及保证金融机构对其抵押权的实现。第二，在迅速的城镇化过程中，房产很容易通过拍卖转变为金融资产。所以，在当地金融机构的贷款中，几乎90%以上的贷款是抵押贷款，而抵押贷款中几乎100%是以房产作为抵押。但房产抵押贷款对于没有房产证明的工商业者来说，贷款是不可能的。其次，房产抵押并非可以得到100%的贷款，房产首先要经过专门的中介机构进行评估，按照人民银行和房产评估机构的协议，如果出现高估房产价值，其高出部分由评估部门负责。因此，评估价格一般低于房产的市场价格，有的甚至只有其市场价格的50%。金融机构贷款一般按评估价格的70%贷款，部分企业因此得不到充足的贷款，不足部分只能向社会借贷。

(2)风险控制。各个金融机构为了减少风险，增加收入，多发放短期贷款，一般贷款期限仅为3个月，长期贷款很少。而企业往往需要一些比较长期和稳定的资金进行周转，那么依靠金融部门的贷款就很难满足他们的需要。并且，商业银行以及农村信用社审批时间较长，不适合个私企业资金灵活性的需求。所以很多企业依靠社会借款或互助会作为流动资金的来源，尽管利息比贷款利息要高，但因其灵活性而受到欢迎。

(3)利率改革。利率被认为是最重要的吸取储蓄的工具。当正规金融机构的利率严重偏离市场利率的时候，民间金融灵活的利率吸引了社会的大部分资金。面对民间金融的竞争，正规金融不得不进行利率改革。当农村信用社和农业银行纷纷实行浮动利率，将存款利率几乎提高1倍以后，农村信用社和农业银行的存款迅速增加，扩大了市场占有份额，迫使民间金融也做出相应的改变。一方面，民间金融的利率也相应降低，另一方面，民间金融也开始借鉴正规金融的一些措施，比如民间资金希望通过建立正规化的金融机构从事金融活动以及在经营活动中也借鉴正规金融的管理手段。

总体来说，国有金融改革既对民间金融产生了一定程度的压力，同时也促进了民间金融的不断完善。何况，国有金融体制改革尚有一段艰辛的路程，这给当地民间金融以及互助融资留下了广阔的生存空间。作为金融体系中的两大主体，它们的竞争将促进金融市场秩序的形成。

三、总结

通过实地调研和访谈，新渡村中小企业互助融资大致经历了以下四个阶段：(1)1949年以前，互助占主导地位阶段，互助会以干会、摇会、轮会为主，规模很小，月息1分以内甚至无息，资金主要用于生活消费，如婚丧嫁娶等等，会员之间大多是亲戚关系，因此基本没有风险；(2)1949年到1984年龙港建镇以前，互助和计息相结合阶段，这个时期以摇会和轮会为主，标会很少，入会人数10~20人，月息1~2分之间，融资金额较小，资金用途以日常生活消费为主，并开始转向生产投资与经商，会员之间也基本是亲朋好友，彼此熟悉，倒会很少；(3)1985年到1992年为高额利息和金钱游戏阶段，这个时期以建立在标会基础上的抬会为主，互助会的性质已经发生变异，月息高达7%~24%，融资规模巨大，资金主要用于投机、赌博、奢侈享受，很多会员之间没有任何关系，风险很大，倒会在所难免；(4)1992年至今回归理性阶段，互助会以标会和轮会为主，普遍计息，月息1~2分之间，会员之间大多熟悉，融资金额较大，主要用于生产投资和经商，风险属于正常范围。具体如表6-30所示：

表6-30　新渡村中小企业互助融资的发展脉络及运行特征

分类＼阶段	1949年以前	1949~1984年	1985~1992年	1993年至今
主要特征	互助占主导	互助与计息相结合	高额利息、金钱游戏	回归理性、利息正常
主要形式	干会、摇会、轮会	摇会、轮会	标会、抬会	标会、轮会
入会人数	10人左右	10~20人为主	成千上万人	10~20人为主
最高融资金额	200元左右	2000元以下	上亿元	10万~50万元
资金主要用途	生活消费为主	生活消费与生产投资	投机、赌博与奢侈享受	生产投资、经商
利息(月息)	1%以内甚至无息	月息1%~2%为主	月息高达7%~24%	月息1%~2%为主

续表

分类＼阶段	1949年以前	1949~1984年	1985~1992年	1993年至今
会员之间关系	家人、亲戚、邻里	亲朋好友、邻里	不能确定	亲朋好友、邻里
主要运行机制	互助与亲缘利他熟人、关系、人情、面子	互助与亲缘利他熟人、关系、人情、面子等	经济利益、金钱游戏	互助、亲缘利他熟人、关系、人情、面子、经济利益
运行风险	基本没有	较低	很高	正常风险
风险控制机制	亲情、人际信任	人际信任占主导	信任机制断裂	人际信任为主、制度信任为辅

第五节　本章小结

本章主要对温州苍南县进行了以下三个问题的调查：第一，中小企业融资状况；第二，中小企业互助融资的形成机制；第三，中小企业互助融资的运行及风险控制机制。调查结果表明：(1)苍南县中小企业普遍面临着较大的融资缺口，再加上正规金融的信贷困境，使得大量中小企业转向民间金融市场寻求资金支持。其中互助会作为民间金融的一种主要形式，在当地相当活跃。(2)苍南县中小企业互助融资的形成是互助融资的历史传统、文化规范(人口构成及移民文化、语系差异、诚信文化、地方习俗)、社会网络(宗族组织、村庄)、经济基础以及政策环境共同起作用的产物。(3)中小企业互助融资的运行是一个动态发展的过程，它大致经历了互助占主导地位、互助和计息相结合、高额利息与金钱游戏、回归理性四个阶段，每个阶段的运行机制都有侧重，但对于正常运行的互助融资，通常都是依靠乡土社会中的互助与亲缘利他、人情与面子、熟人、关系等机制来维持。此外，对于运行风险来说，我们发现，正常运行的互助融资风险很小，并且还可以通过自身运行机制的改进来降低融资的风险。而对异化的互助融资，风险及危害很大，不仅影响到互助会成员的利益，而且损害到整个地区的经济发展。因此，在互助融资的不同发展阶段，风险控制机制也存在差异。在早期就是以人际信任机制为主，随着中小企业互助融资的发展，制度信任机制也开始发挥作用。

第七章　结论及政策建议

第一节　研究结论

目前我国中小企业普遍面临正规金融的信贷困境，这正好给民间的非正规金融提供了一个生存的土壤和发展的空间。互助会作为民间金融的一种主要形式，给当地的中小企业提供了一定的资金支持，在某种程度上正好弥补了正规金融的服务空缺。鉴于民间互助融资的重要作用，本文从社会资本的视角，系统地研究了中小企业互助融资的形成机制、运行机制以及风险控制机制三大问题，并以温州苍南县作为研究的样本，对当地中小企业互助融资的形成、运行及风险控制机制进行了实地考察。在理论分析和实证研究的基础上，本文得出了以下结论：

1. 中小企业互助融资实际上是小企业尤其是微型企业（如个体工商户、家庭作坊）的融资问题。苍南的实地调查表明，中等规模以上企业由于房产抵押以及信用度较高，因而基本上不存在贷款难问题。虽然当地金融机构发达，即使在一个乡镇（如龙港镇），四大商业银行分行都在此设立分理处，还有规模庞大、网点密布的农村信用社，以及众多的民营金融机构。但它们对企业贷款的条件相当苛刻，门槛较高，小企业一般很难获得信贷支持。此外，当地个私企业发达，其资金需求的特征正好与互助融资的灵活性相适应，因此这也是当地中小企业互助融资兴盛的一个主要原因。

2. 中小企业互助融资不是一个简单的经济现象，而是一个政治、经济、文化、历史共同作用的产物。互助会广泛地存在于世界各地，虽然从表面上看，几乎不存在什么地域、职业、阶层、文化和宗教上的明显界限，但互助会组织对特定的文化具有嵌入性的先天优势。例如，在特别强调家族利益、集体利益的地区，互助会这种互助形式的团体会被认为加强了群体之间的团结，促进人们之间的交流与合作，因而被赋予了某种特定的道德价值。作为一个具有深厚移民文化的县城，语系差异太大，因而增进了苍南人民集体利益观念的形成。尤其是在一个特定的村庄，宗族意识、家族主义对于互助融资的形成起着非常重要的促进作用。国外学者Biggart、Bascom、Anderson等人关于互助会产生必须具备的“以公有为基础的社会秩序、集体义务、社会或地理上的隔离”等条件在此得到了验证。

实地调研表明，当地的经商传统对互助融资的形成密切相关。一方面，诚信经商的文化传统造就了如今温州人的诚信意识，“诚信是互助会得以形成的一个重要前提条件，即使请会的人实力再强，如果不讲诚信，人品不好，他也是请不了会的”(访谈者的原话)。另一方面，为当地中小企业的发展以及开展互助融资提供了一定的经济基础。结合我国民间互助融资盛行的浙江、江苏、福建、广东等地，我们认为，中小企业互助融资不可能在民间资金缺乏的地方出现。此外，人情浓厚的地方习俗(主要包括各种红白喜事、结盟亲等)为乡土社会开展互助会提供了文化基础。当地的中等规模企业通常也由于人情往来、面子问题而不得不加入互助会。另外，还有一个很重要的因素就是务实敢为的地方政府对中小企业开展互助融资采取了默许和支持的态度。

3. 中小企业互助融资是中小企业之间利用互助会来进行融资的行为，其实质是有别于企业与市场的网络组织。同时，作为一种民间的非正规金融组织形式，它又是嵌入到当下的社会关系网络之中并深受网络中其他中小企业的影响。因此，中小企业互助融资是一种关系网络与融资网络的复合体。多数研究文献都预设网络组织的运作逻辑或治理机制是信任，而且许多实证研究结果也支持这样的观点。本文认为，中小企业互助融资形成并运行于中国的乡土社会，以亲缘性和地缘为基础的乡土社会的人际信任机制如互助与亲缘利他、人情、面子、熟悉、定栖等维持着互助融资的正常运行，新渡村中小企业互助融资发展的四个阶段也表明互助会只有建立在以亲缘、血缘、地缘为基础的信任机制才有可能正常运行，超过熟人的边界或者脱离人情机制，互助融资将会出现倒会的可能，并引发大范围的风险。伴随着社会转型，乡土社会的人际信任逐渐向制度信任转变，互助融资的运行机制也发生相应的转变，但经过倒会风波之后，人们入会更加谨慎，实际情况表明，中小企业互助融资的正常运行仍然依靠乡土社会的人际信任机制来维持。

4. 理论界对中小企业互助融资存在风险已经达成共识，只是程度有所差异。通过对新渡村的实地考察发现，局限于亲朋好友之间的互助融资，不论采取哪种互助会形式，风险都很小，倒会很少。20世纪80年代中期到90年代初，有人利用了互助会变相诈骗从而导致大面积的倒会风波，其主要原因在于社会转型时期价值观念的不确定以及人际信任文化的断裂。对于此类风险我们可以通过信任重建加以控制。近年来，新渡村中小企业互助融资运行基本正常。作者认为，倒会风波之后互助融资的正常运行原因在于两点，一是村民入会更加谨慎和理性，二是当地村民通过自身学习也会进一步改善互助融资的运行机制。通过对当地互助融资风险内控机制的调研，我们得出以下结论：(1)会首全权负责制可能有助于对会首形成一种维护互助会运行的正面激励；(2)互助会收支手续的标准化与契约化，有助于降低成员违约以及产生纠纷的可能性；(3)顶会和退会的正常交接，将有助于互助会的稳定运行；(4)互助会融资金额的大小与运行风险正相关；(5)互助会的利率高低与其运行风险正相关，期限长短与其运行风险负相关；(6)资金的投向也决定互助会的运行是否正常。

5. 互助会是一种中性的民间社会组织，它具有很强的适应性和内聚能力，迄今，我们尚未能看到它彻底退出历史舞台的可能性。通过对现有文献以及国内外的实际经验，我们大致可以推断，随着正规金融体系的完善，中小企业从正规金融获取贷款也变得更加容易，民间互助会的规模将会逐渐缩小，但并不一定会消失。并且，苍南县的很多互助会已经开始转变成私人钱庄、金融服务社等有正式组织的机构，这也表明互助会的发展趋势有可能就是民营金融机构。这一点在台湾已经得到验证。台湾地区的互助会几经改制最终发展为中小企业银行，但民间互助会仍然存在。

构建社会主义和谐社会需要金融与经济的和谐发展，互助会的存在有其客观必然性，但要消除其中的不和谐，发挥其积极的一面，让百姓从中受益，真正使正规金融与非正规金融协调起来，在解决“三农”问题以及中小企业融资问题的过程中发挥重要作用。

第二节　政策建议

我国是一个经济发展不平衡的国家，传统互助会的文化和社会土壤将长期存在，在民营经济发达地区，民间互助会的兴起是经济运行过程的内生需求，是正规金融部门、民间金融部门和借款人三方各自优化行为的结果。它的出现，将加快区域内资本形成的速度，加快当地中小企业的发展，推动农业社会向商业社会的转型，另一方面，互助会也是一个动态的发展过程，并且一直游离于金融监管当局的视野之外，其不规范的行为有可能影响到金融秩序的稳定。有鉴于此，在中小企业互助融资的发展过程当中，有必要做到以下几点：

一、政府应有所为，有所不为

作为一种基本上可以作为自我实施的非正式制度，尽管互助融资风险已经很低了，但从目前出现的问题来看，在自发性的互助会中，并不存在一种真正有效的风险控制机制，使得互助会的利率和资金规模维持在一个适当的水平。这意味着互助会仍然不能排除产生重大运行风险的可能。此外，随着一个地区经济发展水平的提高，必然会出现对更大规模资金的需求，如温州、台州等地的互助会的资金规模已经呈现了这一趋势，这对互助会运行的稳定性提出了挑战。

从理论上讲，我们还是不能仅仅依赖其自身控制，政府应当在允许各种非正式金融制度存在和发展的同时，要有针对性地加强监管。然而，试图通过政府的直接干预（如规定最高利率和资金规模上限）来控制互助会的利率和资金规模可能是非常困难的。政府进行直接干预可能需要花费很大的成本收集和处理互助会信息并进行监控，并且这种干预还可能带来市场的扭曲。从许多发展中国家政府对非正规金融市场进行直接干预的实际后果来看，直接的管制很难收到预期的效果（Mackinnon，1973；Aleem et al.，1990；Bell，1990；Hoff & Stiglitz，1990；张军，1997）。

因此，作者认为，政府首先要对民间互助融资要有一个明确的定位，防止政策变化无常导致互助融资运行的稳定性。其次，互助融资存在风险是一个市场现象，可以通过自身运行机制的完善达到控制的目的，政府不应该过多承担本该由市场管理和分散的风险，但政府应当预防和控制大规模倒会而导致的系统风险。

二、借鉴立法经验，给予我国互助会合法地位

我国现有的法律对民间金融以及互助会持很强的戒备和打击姿态。大多法律工作者也都认为互助会是一种非法集资行为，把互助会与“集资诈骗”以及“非法吸收存款”相提并论。作者认为，以上误解源于对互助会等民间金融作用的认识不清。出于投资、消费等合理目的设立的互助会，是在正规金融体系及

其制度以外自发形成的民间信用关系，其本质是团体的储蓄和互助借贷，是对现有金融体系的补充和完善，理应受到法律的保护。日本、印度以及台湾地区的合会法规为我们提供了立法的宝贵经验。

（一）日本和印度的经验。互助会在日本称为“无尽”，《讲会取缔规则》和《无尽业法》分别为非营业“无尽”和营业“无尽”之基本法则。《无尽业法》共44条，对无尽业作了系统详细的规定，从防范倒会风险的角度考察，以下几条值得借鉴：（1）准入行政审批制；（2）限制资金运用的范围；（3）无尽公司的董事对基于无尽契约所生之债务负连带清偿责任；（4）主管机关对无尽营业具有随时检查权；（5）董事等管理人员自我交易之严格禁止等。1961年的马德拉斯合会法（The Madras Chit Funds Act）以及1964年的德里合会法则（Delhi Chit Fund Rules）为印度两大合会成文法。它们对合会的整个运行过程以及所有成员（会首与会员）涉及的权利、义务、责任都作了详细的规定。

（二）台湾的经验。台湾地区成文的互助会法制，最先出台的是1902年的《讲会取缔规则》，其次是1948年国民党政府颁布的《台湾省合会储蓄业管理规则》，1999年，对民法作了修订，把合会的运作程序写进了民法，不仅允许合会存在，而且为了防范金融欺诈或者支付危机，减少潜在风险，使其能够健康运作。

与此同时，互助会的法律地位问题也受到了国内学者的普遍关注（张文海，2001；何炜玮，2005；陈荣文，2005；罗建平，2005；萧芍芳，2005），并且认为我国合会立法具有一定的现实可行性（罗建平，2005）。但我国到目前仍没有相关的法律制度，互助融资活动中形成的合法债权也没有得到有效地保护。因此，鉴于国外以及台湾地区立法的经验，作者认为首先应尽快从法律上为合会定性，解决相关法制建设空缺、滞后、模糊、矛盾等问题。其次，要对互助会的运行过程作详细的法律规定，具体内容包括：互助会的设立与登记；会首及会员的资格；会单或互助会契约的规范化；会首与会员的权利义务；标会或得会方法；会份的让与及退会；倒会时的处理方法等等。

三、对互助会活动进行普查，并建立备案制度

作为一种非正规的民间金融形式，我国的互助会活动目前尚处于金融监管当局（银监会、证监会、保监会）的约束之外。政府对互助会的数量、参与人数、筹集资金的规模、组织结构等基本信息事前并不了解，在系统性的“倒会风波”

发生之后才入场收拾残局。与之相反，我国台湾地区通过“家庭收入和支出普查”(SFIE)对区域内互助会活动的基本情况进行持续追踪；日本政府也曾在全国范围内对互助会的活动进行大规模的调查。可以说，广泛细致的调查是科学衡量互助会活动利弊的前提。

在普查的基础上，条件允许的地区最好建立互助会备案制度。对组织者、参与人数、应会资金、持续时间等进行备案。通过建立互助会发展的数据库，地方政府可以将互助会的融资规模与区域经济的运行状况相比较并在出现异常时对系统性的风险进行监控和预警。备案的目的是为了更好地掌握互助会的运行状况，因此应免费或者仅收取少量费用，并对不备案的会首进行处罚。

四、对会首的资信进行审核或评级，并实施信息披露

现有的理论研究已经发现，会首确实是降低互助融资交易成本的治理结构。现阶段我国互助融资活动中已经呈现出会首职业化的趋势。因此，一方面，政府应结合互助会的备案制度根据会首个人财产的数量、文化结构、组织互助会的次数等信息对会首进行评级，按照等级设定所能筹集资金的上限。并将上述的所有信息强制披露，同时建立举报制度，对虚假信息的举报者进行保护和奖励，对提供者进行相应的处罚。另一方面，应明确会首对互助会中会员的应会义务负有无限连带责任，条件允许时，应改变对会首支付报酬的方式，由无息首期得会转化为直接获得额外的货币报酬。

五、为互助会的演进提供足够的制度空间

国外民间金融的发展趋势，大都是由互助性的合作金融逐渐演变成正规营利性机构，而这演变过程大都具有以下特点：从轮转（rotating）模式转变为非轮转（non-rotating）模式；从短期金融组织逐步转变为永久金融机构；从只存不贷转变为存贷结合；从定期运营转变为每日运营等（Seibel，1999），所有这些特点都代表了非正式金融和民间金融的发展方向。这也就是非正式金融和民间金融发展过程中的“马歇尔冲突”（Marshall’s dilemma）问题，即民间金融之所以得以产生发展，在于其成本优势和信息优势，但随着其凭借优势扩大经营区域和参加人数的增加，二元金融结构中主流的现代金融对其压力就会越来越大，迫使其逐渐从“互助性金融组织”走向“过渡性金融组织”，最后成为“营利性金

融机构”。这一点正好印证了制度变迁理论的思想。戴维斯和诺思（1976）的制度变迁理论认为“如果预期的净收益超过预期的成本，一项制度安排就会被创新。只有当这一条件得到满足时，我们才有可能发现在一个社会内改变现有制度和产权结构的企图”。所以，金融主体之所以采取民间金融制度形式，而舍弃主流金融制度安排，这是金融市场在一定技术水平约束和相应市场竞争环境以及由此达成的经营共识下所形成的一种自发的金融秩序，是金融主体在原有约束条件下的最佳博弈策略。同理，由民间金融向民营金融的演变也是对相应技术、市场竞争环境和经营共识的变化所采取的“因应式”制度调整。

现阶段，我国互助会的形式主要是以传统形式为主，运行仍以血缘、亲缘或地缘联系等个人信用为主。对此种形式的互助会，政府应对其筹资的范围、参与人数进行限制；随着相对发达地区工业化的加深，互助会的运转可能向过渡性金融组织以及营利性金融机构方向转变，组织结构也相应发生改变，对此政府应提供足够的制度空间，渐进地推动、规范其发展。

六、建立有效的社会信用制度体系

金融领域的风险主要是信用风险，也就是交易对手不能正常履行合约而造成损失的风险。借款人违约行为的根本原因是为了追求“违约收益”，只有当信用制度足够消除这种违约利益，使违约利益为零或为负，违约行为发生的概率就会显著下降。由于当前我国信用制度体系还不完善，信贷市场上还存在大量的信用风险，主要表现为信贷交易中的逆向选择和道德风险，20世纪80年代中期到90年代初期的倒会风波引起的社会问题也就是信用风险的一个典型。因此要从基本的制度层面来解决信用风险问题，关键在于强化信用制度的建设，完善我国社会信用体系，形成良好的信用清偿机制和良性的信用环境。针对中小企业互助融资，本文认为应注意以下几点：

第一，建立明晰的产权制度。信用本质上是一种产权关系，明晰的产权制度是最好的利益激励机制，产权制度的基本功能是给人们提供长期利益的稳定预期和重复博弈的规则。产权关系明确是市场经济的最基本的要素，在明确的产权关系下，市场经济离不开信用关系，是否能形成规范有序的信用体系，取决于是否建立了一个合理的产权制度。因此，建立明晰的产权制度是社会信用制度建设的核心。

第二，完善社会法治建设，形成良好的信用约束机制。建立社会信用约束机制包括两个方面，一方面，通过社会信用机构建立起企业和个人的信用档案，对企业和个人的信用缺失行为进行记录，当一些在电脑档案中有失信记录的企业或个人在进行交易或申请贷款的时候，这些记录就会被提供给对方，从而对其获得资金产生一定的限制，对企业和个人形成软约束；另一方面，应加快我国法治建设的步伐，完善相应的社会信用法律体系，加大对违约行为的查处力度，用法律来约束人们的行为，使人们在经济活动中按"游戏规则"办事，以确保金融安全。

第三，完善社会信用中介机构，促进信用市场的发育。应切实加快我国社会信用机构的建设，不断改进信用机构提供信用服务的质量，以迎合企业和金融机构的需要。同时，应通过信用中介机构在我国社会范围内建立起有效的信用评级制度。通过信用评级，对经营情况良好的企业予以肯定，使其在融资过程和市场竞争中更有优势，对经营状况差、信用缺乏的企业应予以否定，使其在市场竞争中被淘汰。同时也为金融机构掌握较完备的企业信息提供了有力的保证。

第四，建立失信惩戒制度。失信惩罚制度是通过运用法律、行政、经济、道德等多种手段对失信者进行惩罚，以加大失信者的失信成本，提高市场准入壁垒。一方面使失信者失去了他人的信任，缺乏合作者，得不到资金和物资的支持；另一方面，使守信者得到各方面的方便和便利，获得更多的市场机会，不断发展壮大。通过完善的失信惩罚制度，来逐步规范市场秩序，这是社会信用体系正常发挥作用的保障。建立失信惩罚制度主要从五方面着手：一是加强政府综合管理部门做出的行政性惩戒制度建设；二是加强政府专业监管部门做出的监管性惩戒制度建设；三是加强金融、商业和社会服务机构做出的市场性惩戒制度建设；四是通过信用信息广泛传播形成的社会性惩戒制度建设；五是由司法部门做出的司法性惩戒制度建设。

第三节 研究局限性及后续研究方向

随着金融深化以及正规金融体制改革的不断推进，中小企业融资问题尽管有所缓解，但仍然存在巨大的资金需求缺口。从民间互助的角度来研究中小企业融资问题可能是本文的一个创新之处，但囿于主观和客观的原因，作者认为，本文研究存在以下局限性：

第一，文献资料缺乏。关于互助融资的研究文献，国外学者普遍从日常消费的角度对其进行研究，而很少从投资的角度以及把中小企业融资联系在一起研究。国内对于互助会以及民间金融的研究也是最近几年才兴起，目前还缺乏关于中小企业互助融资的专门研究。此外，早期关于互助会的专著如王宗培(1935)、王药雨(1935)等文献由于年代已久，作者没能获取，由此深感遗憾。

第二，实地调研困难、数据难以获取。虽然现有文献普遍认为广东、浙江、福建等地民间互助融资盛行，但除浙江之外，目前还基本没有关于广东、福建等地民间互助融资的文献。关于这一点，作者在与导师的探讨中认为，原因主要在于当地政府对互助融资的误解以及打击有关。很多民间互助会开始转入地下，或者以其他方式存在。相对其他地区来说，温州的互助会相当盛行且浮于表面，但作者也是通过熟人关系才得以进入，并且在与企业老板就互助融资访谈时，很多也是避而不谈。此外，当地方言甚多，对实地调研带来很多不便。

第三，定量研究缺乏深度。基于社会资本的视角，本文对中小企业互助融资的形成及运行做了一个全面的剖析。虽然通过实地问卷调查，获取了一些关于中小企业互助融资的数据，但仅能进行描述统计，还不能进行深入的定量研究，因此只有通过大量的访谈和文献资料加以弥补。

本文的进一步研究方向：

1. 互助融资的发展趋势问题。虽然国内外有很多关于民间互助会发展趋势的先例，但彼此之间还是存在差异。在台湾，互助会一方面从民间金融转向过渡金融再到营利性金融机构(如中小企业银行)，另一方面，民间互助会仍然存在。这反映什么问题？随着金融深化和金融体制改革，民间互助会的发展趋势到底怎样？是否会消失？

2. 区域之间的对比研究。目前，互助融资主要在我国的广东、福建、浙江、江苏、台湾等地存在，因此对比研究也主要在以上区域之间进行。每个地区都有不同的文化氛围，由此可以论证互助融资是否具有地域性。考虑到资料和数据难以获取，区域之间的对比研究在本文没有展开，这既是本文研究的一个不足，也是本文下一步研究的方向。

3. 中小企业互助融资是否具有推广的可能？实际经验表明，民间互助会弥补了正规金融的不足，给中小企业提供了一定的资金支持，有利于中小企业的生存和发展。因此，从某种程度上来说，互助融资盛行的地方如温州、台州等地，地方政府应该支持中小企业开展互助融资，并从法律上加以保护。那么我们就要思考，中小企业互助融资是否在其他地区也能够形成呢？它是否具有推广的可能？

参考文献

1. ［美］Y.巴泽尔著，费方域、段毅才译：《产权的经济分析》，上海：上海三联书店、上海人民出版社，2004年版。

2. 包亚明译：《布尔迪厄访谈录——文化资本与社会炼金术》，上海：上海人民出版社，1997年版。

3. 边燕杰、丘海雄：《企业的社会资本及其功效》，载于《中国社会科学》，2000年第2期，87-99。

4. 边燕杰：《城市居民社会资本的来源及作用：网络观点与调查发现》，载于《中国社会科学》，2004年第3期，136-146。

5. 曹荣湘主编：《走出囚徒困境：社会资本与制度分析》，上海：上海三联书店，2003年版。

6. 陈燕等：《声誉机制与金融信用缺失的治理》，载于《中国工业经济》，2005年第8期，73-80。

7. 陈文玲等著：《跨越——温州从传统信用迈向现代信用》，北京：中央编译出版社，2005年版。

8. 陈锋、董旭操：《中国民间金融利率——从信息经济学角度的再认识》，载于《当代财经》，2004年第9期，32-36。

9. 陈柳钦、孙建平：《我国中小企业信用互助的发展及其现实依据分析》，载于《改革》，2003年第6期，34-39。

10. 陈炉丹、万江红：《温州农村“会”的社会学分析》，载于《贵州师范大学学报》（社会科学版），2006年第4期，84-87。

11. 陈荣文：《合会风险的法律控制——以比较法为视角》，载于《中国人民公安大学学报》，2005年第4期，100-106。

12. 陈德付、戴志敏：《标会的投融资效率研究——来自温州苍南县的一个案例研究》，载于《财经研究》，2005年第9 期，60-70。

13. 陈德付：《互助会的投融资效率——温州案例研究》，浙江大学硕士论文，2005年。

14. 陈健民、丘海雄：《社团、社会资本与政经发展》，载于《社会学研究》，1999

年第4期，64-74。

15. 储小平：《家族企业研究：一个具有现代意义的话题》，载于《中国社会科学》，2000年第5期，51-58。
16. 储小平著：《家族企业的成长与社会资本的融合》，北京：经济科学出版社，2004年版。
17. 常永胜：《信用互助和团队重复博弈——中小企业融资的出路》，载于《经济理论与经济管理》，2004年第7期，45-48。
18. 丁俊峰等：《民间融资市场与金融制度》，载于《金融研究》，2005年第12期，161-168。
19. 费孝通著：《乡土中国 生育制度》，北京：北京大学出版社，1998年版。
20. 费孝通著：《江村经济——中国农民的生活》，北京：商务印书馆，2001年版。
21. 冯兴元：《温州市苍南县农村中小企业融资调查报告》，载于《管理世界》，2004年第9期，53-66。
22. 冯兴元：《浙江省宁波市M县合会案例研究报告》，载于《财贸经济》，2005年第3期，33-36。
23. 冯兴元：《合会组织的是与非》，载于《银行家》，2005年第3期，46-50。
24. 冯华著：《关系与交易》，成都：西南财经大学出版社，2006年版。
25. [美]弗朗西斯·福山著，彭志华译：《信任：社会道德与创造经济繁荣》，海口：海南出版社，2001年版。
26. 国家计委经济政策协调司赴江浙调研组：《江、浙中小企业融资与金融机构发展调查报告》，载于《经济研究参考》，2002年第86期，2-17转40。
27. 郭春松：《“标会”的危害及其治理》，载于《金融理论与实践》，2004年第10期，12-14。
28. 官兵：《企业家视野下的农村正规金融与非正规金融》，载于《金融研究》，2005年第10期，153-161。
29. 郭斌、刘曼路：《民间金融与中小企业发展：对温州的实证分析》，载于《经济研究》，2002年第10期，40-46。
30. 郭沛：《中国农村非正规金融规模估算》，载于《中国农村观察》，2004年第2期，21-25。
31. 何梦笔著：《网络、文化与华人社会经济行为方式》，太原：山西经济出版社，

1996年版。
32. 胡金焱、李永平:《农村金融的边缘化与制度创新》，载于《广东社会科学》，2005年第3期，32-37。
33. 胡金焱、张乐:《非正规金融与小额信贷：一个理论述评》，载于《金融研究》，2004年第7期，123-131。
34. 胡必亮:《村庄信任与标会》，载于《经济研究》，2004年第10期，115-125。
35. 胡中生:《钱会与近代徽州社会》，载于《史学月刊》，2006年第9期，79-84。
36. 黄光国:《中国式家族企业的现代化》，杨国枢、曾仕强主编《中国人的管理观》，桂冠图书公司(台北)，1988年版。
37. 黄光国著:《儒家关系主义：文化反思与典范重建》，北京：北京大学出版社，2006年版。
38. 黄光国、胡先缙等著:《面子：中国人的权力游戏》，北京：中国人民大学出版社，2004年版。
39. 黄泰岩、牛飞亮:《西方企业网络理论述评》，载于《经济学动态》，1999年第4期，63-67。
40. 黄孝武:《企业间信任问题理论述评》，载于《经济学动态》，2002年第10期，59-64。
41. 姜旭朝著:《中国民间金融研究》，济南：山东人民出版社，1996年版。
42. 姜旭朝、丁昌锋:《民间金融理论分析：范畴、比较与制度变迁》，载于《金融研究》，2004年第8期，100-111。
43. 姜旭朝、丁昌锋:《民间金融理论与实践》，载于《经济学动态》，2004年第12期，74-77。
44. 蒋英菊:《苏村的互助——乡村互惠体系的人类学分析》(上、下)，载于《广西右江民族师专学报》，2004年第1、2期，25-32；24-31。
45. 金耀基:《人际关系中的人情之分析》，见金耀基:《中国社会与文化》，香港：牛津大学出版社，1993年版。
46. 柯荣柱:《作为保险机制的互助会：标会、摇会及其效率比较——完全和不完全借贷市场》，载于《中国社会科学评论》，2003年第二卷第二期，545-621。
47. [美]R.科斯、A.阿尔钦、D.诺斯等著，刘守英等译:《财产权利与制度变迁》，上海：上海三联书店、上海人民出版社，2004年版。

48. [俄]克鲁泡特金著，李平沤译：《互助论》，北京：商务印书馆，1997年版。
49. [美]雷蒙德·W·戈德史密斯著，周朔等译：《金融结构与金融发展》，上海：上海三联书店，1996年版。
50. [美]罗纳德·I·麦金农著，周庭煜等译：《经济市场化的次序——向市场经济过渡时期的金融控制》，上海：上海三联书店，1996年版。
51. [美]罗纳德·I·麦金农著，卢骢泽译：《经济发展中的货币与资本》，上海：上海三联书店、上海人民出版社，1997年版。
52. 罗德明、潘士远：《互助会引论》，载于《浙江社会科学》，2004年第5期，61-67。
53. [美]爱德华·S·肖著，王巍等译：《经济发展中的金融深化》，北京：中国社会科学出版社，1989年版。
54. 刘小京：《略析当代浙南宗族械斗》，载于《社会学研究》，1993年第5期，101-107。
55. 刘新华、线文：《我国中小企业融资理论述评》，载于《经济学家》，2005年第2期，105-111。
56. 刘民权等：《信贷市场中的非正规金融》，载于《世界经济》，2003年第7期，61-73。
57. 刘民权等：《ROSCA研究综述》，载于《金融研究》，2003年第2期，120-132。
58. 刘民权主编：《中国农村金融市场研究》，北京：中国人民大学出版社，2006年版。
59. 刘兆发著：《农村非正式结构的经济分析》，北京：经济管理出版社，2002年版。
60. 刘小京：《地方社会经济发展的历史前提——以浙江苍南县为个案》，载于《社会学研究》，1994年第6期，82-90。
61. 刘林平著：《关系、社会资本与社会转型：深圳“平江村”研究》，北京：中国社会科学出版社，2002年版。
62. 刘世定：《嵌入性与关系合同》，载于《社会学研究》，1999年第4期，75-88。
63. [美]林南著，张磊译：《社会资本：关于社会结构与行动的理论》，上海：世纪出版集团·上海人民出版社，2005年版。
64. 林竞君著：《网络、社会资本与集群生命周期研究》，上海：上海人民出版社，

2005年版。

65. 林毅夫、李永军:《中小金融机构发展与中小企业融资》，载于《经济研究》，2001年第1期，10-18。

66. 林毅夫、孙希芳:《信息、非正规金融与中小企业融资》，载于《经济研究》，2005年第7期，35-44。

67. 林闽钢著:《转变中的经济秩序——社会学视野下的企业与市场关系》，北京：人民出版社，2003年版。

68. 雷丁著，张道敬等译:《海外华人企业家的管理思想——文化背景与风格》，上海：上海三联书店，1993年版。

69. 李志赟:《银行结构与中小企业融资》，载于《经济研究》，2002年第6期，38-45。

70. 李新春著:《企业联盟与网络》，广州：广东人民出版社，2000年版。

71. 李维安著:《公司治理》，天津：南开大学出版社，2001年版。

72. 李善民、余鹏翼:《中小企业在泛珠三角经济区投融资行为分析》，载于《广东社会科学》，2004年第4期，43-48。

73. 李晓佳:《发展经济体中的合会金融：台湾的经验》，载于《中国农村观察》，2005年第2期，13-30。

74. 李庚寅、周显志等著:《中国发展中小企业支持系统研究》，北京：经济科学出版社，2003年版。

75. 李庚寅、曾林阳:《民间金融组织——合会的变迁及其思考》，载于《经济问题探索》，2005年第2期，84-87。

76. 李伟:《民间金融发展与中小企业融资》，载于《当代财经》，2005年第5期，40-43转65。

77. 李援亚:《民间金融风险分析和监管探索——从福安标会崩盘说起》，载于《统计与决策》，2005年第1期，105-106。

78. 李建军主编:《中国地下金融调查》，上海：上海人民出版社，2006年版。

79. 李建军等著:《中国地下金融规模与宏观建军影响研究》，北京：中国金融出版社，2005年版。

80. 李伟民、梁玉成:《特殊信任与普遍信任：中国人信任的结构与特征》，载于《社会学研究》，2002年第3期，11-22。

81. 李惠斌、杨雪冬主编:《社会资本与社会发展》，北京：社会科学文献出版社，2000年版。

82. 李敏:《论企业社会资本的有机构成及功能》，载于《中国工业经济》，2005年第8期，81-88。

83. 梁漱溟著:《中国文化要义》，见《梁漱溟全集》(第三卷)，济南：山东人民出版社，1990年版。

84. 梁鸿飞:《信贷融资与民营中小企业的信用能力》，载于《北京大学学报》(哲学社会科学版)，2005年第2期，129-138。

85. 梁克:《社会关系多样化实现的创造性空间——对信任问题的社会学思考》，载于《社会学研究》，2002年第3期，1-10。

86. [美]罗伯特·D·普特南著，王列、赖海榕译:《使民主运转起来》，南昌：江西人民出版社，2001年版。

87. [美]罗德里克·M·克雷默、汤姆·R·泰勒著，管兵等译:《组织中的信任》，北京：中国城市出版社，2003年版。

88. 梁治平著:《清代习惯法：社会与国家》，北京：中国政法大学出版社，1996年版。

89. [美]曼瑟尔·奥尔森著，陈郁等译:《集体行动的逻辑》，上海：上海三联书店、上海人民出版社，2004年版。

90. [德]马克斯·韦伯著，王容芬译:《儒教与道教》，北京：商务印书馆，2002年版。

91. [德]马克斯·韦伯著，于晓译:《新教伦理与资本主义精神》，上海：上海三联书店，1987年版。

92. [英]帕萨·达斯古普特、伊斯梅尔·撒拉格尔丁编，张慧东等译:《社会资本——一个多角度的观点》，北京：中国人民大学出版社，2005年版。

93. 彭兴钧著:《金融发展的路径依赖与金融自由化》，上海：上海三联书店、上海人民出版社，2002 年版。

94. 彭泗清:《信任的建立机制：关系运作与法制手段》，载于《社会学研究》，1999年第2期，53-65。

95. 卜长莉:《差序格局的理论诠释及现代内涵》，载于《社会学研究》，2003年第1期，21-29。

96. 乔健:《关系刍议》，杨国枢、文崇一主编《社会与行为科学研究的中国化》，台湾中央研究院民族学研究所专刊，1982年版。
97. 邱建新著:《信任文化的断裂——对崇川镇民间“标会”的研究》，北京：社会科学文献出版社，2005年版。
98. 任森春:《非正式融资：理论、现实与对策》，载于《财贸经济》，2005年第8期，26-29。
99. 单强、昝金生:《论近代江南农村的“合会”》，载于《中国经济史研究》，2002年第4期，76-85。
100. 孙立平:《关系、社会关系与社会结构》，载于《社会学研究》，1996年第5期，20-30。
101. 孙立平著:《断裂：20世纪90年代以来的中国社会》，北京：社会科学文献出版社，2003年版。
102. 孙宽平主编:《转轨、规制与制度选择》，北京：社会科学文献出版社，2004年版。
103. 史晋川等:《市场深化中民间金融业的兴起——以浙江路桥城市信用社为例》，载于《经济研究》，1997年第12期，45-50。
104. 史晋川等著:《民营经济与制度创新：台州现象研究》，杭州：浙江大学出版社，2004年版。
105. 史晋川等著:《中小企业金融机构与中小企业发展研究——以浙江温州、台州地区为例》，杭州：浙江大学出版社，2003年版。
106. 史江:《宋代经济互助会社研究》，载于《中国社会经济史研究》，2003年第2期，94-98。
107.《思茅地区金融志》编纂委员会编:《思茅地区金融志》，昆明：云南民族出版社，1998年版。
108. 沈悦著:《金融自由化与金融开放》，北京：经济科学出版社，2004年版。
109. 唐寿宁:《对非正规金融部门的解释的一个补充》，载于《中国社会科学季刊》，1997年第20期，36-37。
110. 田晓霞:《小企业融资理论及实证研究综述》，载于《经济研究》，2004年第5期，107-116。
111. 向荣:《西方信任理论及华人企业组织中的信任关系》，载于《广东社会科学》，2005年第6期，41-46。
112. 王沛郁：《民国时期山西的“合会”档案》，载于《山西档案》，2006年第2期，14-16。
113. 王晓毅、朱成堡著：《中国乡村的民营企业与家族经济——浙江省苍南县项东村调查》，太原：山西经济出版社，1996年版。
114. 王晓毅等著：《农村工业化与民间金融——温州的经验》，太原：山西经济出版社，2004年版。
115. 王晓毅：《农村工业化过程中的农村民间金融——温州市苍南县钱库镇调查》，载于《中国农村观察》，1999年第1期，52-59。
116. 王晓毅：《家族制度与乡村工业发展——广东和温州两地农村的比较研究》，载于《中国社会科学季刊》，1996年第16期，5-14。
117. 王宣喻、储小平：《信息披露机制对私营企业融资决策的影响》，载于《经济研究》，2002年第10期，31-40。
118. 王霄、张捷：《银行信贷配给与中小企业贷款：一个内生化抵押品和企业规模的理论模型》，载于《经济研究》，2003年第7期，68-75。
119. 王铭铭、[英]王斯福主编：《乡土社会的秩序、公正与权威》，北京：中国政法大学出版社，1997年版。
120. 王永钦著：《声誉、承诺与组织形式——一个比较制度分析》，上海：上海人民出版社，2005年版。
121. 王飞雪、山岸俊男：《信任的中、日、美比较》，载于《社会学研究》，1999年第2期，67-82。
122. 王绍光、刘欣：《信任的基础：一种理性的解释》，载于《社会学研究》，2002年第3期，23-39。
123. 王春光：《流动中的社会网络：温州人在巴黎和北京的行动方式》，载于《社会学研究》，2000年第3期，109-123。
124. 文远华著：《中国经济转型时期信贷配给问题研究》，上海：上海三联书店，上海人民出版社，2005年版。
125. 文崇一、萧新煌主编：《中国人：观念与行为》，南京：江苏教育出版社，2006年版。
126. 徐畅：《“合会”述论》，载于《近代史研究》，1998年第2期，194-211。

127. 徐洪水:《金融缺口和交易成本最小化：中小企业融资难题的成因研究与政策路径》，载于《金融研究》，2001年第11期，47-53。

128. 萧芍芳:《台湾合会经验及其对中国大陆的启示》，载于《中国农村经济》，2005年第8期，68-72。

129. 余鹏翼、李善民:《金融抑制与中小企业融资行为分析》，载于《经济学动态》，2004年第9期，50-53。

130. 俞建拖等:《互助会与农村居民消费研究：一个实证分析》，载于《中国金融学》，2005年第1期，1-19。

131. 叶大兵:《民间呈会习俗与现代股份所有制》，载于《民俗研究》，2002年第2期，10-18。

132. 燕继荣著:《投资社会资本——政治发展的一种新维度》，北京：北京大学出版社，2006年版。

133. 阎云翔著:《礼物的流动》，上海：上海人民出版社，2000年版。

134. 阎云翔:《差序格局与中国文化的等级观》，载于《社会学研究》，2006年第4期，201-213。

135. 严谷军、何嗣江:《中小企业融资结构变化与中小金融机构成长——温州案例分析》，载于《浙江大学学报》（人文社会科学版），2002年第6期，95-101。

136. 杨春光:《投资性互助会与中小企业融资》，浙江大学硕士论文，2005年。

137. 杨国枢:《家族化历程、泛家族主义及组织管理》，郑伯壎、黄国隆、郭建志主编《海峡两岸之组织与管理》，远流出版公司（台北），1998年版。

138. 杨中芳、彭泗清:《中国人人际信任的概念化：一个人际关系的观点》，载于《社会学研究》，1999年第2期，1-21。

139. 杨宜音:《“自己人”：信任建构过程的个案研究》，载于《社会学研究》，1999年第2期，38-52。

140. 周业安著:《金融市场的制度与结构》，北京：中国人民大学出版社，2005年版。

141. 周业安:《金融抑制对中国企业融资能力影响的实证研究》，载于《经济研究》，1999年第2期，13-20转48。

142. 朱喜:《互助会的经济学观点》，载于《当代财经》，2006年第6期，24-31。

143. 朱玉湘著:《中国近代农民问题与农村社会》，济南：山东大学出版社，1997年版。
144. 张维迎著:《企业理论与中国企业改革》，北京：北京大学出版社，1999年版。
145. 张杰:《民营经济的金融困境与融资次序》，载于《经济研究》，2000年第4期，3-10。
146. 张杰:《地方政府的介入与金融体制变异》，载于《经济研究》，1996年第3期，21-26转42。
147. 张杰:《转轨经济中的金融中介及其演进：一个新的解释框架》，载于《管理世界》，2001年第5期，90-100。
148. 张杰:《解读中国农贷制度》，载于《金融研究》，2004年第2期，1-8。
149. 张捷著:《结构转换期的中小企业金融研究——理论、实证与国际比较》，北京：经济科学出版社，2003年版。
150. 张捷:《中小企业的关系型借贷与银行组织结构》，载于《经济研究》，2002年第6期，32-37转54。
151. 张捷、王霄:《中小企业金融成长周期与融资结构变化》，载于《世界经济》，2002年第9期，63-69。
152. 张仁寿、李红著:《温州模式研究》，北京：中国社会科学出版社，1990年版。
153. 张震宇等著:《温州金融现象透视》，杭州：浙江大学出版社，1993年版。
154. 张翔:《合会的信息会聚机制——来自温州和台州等地区的初步证据》，载于《社会学研究》，2006年第4期，59-85。
155. 张军:《改革后中国农村的非正规金融部门：温州案例》，载于《中国社会科学季刊》，1997年第20期，22-35。
156. 张介纯:《浙东地区清代的民间金融组织——钱会》，载于《宁波广播电视大学学报》，2003年第2期，9-11。
157. 张炳申等著:《产业组织、企业制度与支持系统——广东中小企业发展与支持系统研究》，北京：经济科学出版社，2003年版。
158. 张文魁:《私募资本市场：作用、风险与对诈骗的防范》，载于《经济研究》，2001年第5期，74-77转96。
159. 张文宏:《城市居民社会网络资本的阶层差异》，载于《社会学研究》，2005年第4期，64-81。

160. 张文宏:《社会资本：理论争辩与经验研究》，载于《社会学研究》，2003年第4期，23-35。
161. 张其仔著:《社会资本论：社会资本与经济增长》，北京：社会科学文献出版社，1997年版。
162. 张其仔著:《新经济社会学》，北京：中国社会科学出版社，2001年版。
163. 张缨著:《信任、契约及其规制：转轨期中国企业间信任关系及结构重组研究》，北京：经济管理出版社，2004年版。
164. 张静:《信任问题》，载于《社会学研究》，1997年第3期，84-87。
165. 张强:《自家人、自己人和外人——中国家族企业的用人模式》，载于《社会学研究》，2003年第1期，12-20。
166. 张贯一等:《信任问题研究综述》，载于《经济学动态》，2005年第1期，99-102。
167. 郑振龙、林海:《民间金融的利率期限结构和风险分析：来自标会的检验》，载于《金融研究》，2005年第4期，133-143。
168. 郑起东著:《转轨期的华北农村社会》，上海：上海书店出版社，2004年版。
169. 郑伯壎:《企业组织中上下属的信任关系》，载于《社会学研究》，1999年第2期，22-37。
170. 郑也夫著:《信任论》，北京：中国广播电视出版社，2001年版。
171. 郑也夫、彭泗清等编:《中国社会中的信任》，北京：中国城出版社，2003年版。
172. 郑也夫主编:《信任：合作关系的建立与破坏》，北京：中国城出版社，2003年版。
173. [美]詹姆斯·S·科尔曼著，邓方译:《社会理论的基础》，北京：社会科学文献出版社，1999年版。
174. 翟学伟著:《人情、面子与权力的再生产》，北京：北京大学出版社，2005年版。
175. 翟学伟:《中国人在社会行为取向上的抉择——一种本土社会心理学理论的建构》，载于《中国社会科学季刊》(香港)，1995年冬季卷，96-108。
176. 翟学伟:《社会流动与关系信任——也论关系强度与农民工的求职策略》，载于《社会学研究》，2003年第1期，1-11。

177. Adams, D.W., Canavesi de Sahonero, Marie, L., 1989, "Rotating Savings and Association in Bolivia", Savings and Development, 13: 219-236.

178. Adler, P.S. & Kwon, S.W., 2002, "Social Capital : Prospects for a New Concept", The Academy of Management Review, 27: 17-40.

179. Alexander,C.N., & J. Rudd, 1981, "Situated Identities and Response Variables", 83-103, in Impression Managenment Theory and Social Psychological Research, edited by J.T. Tedeschi, New York : Academic.

180. Anderson, R.T., 1966, "Rotating Credit Association in India", Economic Development and Cultural Change, 14: 334-339.

181. Anderson, S., Baland, J.M., 2002, "The Economics of ROSCAs and Intrahousehold Resouce Allocation", The Quarterly Journal of Economics, Aug, 963-995.

182. Ardener, S., 1964, "The Comparative Study of Rotating Credit Association", Journal of the Royal Anthropological Institute of Great Britain and Ireland, 94: 202-229.

183. Arrow, K.J., 1972, "Gifts and Exchanges", Philosophy and Public Affairs, 1: 343-362.

184. Axelrod, R., 1984, The Evolution of Co-operation. New York : Basic Books.

185. Bake, W.E., 1990, "Market Networks and Cooperate Behavior", American Journal of Sociology, 96: 589-625.

186. Barham, B.L., 1996, "Credit Constraints, Credit Unions, and Small-scale Producers in Guatemala", World Development, 24(1) : 793-806.

187. Banerjee, A., Besley, T., T. Guimmane, 1994, "The Neighbor's Keeper : the Design of a Credit Cooperative with Theory and a Test", Quarterly Journal of Economics, 109: 409-515.

188. Barton, C., 1977, Rotating Credit Associations and Informal Finance : Some Examples from South Vietnam. San Diego : Asia, Vietnam.

189. Barber, B., 1983, The Logic and Limits of Trust, New Brunswick. NJ : Rutgers University Press.

190. Bascom, W.R., 1952, "The Esusu : A Credit Institution of the Yoruba",

Journal of the Royal Anthropological Institute, LXXX II (1) : 63-70.

191. Bell, C., 1990, "Interaction between Institutional and Informal Credit Agencies in Rural India", World Bank Economic Review, 4(3) : 397-327.

192. Belliveau, M. A., O'reilly III, Charles A., Wade, James B, "Social Capital at the Top : Effects of Social Similarity and Status on CEO Compensation", Academy of Management Journal, Vol.39 (6) : 1568-1593.

193. Berger, M., 1989, "Giving Women Credit : the Strengths and Limitations of Credit as a Tool for Alleviating Poverty", World Development, 17(7) : 1017-1032.

194. Besley, T., 1995, "Nonmarket Institution for Credit and Risk Sharing in Low-income Countries ", The Journal of Economic Perspectives, 9(3) : 115-127.

195. Besley, T., Coate, S., & Loury, G., 1992, On the Allocation of Rotating Savings and Credit Associations. Research Program in Development Studies at Princeton University Discussion Paper, No.163.

196. —, —, & —, 1993, "The Economics of Rotating Savings and Credit Associations", The American Economic Review, 83: 792-810.

197. —, —, & —, 1994, "Rotating Savings and Credit Associations, Credit Markets and Efficiency", Review of Economics Studies, 61: 701-719.

198. Besley, T., & Levenson, A.R., 1996, "The Role of Informal Finance in Household Capital Accumulation : Evidence from Taiwan", The Economic Journal, 106(January) : 39-59.

199. Begashaw, G., 1978, "The Economics Role of Traditional Savings and Credit Institution in Ethiopia", Savings and Development, 2(4) : 249-262.

200. Bianco, W.T., 1994, Trust : Representatives and Constituents. Ann Arbor : University of Michigan Press.

201. Bian, Y., 1997, "Bring Strong Ties Back in : Indirect Ties, Network Bridges and Jobs search in China", American Sociological Review, 62: 66-385.

202. Biggart, N.W., 2000, Banking on Each Other : The Situational Logic of Rotating Savings and Credit Associations. Discussing Paper.

203. Blau, P.M., 1964, Exchange and Power in Social Life. New York : Wiley.

204. Blumberg, P., 1989, The Predatory Society : Deception in the American Marketplace. New York : Oxford University Press.

205. Bourdieu, P., 1985, "The Forms of Capital", in Handbook of Theory and Research for the Sociologyof Education, ed. JG Richardson. New York : Greenwood, 241-258.

206. Bouman, F.J.A., 1977, "Indigenous Savings and Credit Societies in the Third World : A Message", Saving and Development, 1: 181-218.

207. —, 1995, "Rotating and Accumulating Savings and Credit Associations : A Development Perspective", World Development, 23: 371-384.

208. Bonnet, A.W., 1981, Institutional Adaptation of West Indian Immigrants to America : an Analysis of Rotating Credit Associations. Washington, D.C : University Press of America Inc.

209. Boon, S.D. & Holmes, J.D., 1991, "The Dynamics of Interpersonal Trust : Resolving Uncertainty in the Face of Risk", in R.A. Hind & J.Groegrel (Eds.).Cooperation and Proscial Behavior : 190-211, Cambridge University Press.

210. Bourgeois,L. & K. Eisenhardt, 1988, "Strategic Decision Processes in High Velocity Environments : Four Cases in the Microcomputer Industry", Management Science, 34: 816-835.

211. Bradach, M.Z. & Eccles, R.G., 1989, "Price, Authority and Trust : from Ideal Type to Plural Forms", Annual Review of Sociology, 97-118.

212. Brooke, J., 1987, Informal Capitalism Grows in Cameroon. New York Times, 30.

213. Brown, P.G., 1994, Restoring the Public Trust. Boston : Beacon.

214. Brown, T.F., 1997, "Consumer Demand and the Social Construction of Industry", Working Paper Series, Program in Comparative and International Development, Johns Hopkins Unviersity.

215. Braveman, A. & J.L.Guash, 1986, "Rural Credit Markets and Institutions in Development Countries : Lessons for Policy Analysis from Practice and Modern Theory", World Development, 14: 1253-1267.

216. Buijs, G., 1998, "Savings and Loan Clubs Risky Ventures or Good Business Practice : A Study of the Importance of Rotating Savings and Credit Associations for Poor Women", Development Southern Africa, 15: 55-65.
217. Burt, R., 1992, Structural Holes : The Social Structure of Competition. Cambridge, MA : Harvard University Press.
218. —, 1993, "The Social Structure of Competition", in Explorations in Economic Sociology, edited by R. Swedberg, New York : Rusell Sage Foundation, 65-103.
219. —, 2000, "The Social Capital of French and American Managers", Organization Science, Vol.11 (2) : 123-147.
220. Calomiris, C.W., Rajaraman, I., 1998, "The Role of ROSCAs : Lumpy Durables or Event Insurance", Journal of Development Economics, 56: 207-216.
221. Callier, P., 1990, "Informal Finance : The Rotating Saving and Credit Association-An Interpretation", Kyklos, 43: 273-276.
222. Chiteji, N.S., 2002, "Promises Kept : Enforcement and the Role of Rotating Savings and Credit Associations in an Economy", Journal of International Development, 14: 393-411.
223. Clark, M.S., & Mills, J., 1979, "Interpersonal Attraction in Exchange and Communal Relationships", Journal of Personality and Social Psychology, 37: 12-24.
224. Coleman, J., 1988, "Social Capital and the Creation of Human Capital", American Journal of Sociology, Vol. 94(Supplement): S95-S120.
225. —, 1990, Foundation of Social Theory. Cambridge: Belknap Press of Harvard University Press.
226. Cope, T., Kurtz, D.V., 1980, "Default and the Tanda: A Model Regarding Recruitment for Rotating Credit Associations", Ethnology, 18: 213-231.
227. Dekle, R., Hamada, K., 2000, "On the Development of Rotating Credit Associations in Japan", Economic Development and Cultural Change, 49: 77-90.

228. Deutsch, M., 1958, "Trust and Suspicion", The Journal of Conflict Resolution, 2: 265-279.

229. Dimaggio, P., & Powell, W., 1983, "The Iron Cage Revisited : Institutional Isomorphism and Collective Rationality in Organizational Fields", American Sociological Review, 48: 147-160.

230. Drake, P.J., 1980, Money, Finance and Development. Oxford : Robertson.

231. Duck, S.(Eds.), 1994, Meaningful Relationships : Metaphor, Meaning, and Intimacy. Newbury Park : Sage.

232. Emirbayer, M., & Goodwin, J., 1994, "Network Analysis, Culture and the Problem of Agency", American Journal of Sociology, Vol.99(6) : 1411-1454.

233. Etzioni, A., 1988, The Moral Dimension : Towards a New Economics. New York : Free Press.

234. Fernando, E., 1986, "Informal Credit and Savings Organizations in Sri Lanka : The Cheetu", Savings and Development, 10: 253-263.

235. Fry, M.J., 1995, Money, Interest, and Banking in Economic Development. Baltimore : John Hopkins University Press.

236. Fukuyama, F., 1995, Trust : The Social Virtues and the Creation of Prosperity. New York : Free Press.

237. —, 1997, Social Capital. Tanner Lectures, Brasenose College, Oxford ; Processed, Institute of Public Policy, George Mason University, Fairfax, Virginia.

238. Gamble, S.D., 1944, "A Chinese Mutual Saving Society", The Far Eastern Quarterly, 4: 41-54.

239. Garment, S., 1991, Scandal : the Culture of Mistrust in American Politics. New York : Random House.

240. Gambetta, D., 1988, "Can We Trust Trust?" in D. Gambetta(ed.), Trust : Making and Breaking Cooperative Relations, 213-237. Oxford, UK : Basil Blackwell.

241. Geertz, C., 1962, "The Rotating Credit Association A 'Middle Rung' in Development", Economic Development and Cultural Change, 10: 241-263.

242. Ghate, P., 1992, Informal Finance : Some Findings From Asia. New York : Oxford University Press.

243. Goffman, E., 1959, The Presentation of Self in Every Day Life.Edinburgh : University of Edinburgh Press.

244. —, 1978, "The Bazaar Economy : Information and Search in Peasant Marketing", in Supplement to the American Economic Review, Vol.68(2) : 28-32.

245. Granovetter, M., 1973, "The Strength of Weak ties", American Journal of Sociology, Vol.78: 1360-1380.

246. —, M., 1985, "Economic Action and Social Structure : The Problem of Embeddedness", American Journal of Sociology, Vol. 91(3) : 481-510.

247. —, 1990, "The Old and the New Economic Sociology : A History and an Agenda", in Beyond the Marketplace : Rethinking Economy and Society, edited by R. Friedland and A.F. Robertson, New York : Aldine.

248. Granovetter, M., & Swedberg, R., 1992, The Sociology of Economic Life. Boulder : Westview.

249. Grossman, R., 1992, "Deposit Insurance, Regulation, and Moral Hazard in the Thrift Industry : Evidence from the 1930' s", American Economic Review, 82: 800-822.

250. Gulti, R., 1995, "Social Structure and Alliance Formation Patterns : A Longitudinal Analysis", Administrative Science Quarterly, Vol. 40.

251. —, 1998, "Alliance and Networks", Strategic Management Journal, 19: 293-317.

252. Haggblade, S., 1978, "Africanization from Below : The Evolution of Cameroom Savings Societies into Western Style Bank", Rural Africana, 2: 35-55.

253. Handa, S., Kirton, C., 1999, "The Economics of Rotating Savings and Credit Associations : Evidence from the Jamaican `Partner'", Journal of Development Economics, 60: 173-194.

254. Hamilton, G., 1991, Business Networks and Economic Development in East

and Southeast Asia. Hong Kong：Centre for Asian Studies.

255. Hillman, A., Swan, P., 1983, "Participation Rules for Pareto Optimal Clubs", Journal of Public Economics, 20: 55-76.

256. Ho,D.Y., 1976, "On the Concept of Face", American Journal of Sociology, 81: 867-884.

257. Hoff, K., & J.E. Stiglitz, 1990, "Introduction：Imperfect Information and Rural Credit Markets：Puzzles and Policy perspectives", World Bank Economic Review, 4(3)：235-250.

258. Holmostrom, B., Tirole, J., 1997, "Financial Intermediation Loanable Funds, and the Real Sector", Quarterly Journal of Economics, 112: 663-691.

259. Hosmer, L.T., 1995, "Trust：the Connection Link between Organizational Theory and Philosophical Ethics", Academy of Management Review, 20(2)：379-403.

260. Hsu, P.C., 1929, "Rural Cooperatives in China", Pacific Affrica, 2: 611-624.

261. Hulme, D., & P. Mosley, 1996, Finance against Poverty, Vol.(1). Routledge, London.

262. Hu, H.C., 1944, "The Chinese Concept of 'Face' ", American Anthropology, 46: 45-64.

263. Hwang, K.K, 1987, "Face and Favor：the Chinese Power Game", Amercian Journal of Sociology, 92: 944-974.

264. Inglehart, R., 1990, Culture Shift in Advanced Industrial Society. Princeton：Princeton University Press.

265. Isaksson, A., 2002, The Importance of Informal Finance in Kenyan manufacturing. UNIDO Working Paper, No.5, May.

266. Izumida, Y., 1992, "The Kou in Japan：a Precursor of Modern Finance", in Informal Finance in Low Income Countries, Edited by D.W. Adams and D.A. Fitchett, Boulder：Westview Press.

267. Jacobs, J., 1961, The Death and Life of Great American Cities. New York：Vintage.

268. —, 1980, "The Concept of Guanxi and Local Politics in a Rural Chinese

Cultural Setting", in Greenblatt, S.L.,Wilson, R.W.& Wilson, A.A.(Eds.), Social Interaction in Chinese Society, New York : Prager, 209-236.

269. Jerome, T.A., 1991, "The Role of Rotating Saving and Credit Associations in Mobilizing Domestic Savings in Nigeria", African Review of Money, Finance and Banking, 2: 115-126.

270. Jaffee, D., & Russell, T., 1976, "Imperfect Information, Uncertainty and Credit Rationing", Quarterly Journal of Economics, 90: 651-666.

271. Kan,K., 2000, "Informal Capital Sources and Household Investment : Evidence from Taiwan", Journal of Development Economics, 62: 209-232.

272. Kern, J.R., 1986, "The Growth of Decentralized Rural Credit Institutions in Indonesia", in MacAndrew, C., Central Government and Local Development in Indonisia, Oxford University Press.

273. King, A.C., 1991, "Kuan-Hsi and Network Building : A Sociological Interpretation", Dedalus, 20: 63-84.

274. Kimuyu, P. K., 1999, "Rotating Saving and Credit Associations in Rural East Africa", World Development, 27: 1299-1308.

275. Kipnis, A.B., 1991, Producing Guanxi : Sentiment, Self and Subculture in a North China Village.Durham : Duke University Press.

276. Klonner, S., 2003, "Rotating Savings and Credit Associations When Participants are Risk Averse", International Economic Review, 44: 979-1005.

277. Kovsted, J., Peter Lyk-Jensen, 1999, "Rotating Savings and Credit Associations : The Choice Between Random and Bidding Allocation of Funds", Journal of Development Economics, 60: 143-172.

278. Kramer, R.M., & Tyler., (Eds.), 1996, Trust in Organization. Newbury Park, CA : Sage.

279. Kreps, D., Milgrom P., Roberts J., & Wilson R., 1982, "Rational Cooperation in the Finitely Repeated Prisoners' Dilemma", Journal of Economic Theory, 27: 245-252.

280. Kreps, D., & Wilson R., 1982, "Reputation and Imperfect Information", Journal of Economic Theory, 27: 253-279.

281. Kulp, D.H., 1925, "Country Life in South China", The Sociology of Familism, Vol.1, Phenix.

282. Kuo, P., 1993, "Loans, Bidding Strategies and Equilibrium in the Discount-bid Rotating Credit Association", Academia Economic Papers, 21(2) : 261-303.

283. —, 1996, Lending and Bidding in the Bidding Rotating Credit Association : Discount-bid vs.Premium-bid. Working Paper, The Institute of Economics, Academia Sinica, April 26.

284. Kuper, H., S. Kaplan, 1944, "Voluntary Associations in an Urban Township", African Study, 3: 178-186.

285. Landry, R., 2002, "Does Social Capital Determine Innovation? To What extent?" Technological & Social Change, 69: 681-701.

286. Larsson, Richard, 1993, "The Handshake Between Invisible and Visible Hands", International Studies of Management & Organization, 23 (1) : 87-106.

287. Larson, A., 1992, "Network Dyads in Entrepreneurial Settings : A Study of the Governance of Exchange Relationships", Administrative Science Quarterly, 37(1) : 76-104.

288. Levenson, A.R., Besley, T., 1996, "The Anatomy of an Informal Financial Market : Rosca Participation in Taiwan", Journal of Development Economics, 51: 45-68.

289. Lewicki, R.J., & B.B. Bunker, 1996, "Developing and Maintaining Trust in Work Relationship", in R.M. Kramer & T.R. Tyler (Eds.), Trust in Organization : Frontier of Theory and Resaerch, 114-139.

290. Light, I.H., 1972, Ethnic Enterprise in America. Berkeley : University of California Press.

291. Light, I.H., & Bonacich, E., 1988, Immigrant Entrepreneurs : Koreans in Los Angeles, 1965-1982. Berkeley : University of California Press.

292. Limlingan, V.S., 1986, The Overseas Chinese in Asian: Business Strategies and Management Practice. Pasig, Metro Manuka: Vita Development

Cooperation.

293. Lin, N., 1982, "Social Resource and Instrumental Action", in Social Structure and Network Analysis, edited by P. Marsden and N. Lin, Sage Publication, 131-147.

294. —, 1999, "Building a Network Theory of Social Capital", Connections, Vol.22(1): 28-51.

295. —, 2001, Social Capital: A Theory of Social Structure and Action. New York: Cambridge University Press.

296. Luhmann, N., 1979, Trust and Power. Chichester: John Wiley & Sons Ltd.

297. Lucy, G., 2003, "Trust and the Development of Health Care as a Social Institution", Social Science and Medicine, 56.

298. McAllister, D.J., 1995, "Affect and Cognition based Trust as Foundations for Interpersonal Cooperation in Organizations", Academy of Management Journal, 38(1): 24-59.

299. Mackinnon, R.L., 1973, Money and Capital in Economic development. Washington D.C: Brookings Institute.

300. Mayer, A.C., 1960, Caste and Kinship in Central India: A Village and its Region. Berkeley: University of California at Berkeley Press.

301. Mayer, R.C., Davis,L.H., & Schoorman, F.D., 1995, "An Integrative Model of Organizational Trust", Academy of Management Review, 20(3): 709-734.

302. Meyer,A., Tsui, A., & C. Hinings, 1993, "Configurational Approaches to Organizational Analysis", Academy of Management Review, 36(6): 1175-1195.

303. Nahapiet, J., Ghoshal, S., 1998, "Social Capital, Intellectul Capital and the Organizational Advantage", Academy of Management Review, Vol. 23(2): 242-266.

304. Nayar, C.P.S., 1986, "Can a Traditional Financial Technology Co-exist with Modern Financial Technology? The India Experience", Savings and Development, 10(1): 31-58.

305. Ndjeunga, J., 1995, Rotating Saving and Credit Association in Cameroon.

Ph.D. Dissertation, University of Illinois at Urbana-Champaign.

306. Ndjeunga, J., & Winter-Nelson, A., 1997, "Payment Arrears in Rotating Savings and Credit Associations: Empirical Analysis of Cameroonian ROSCAs", African Review of Money, Finance and Banking, 1-2: 87-105.

307. Nooteboom, B., 2002, Trust: Forms, Foundations, Functions, Failures and Figures. Edward Elgar Publishing, Inc.

308. Norvell, D.G., & Wehrly, J.S., 1969, "A Rotating Credit Association in the Dominican Republic", Caribbean Studies, 9(1): 45-52.

309. Nwabughuogu, A.L., 1984, "The Isusu: An Institution for Capital Formation among the Ngwa Igbo: Its Origin and Development to 1951", Africa, 54(4): 46-58.

310. Ostrom, E., 1994, "Constituting Social Capital and Collective Action", Journal of Theoretical Politics, 6(4).

311. Ottenberg, S., 1968, "The Development of Credit Association in the Changing Economy of the Afikbo Igbo", Africa, 38(3): 237-252.

312. Parsons, T., 1969, Politics and Social Structure. New York: The Free Press.

313. Pennar, K., 1997, "The Ties that Lead to Prosperity", Business Week, Issue 3557: 152-155.

314. Petersen, M.A., R.G. Rajan, 1994, "The Benefits of Lending Relationships: Evidence from Small Business Data", Journal of Finance, 49: 3-37.

315. Pfeffer, J., & Salancik, G.R., 1978, The External Control of Organization. New York: Harper & Row.

316. Platteau, J.P., 1994a, "Behind the Market Stage Where Real Societies Exist-Part Ⅱ: The Role of Moral Norms", The Journal of Development Studies, Vol.30 (3): 753-817.

317. —, 1994b, "Behind the Market Stage Where Real Societies Exist-Part Ⅰ: The Role of Public and Private Order Institutions", The Journal of Development Studies, Vol.33(3): 533-577.

318. Portes, A., & Sensenbrenner J., 1993, "Embeddedness and Immigration: Notes on the Social Determinants of Economic Action", American Journal of

Sociology, 98: 1320-1350.

319. Portes, A., ed., 1995, The Economic Sociology of Immigration : Essays on Networks, Ethnicity, and Entrepreneurship. New York : Russell Sage Foundation.

320. —, 1998, "Social capital: Its Origins and Applications in Modern Sociology", Annual Review of Sociology, 22: 1-24.

321. Polanyi, K., 1957, The Great Transformation : The Political and Economic Origins of Our Time. Boston, Mass : Beacon Press.

322. Polanyi, J., & Page, K., 1998, "Network Forms of Organization", Annual Review of Sociology, Vol.24: 57-76.

323. Powell, W., 1987, "Hybrid Organizational Agreements : New Form or Transitional Development?" California Management Review, 30(1) : 67-87.

324. —, 1990, "Neither Market Nor Hierarchy : Network Forms of Organization", in R. Staw & L .L.Cummings (Eds), Research in Organizational Behavior. Greenwich, CT : JAI Press.

325. Powell W., Koput, K., & Smith-Doerr, 1996, "International Collaboration and the Locus of Innovation : Networks of Learning in Biotechnology", Administrative Science Quarterly, 41: 116-145.

326. Putnam, R., 1993, Making Democracy Work : Civil Traditions in Modern Italy. Princeton : Princeton University Press.

327. —, 2000, Bowling Lone : The Collapse and Revisal of American Community. New York : Simon Schuster.

328. Pye,L.W., 1981, The Dynamics of Chinese Politics.Cambridge : Oelgeschlager, Gunn & Hain Publishers, Inc., 1995, "Factions and the Politics of Guanxi : Paradoxes in Chinese Administrative and Political Behavior", The China Journal, 34: 35-53.

329. Remple, J.K., Holmes, J.G. & Zanna, M.D., 1985, "Trust in Close Relationships", Journal of Personality and Social Psychology, 49: 95-112.

330. Rogier van den Brink, Chavas, J.P., 1997, "The Microeconomics of an Indigenous African Institution : The Rotating Savings and Credit Association",

Economic Development and Cultural Change, 45: 45-769.

331. Roberts, B., 1994, Informal Economy and Family Strategies. Oxford : Joint Editors and Blackwell.

332. Routledge, B.R., 2002, "Joachim von Amsbergb, Social Capital and Growth", Journal of Monetary Economics, 50: 167-193.

333. Sabel, C.F., 1993, "Studied Trust : Building New Forms of Cooperation in a Volatile Economy". Human Relations, 46(9) : 1133-1170.

334. Sako, M., 1992, Price, Quality and Trust : Inter-firm Relations in Britain and Japan. Cambridge : Cambridge University Press.

335. Schreiner, M., 2000, "Formal ROSCAs in Argentina", Development in Practice, 10(2) : 229-232.

336. Scholten, U., 2000, "Rotating Savings and Credit Associations in Developed Countries : The German-Austrian Bausparkassen", Journal of Comparative Economics, 28: 340-363.

337. Seibel, H.D., & Marx, M.T., 1987, Dual Financial Markets in Africa : Case Studies of Linkages Between Informal and Formal Financial Institutions. Saarbruecken/Fort Lauderdale : Breitenbach Publishers.

338. Seibel, H.D., & Schrader H., 1999, "Dhikuti Revisited : From ROSCA to Finance Company", Savings and Development, XXⅢ(1) : 47-55.

339. Seligman, A.B., 1997, The Problem of Trust. Princeton University Press.

340. Shaw, E.S., 1973, Financial Deepening in Economic Development. Oxford University Press.

341. Sharpe, S., 1990, "Asymmetric Information, Bank Lending and Implicit Contracts : A Stylized Model of Customer Relationships", Journal of Finance, 45: 1069-1087.

342. Shipton, P., 1992, The Rope and the Box : Group Savings in Gambia, in Informal Finance in Low-Income Countries, Edited by Adams and Fitchett. Boulder : Westview Press.

343. Sitkin,S.B., & Roth,N.L., 1993, "Explaining the Limited Effectiveness of Legalistic Remedis' for Trust/Distrust", Organization Science, 4: 367-392.

344. Simmel G., 1964, “The Metropolis and Mental Life”, in the Sociology of Georg Simmel, ed./transl. KH Wolff, 409-424, New York : Free Press.

345. —, 1978, The Philosophy of Money. London : Routledge.

346. Smets, P., 2000, “Roscas as a Source of Housing Finance for the Urban Poor an Analysis of Self-help Practices from Hyderabad India”, Community Development Journal, 35: 16-30.

347. Smith, B.D., M. J. Stutzer, 1990, “Adverse Selection and Mutuality : The Case of the Farm Credit System”, Journal of Financial Intermediation, 2: 125-149.

348. Stiglitz, J., & Weiss, A., 1981, “Credit Rationing in Markets with Imperfect Information”, American Economic Review, 71(3) : 393-410.

349. Stiglitz, J., 1990, “Peer Monitoring in Credit Markets”, World Bank Economic Review, 4: 351-366.

350. Tankou, M., & Adams, D.W., 1995, “Sophisticated Rotating Savings and Credit Association in Cameroon”, African Review of Money, Finance and Banking, 1-2: 81-92.

351. Tsai,K., 2000, “Banquet Banking : Gender and Rotating Savings and Credit Associations in South China”, China Quarterly, 161: 142-170.

352. —, 2002, Back-Alley Banking : Private Entrepreneurs in China. Cornell University Press.

353. Uzzi, B., 1996, “The Source and Consequences of Embeddedness for Economic Performance of Organizations : the Network Effect”, American Sociological Review, 61: 674-698.

354. —, 1997, “Social Structure and Competition in Interfirm Networks : The Paradox of Embeddedness”, Administrative Science Quarterly, Vol. 42(1) : 35-67.

355. Verhoef, G., 2001, “Informal Financial Service Institutions for Survival : African Woman and Stokvels in Urban South Africa 1930-1998”, Enterprise and Society, 2: 259-296.

356. Whitley, R.D., 1991, “The Social Construction of Business Systems in East

Asia", Organization Studies, 12(1) : 1-28.

357. Williamson, O. E., 1985, The Economic Institutions of Capitalism. New York : Free Press.

358. Woolcock, M., 2000, "Social Capital : Implications for Development Theory, Research, and Policy", The World Bank Research Observer, Vol.15(2) : 225-249.

359. —, 2001, "Microenterprise and Social Capital : A Framework of Theory, Research and Policy", Journal of Socio-Economics, Vol.30(2) : 193-198.

360. —, 2001, "The Place of Social Capital in Understanding Social and Economic Outcomes", ISUMA Canadian Journal of Policy Research, Vol.2(10) : 527-542.

361. Wrightsman, L.S., 1992, Assumption about Human Nature : Implications for Researchers and Practitioners. Newbury Park, CA : Sage Publications.

362. Yamagishi, T., & Yamagishi, M., 1994, "Trust and Commitment in the United States and Japan", Motivation and Emotion, 18(2) : 129-166.

363. Yan, Y., 1996, "The Culture of Guanxi in A North China Village", The China Journal, 35: 1-25.

364. Yang C.F., 1995, Psychocultural Foundations of Informal Groups : The Issues of Loyalty, Sincerity and Trust. Paper Presented at the 47th Annual Meeting of the Association of Asian Studies, April 6-9, Washington, D.C.

365. Yang M.F., 1994, Gifts, Favors and Banquets : The Act of Social Relationship in China. Ithaca : Cornell University Press.

366. Yoshihara, K., 1988, The Rise of Ersatz Capitalism in South East Asia. Oxford : Oxford University Press.

367. Zelizer, V.A., 1989, "The Social Meaning of Money : Special Monies", American Journal of Sociology, Vol.95(2) : 342-377.

368. Zuker, L.G., 1986, "Production of Trust : Institutional Sources and Economic Structure, 1840-1920", Research in Organizational Behavior, 8: 53-111.

369. Zukin, S., & DiMaggio, P., 1990, The Structures of Capital : The Social Organization of the Economy. Cambridge : Cambridge University Press.

问卷编号：

附录1：苍南县中小企业融资行为调查问卷

尊敬的先生/女士：

您好！我是中山大学管理学院的博士生，目前正在进行“苍南县中小企业融资问题”的调研，目的在于了解苍南中小企业的融资状况。您所提供的信息对我的研究至关重要，我迫切需要您的帮助和配合。请您填写真实准确的相关信息，您的回答仅作为本论文研究的资料，不作任何他用。我们对本问卷材料均作匿名处理，并对所有的资料予以严格保密。请您不必担心，衷心感谢您的合作！

中山大学管理学院

2006年10月

（如无特别注明，所有的选择题均为单选题）

1. 贵公司创立的年份：19____年或200__年；

2. 贵公司目前员工数量：____人；

3. 贵公司创办时注册资金为：(　　)

A. 10万元以下　　B. 10万~50万元

C. 50万~100万元　　D. 100万~500万元

E. 500万元以上

4. 贵公司目前总资产为：(　　)

A. 100万元以下　　B. 100万~500万元

C. 500万~1000万元　　D. 1000万~3000万元

E. 3000万元以上

5. 贵公司所属企业类型为：(　　)

A. 个人独资企业　　B. 合伙企业

C. 中外合资企业　　D. 集体所有制企业

E. 外商独资企业

F. 国有独资或控股企业　G. 私营有限责任公司
H. 股份合作制企业　I. 其他有限责任公司

6. 贵公司所处行业中的:(　)
A. 印刷业　B. 塑料制品生产
C. 普通机械制造与加工　D. 造纸业
E. 轻工纺织业　F. 化工原料与制品
G. 食品加工　H. 礼品加工业
I. 建材业　J. 陶瓷业
K. 皮革业　L. 商标标识
M. 其他

7. 贵公司在创办企业时是否需要外部融资?(　)
A. 十分需要　B. 需要
C. 一般　D. 不需要
E. 不能确定

8. 贵公司目前在资金使用方面是否紧张?(　)
A. 非常紧张　B. 紧张
C. 一般　D. 不紧张
E. 不能确定

9. 贵公司初始资金的首要来源是怎样的?(　)
A. 自身积累　B. 家产继承
C. 合伙集资　D. 亲友借贷
E. 私人借贷　F. 商业信用
G. 金融机构贷款　H. 民间互助会
I. 其他

10. 贵公司初始资金的次要来源是怎样的?(　)
A. 自身积累　B. 家产继承
C. 合伙集资　D. 亲友借贷
E. 私人借贷　F. 商业信用
G. 金融机构贷款　H. 民间互助会
I. 其他

11. 贵公司初始资金的第三来源是怎样的？(　　)

A. 自身积累　　B. 家产继承
C. 合伙集资　　D. 亲友借贷
E. 私人借贷　　F. 商业信用
G. 金融机构贷款　　H. 民间互助会
I. 其他

12. 请根据贵公司初始资金来源的实际构成填写下表：单位(%)

初始资金来源	自身积累	家产继承	合伙集资	亲友借贷	私人借贷	商业信用	金融机构贷款	民间互助会	其他
所占比重									

13. 贵公司初始总投资规模：(　　)

A. 50万元以下　　B. 50万~100万元
C. 100万~300万元　　D. 300万~500万元
E. 500万元以上

14. 贵公司创办时自有资金占总投资比例：(　　)

A. 25%以下　　B. 25%~49%
C. 50%~74%　　D. 75%~99%
E. 100%

15. 您认为贵公司获得金融机构贷款的难易程度如何？(　　)

A. 非常困难　　B. 困难
C. 一般　　D. 不困难
E. 不能确定

16. 影响贵公司发展主要的制约因素是什么？(可选择多项)(　　)

A. 技术水平不高　　B. 市场需求不足
C. 政府行政干预限制　　D. 资金短缺
E. 税收负担重　　F. 管理能力约束
G. 基础资源缺乏　　H. 其他

17. 企业难以获得银行贷款的原因是什么？(　　)

A. 所有制因素　　B. 企业规模因素

C. 国家信贷政策限制　　D. 融资成本高

E. 缺乏合格抵押资产

F. 企业资信状况不符合银行要求

G. 难以获得第三方担保

H. 手续繁琐、效率太低

I. 其他因素

18. 在银行贷款无法满足企业资金需求时，您是否会选择民间融资？（　）

A. 会　　B. 不会　　C. 不确定

19. 首要来源您会采用以下哪种民间融资形式？（　）

（民间直接借贷包括亲友借贷和私人借贷；资金公司是一些非金融机构从事借贷业务的别称，具体包括金融担保公司、各类涉及开展借贷活动的服务公司、财务公司等）

A. 民间直接借贷　　B. 商业信用

C. 民间互助会　　D. 私人钱庄

E. 资金公司　　F. 银背（民间金融中介）

G. 民间票据贴现　　H. 社会集资

I. 其他

20. 次要来源您会采用以下哪种民间融资形式？（　）

A. 民间直接借贷　　B. 商业信用

C. 民间互助会　　D. 私人钱庄

E. 资金公司　　F. 银背（民间金融中介）

G. 民间票据贴现　　H. 社会集资

I. 其他

21. 第三来源您会采用以下哪种民间融资形式？（　）

A. 民间直接借贷　　B. 商业信用

C. 民间互助会　　D. 私人钱庄

E. 资金公司　　F. 银背（民间金融中介）

G. 民间票据贴现　　H. 社会集资

I. 其他

22. 贵公司如果存在民间融资，请问融资利息是多少？（　）

A. 无息　　B. 月息1分以下
C. 月息1~2分之间　　D. 月息2~3分之间
E. 月息3~4分之间　　F. 月息4分以上

23. 请问贵公司是否加入过互助会(合会、摇会、轮会、标会、友谊会等)？(　　)
A. 是　　B. 否　　C. 其他

24. 贵公司如果参加过互助会，请问一年内同时入会情况？(　　)
A. 1~2个　　B. 2~3个
C. 3~4个　　D. 4~5个
E. 5个以上

24. 贵公司如果参加互助会，请问融资金额一般是多少？(　　)
A. 1万~2万元　　B. 2万~5万元
C. 5万~10万元　　D. 10万元以上

25. 贵公司如果参加互助会，请问入会人数一般是多少？(　　)
A. 10~20人　　B. 20~30人
C. 30~40人　　D. 40人以上

26. 贵公司如果参加互助会，请问融资利息一般是多少？(　　)
A. 无息　　B. 月息1分以下
C. 月息1~2分之间　　D. 月息2~3分之间
E. 月息3分以上

问卷编号：

附录2：龙港镇新渡村互助融资行为调查问卷

尊敬的先生/女士：

您好！我是中山大学管理学院的博士生，目前正在进行“龙港镇新渡村互助融资行为”的调研，目的在于了解新渡村互助会融资状况。您所提供的信息对我的研究至关重要，我迫切需要您的帮助和配合。请您填写真实准确的相关信息，您的回答仅作为本论文研究的资料，不作任何他用。我们对本问卷材料均作匿名处理，并对所有的资料予以严格保密。请您不必担心，衷心感谢您的合作！

中山大学管理学院

2006年10月

（如无特别注明，所有的选择题均为单选题）

第一部分：1949–1984年以前（建镇以前）

1. 请问你是否加入过互助会？（　）

A. 是　　B. 否

2. 请问你主要参加哪种形式的互助会？（　）

A. 摇会　　B. 轮会　　C. 标会

D. 实物会　　E. 其他

3. 如果你参加过互助会，请问一年内同时入会情况？（　）

A. 1~2个　　B. 2~3个　　C. 3~4个

D. 4~5个　　E. 5个以上

4. 如果参加互助会，请问融资金额一般是多少？（　）

A. 500元以下　　B. 500~1000元之间

C. 1000~2000元之间　　D. 2000元以上

5. 如果参加互助会，请问入会人数一般是多少？（　）

A. 10~20人　　B. 20~30人

C. 30~40人　　D. 40人以上

6. 如果参加互助会，请问融资利息一般是多少？(　　)

A. 无息　　B. 月息1分以下

C. 月息1~2分之间　　D. 月息2~3分之间

E. 月息3分以上

7. 请问你参加互助会的原因是？(　　)

A. 朋友或亲戚间的互助活动　　B. 生意资金周转

C. 金钱融通方便　　D. 利息较高

E. 其他

8. 请问互助会参与者之间是什么关系？(盟亲指的是盟兄弟与盟姐妹)(　　)

A. 邻居　　B. 亲戚　　C. 朋友

D. 盟亲　　E. 其他

9. 是否出现过无钱应会的情况？(　　)

A. 有　　B. 没有

10. 如果无钱应会，你将会采取什么措施？(　　)

A. 借钱应会　　B. 让会首垫付

C. 自己请会酬资　　D. 其他

第二部分：1993年至今

1. 请问你是否加入过互助会？(　　)

A. 是　　B. 否

2. 请问你主要参加哪种形式的互助会？(　　)

A. 摇会　　B. 轮会　　C. 标会

D. 实物会　　E. 其他

3. 如果你参加过互助会，请问一年内同时入会情况？(　　)

A. 1~2个　　B. 2~3个　　C. 3~4个

D. 4~5个　　E. 5个以上

4. 如果参加互助会，请问融资金额一般是多少？(　　)

A. 1万~2万元　　B. 3万~5万元

C. 5万~10万元　　D. 10万元以上

5. 如果参加互助会，请问入会人数一般是多少？(　　)

A. 10~20人　　B. 20~30人

C. 30~40人　　D. 40人以上

6. 如果参加互助会，请问融资利息一般是多少？(　)

A. 无息　　B. 月息1分以下

C. 月息1~2分之间　　D. 月息2~3分之间

E. 月息3分以上

7. 请问你参加互助会的原因是？(　)

A. 朋友或亲戚间的互助活动

B. 生意资金周转　　C. 金钱融通方便

D. 利息较高　　E. 其他

8. 请问互助会参与者之间是什么关系？(盟亲指的是盟兄弟与盟姐妹)(　)

A. 邻居　　B. 亲戚　　C. 朋友

D. 盟亲　　E. 其他

9. 现阶段是否出现过倒会的情况？(　)

A. 有　　B. 没有

10. 请你根据实际情况选择并填写：

借款对象	私人	农业银行	农村信用社	其他商业银行	民营金融机构	各种互助会
提出申请						
实际获得						

后　记

岁月如梭，光阴荏苒。

转眼之间，中大博士毕业已有四个年头。记得2004年刚到风景靓丽的康乐园，有位教授就对我说："博士的学习生活是孤独的，可是我们需要用创作的激情去淹没孤独"。这句话对我影响很大，一直以来鼓励着我不断进取、努力前行。值此论文付梓之际，心中感到无比的欣喜，与此同时，更要衷心感谢给予我莫大帮助的老师、同学、朋友和我的亲人。

七年前，上天赐予的机缘让我碰到了恩师卢瑞华教授。恩师的人生经历可谓一部惊世传奇。他从一个普通的技术工人走到市长乃至广东省省长、全国人大常委兼华侨委员会副主任委员，如今仍担任中国国际经济交流中心（中国的"超级智库"）理事之职。尽管恩师不是一个纯粹的理论研究者，但他对我国经济发展与金融改革的独特见解总是令人钦佩。每当想起能够成为恩师的门生，我心中总是感到无比的荣幸。中小企业融资问题是当前理论界和实务界关注的焦点与热点，但一直没有一个很好的解决思路。通过多年经济实践经验的积累，以及对金融问题的深入思考，恩师认为"仅仅依靠政策支持不足以解决中小企业融资问题，只有通过企业自助才有可能缓解资金的需求缺口"。为此，在恩师的建议和指引下，我选择了中小企业互助融资这样一个极具新颖性和挑战性的课题。虽然我的研究兴趣较为广泛，但对于融资问题却很少涉及。因此，在论文的框架设计与撰写过程当中，总是会遇到各种各样的难点与困惑。然而，经过恩师的悉心点拨，所有的难题都得以迎刃而解。可以说，我的博士论文由始至终，都凝聚着恩师的心血。从师几年来，恩师不仅培养我们独立思考的能力以及独特的思维方式，而且教导我们为人处世的道理，所有这些，都将使我受益终生。此外，我还要衷心地感谢师母对我生活、家庭的关心与照顾。

在论文写作的不同阶段，我还得到了许多老师的关心与指点，他们是中山大学的李善民教授、魏明海教授、吴能全教授、孙海法教授、郭惠容教授、李新春教授、储小平教授、朱仁宏老师、陈智老师等等。他们对我的论文写作提出了很多宝贵的建议，使我受益匪浅。同时我要感谢我的同门、我的同学给予我生活和学习上的无私帮助，他们有刘东海、尹蘅、余汉抛、朱文忠、姚玉成、何志强、左伟、黄崑、辛清泉、王兵、廖洪强、杨德明、郑国坚、梁西章、曾楚宏、王茂斌、欧先涛、李明章等等。

此外，我还要特别感谢的是温州市苍南县工商行政管理局的叶才义局长、江旺维分局长、林佳永主任、陈继全科员、温州大学的周建华老师以及所有被调查的中小企业和访谈对象，没有他们的大力配合与支持，论文的问卷调查、数据收集及深度访谈都无法顺利进行。

中国出版集团、世界图书出版公司的刘正武先生对本书的出版做了大量的工作，在此谨致谢忱！

最后，我要感谢我的父母，是他们含辛茹苦把我抚养成人，并且为我提供了一个良好的成长环境。我的爱人王谊女士，在我最艰难的时候她总是不停地鼓励着我向前迈进，感谢她多年来对我的默默奉献和支持。爽儿聪明伶俐，可爱的笑脸总是给我带来无穷的欢乐以及更多的灵感。我更要感谢我的岳父岳母，是他们不辞劳苦为我照顾妻儿，替我解决了后顾之忧。

我要感谢所有曾经帮助过我的亲人、老师、同学和朋友。感谢你们多年来对我的关心和支持！

黄友松

2011年9月18日于广州